PROCÈS-VERBAUX

DES SÉANCES

DU CONSEIL COLONIAL

DE PONDICHÉRY

SESSION DE 1873

PONDICHÉRY
IMPRIMERIE DU GOUVERNEMENT
1874.

CONSEIL COLONIAL DE PONDICHÉRY.

—

SESSION ORDINAIRE.

—

Séance du 12 décembre 1873.

Aujourd'hui, vendredi, douze décembre mil huit cent soixante-treize, le Conseil colonial, convoqué en session ordinaire, par arrêté de M. le Gouverneur en date du 4 du courant, s'est réuni à l'hôtel du Gouvernement à 3 heures.

Etaient présents :

MM. Faron, Commissaire général de la marine, Gouverneur ; Delrieu, Commissaire de la marine, Ordonnateur ; Champestève, Procureur général, *p. i.* ; Liautaud, Commissaire adjoint de la marine, Chef de service de Karikal, *p. i.* ;

G. Cornet, négociant ; El[e] Hecquet, négociant ; Chanemougavélayoudamodéliar, propriétaire ; Covindassamynaïker, conseil agréé ; Tambypoullé, conseil agréé ; Ponnoutambypoullé, conseil agréé ; Bandésaëb, commerçant ;	conseillers élus.

M. le Gouverneur ouvre la séance et prononce l'allocution suivante :

« Messieurs les Conseillers coloniaux,

« Les projets de l'Administration pour l'année prochaine vous ayant été déjà présentés dans une autre assemblée, il est, je crois, inutile de vous en faire un nouvel exposé à l'ouverture de cette session. Quant à mes opinions personnelles sur les propositions budgétaires ou autres qui vous seront soumises, en mon nom, par M. l'Ordonnateur, j'aurai l'occasion naturelle de les exprimer et de les développer lors de l'examen de chaque affaire : toute réserve à cet égard me paraît d'autant plus convenable que votre connaissance des besoins du pays et les libres discussions auxquelles nous allons nous livrer, pourraient modifier mes premières appréciations sur certains points. Je me borne donc à réclamer votre loyal concours, sur lequel je me plais à compter, une confiance réciproque et notre accord étant indispensables pour faire le bien et chacun de nous ne pouvant avoir ici aucune autre préoccupation que celle des intérêts publics. »

M. le Gouverneur fait ensuite connaître qu'il doit être procédé aux termes de l'article 35 du décret du 13 juin 1872, à la nomination d'un secrétaire. Il invite, en conséquence, le Conseil à procéder à cette désignation dans les formes tracées par l'article 34 de l'arrêté du 24 août 1872, c'est-à-dire au scrutin secret.

Le dépouillement des votes donne les résultats suivants :

MM. Liautaud	10	suffrages.
Ele Hecquet	1	—

Par suite de ce vote et à la majorité absolue, M. Liautaud est nommé secrétaire du Conseil pour la session ordinaire de 1873.

Il entre immédiatement en fonctions.

Nomination d'une commission d'examen des pétitions.

M. le Gouverneur propose, ainsi que cela a eu lieu à la dernière session, de nommer une commission spéciale pour faire l'examen et le rapport des pétitions.

Dans l'opinion du Chef de la colonie, cette commission pourrait être composée de trois membres du Conseil choisis au scrutin secret et comprenant un fonctionnaire et deux conseillers élus, représentant l'élément européen et l'élément indigène.

Cette proposition a été adoptée, à l'unanimité, par le Conseil, qui procède immédiatement à la désignation des membres qui doivent faire partie de cette commission.

Le dépouillement des votes donne les résultats suivants :

MM. Cornet	10	suffrages
Champestève	7	—
Chanemougavelayoudamodély	6	—
Liautaud	4	—

MM. Tambypoullé................	4	—
Hecquet....................	1	—
Ponnoutambypoullé..........	1	—

Par suite de ce vote et à la majorité absolue,

MM. Cornet, Champestève et Chanemougavélayoudamodéliar sont nommés membres de la commission des pétitions.

M. le conseiller Ponnoutambypoullé est d'avis que, conformément aux prescriptions de l'article 33 de l'arrêté de M. le Gouverneur du 24 août 1872, qui règle la tenue respective des sessions des Conseils locaux et du Conseil, colonial, l'assemblée fasse son règlement intérieur. Cette proposition est adoptée à l'unanimité. Une commission de trois membres est nommée, au scrutin secret, pour préparer les éléments de la discussion à ce sujet.

Le dépouillement des votes donne les résultats suivants :

MM. Delrieu..........................	8	voix
Hecquet........................	6	—
Ponnoutambypoullé..............	6	—
Cornet.........................	5	—
Tambypoullé....................	5	—
Champestève....................	2	—

Par suite de ce vote et à la majorité absolue, MM. Delrieu, Hecquet et Ponnoutambypoullé sont nommés membres de la commission chargée de préparer le règlement dont il s'agit.

Dépôt des pétitions.

Le Conseil donne acte des pétitions suivantes adressées, savoir :

N° 1.— Par le nommé Rassou et relative à la vente aux enchères des terres incultes des aldées de Manapeth et d'Ouchimodou ;

N° 2.— Par le nommé Arnassalamodéliar, tisserand, demeurant à Lawspeth, au sujet de la création d'une route conduisant aux aldées de Lawspeth, Petouchettypeth, Sellaperoumalpoullépeth, Canakinpeth et Soucramaniapoullépeth ;

N° 3.— Par le nommé Mounissamynaïker, sous-chef pion du greffe du Tribunal de première instance de Pondichéry, qui demande, en récompense de ses services, une concession de dix canis de terre à menus grains appartenant à l'Etat.

Ces pétitions sont renvoyées à la commission spéciale nommée dans la séance de ce jour.

Réclamations des sauniers.

M. le Gouverneur communique au Conseil une dépêche de S. Exc. le Ministre de la marine et des colonies, en date du 23 octobre 1873, répondant aux réclamations des sauniers de Pondichéry et de Karikal. A cette dépêche est joint un rapport de M. le Directeur des colonies, Lecture de ces documents ayant été donnée par le secrétaire, quelques-uns des membres de l'assemblée en demandent l'insertion au procès-verbal. M. le Gouverneur déclare qu'il n'y voit aucun inconvénient et il en donne l'autorisation.

Dépêche de S. Exc. le Ministre de la marine et des colonies.

Paris, le 23 octobre 1873.

Monsieur le Gouverneur, J'ai reçu avec votre lettre du 15 mai le rapport de M. l'Ordonnateur et la délibération du Conseil colonial relatifs à la réclamation de M. Montclar et de quelques autres sauniers de l'Inde.

J'ai fait examiner de nouveau cette affaire et à la suite de la lecture attentive des documents que possède mon Département, des explications fournies par l'Ordonnateur et de la discussion à laquelle la question a donné lieu au sein du Conseil colonial, il a paru que la réclamation des sauniers n'était pas fondée.

Je crois utile de vous envoyer copie d'un rapport préparé à ce sujet par M. le Directeur des colonies et qui aboutit aux mêmes conclusions que celui de l'Ordonnateur. Je suis donc d'avis qu'on ne peut reconnaître aux pétitionnaires aucun droit ni sur le capital ni sur les intérêts des 270,326 fr. déposés dans la caisse de réserve comme provenant de la part autrefois attribuée à la colonie dans l'indemnité des 4,000 pagodes. Les intérêts de ce capital ne peuvent leur être abandonnés même à titre gracieux, et la colonie doit continuer à les percevoir à son profit, en vue du jour, peut-être prochain, où elle devra aviser au rétablissement des salines.

Quant à l'impôt de 32 p. 0/0 sur les salines également attaqué par les réclamants, la légalité et la justice ne me paraissent pouvoir en être contestées et l'Administration n'a rien à restituer sur les sommes perçues à ce titre depuis quarante ans.

Vous avez cru devoir, toutefois, sur le vœu du Conseil colonial, réduire cet impôt de 32 à 25 p. o/o, ce qui élève à 75 p. o/o la part des sauniers dans l'indemnité. Je ne puis m'empêcher de trouver cette concession excessive, les sauniers ne me paraissant y avoir aucun droit.

Recevez, etc.

Le Vice-Amiral,
Ministre de la marine et des colonies,
Signé D'HORNOY.

Rapport au Ministre.

Paris, le 20 octobre 1873.

M. Montclar et quelques autres habitants de Pondichéry, propriétaires de salines, ont adressé au Département une réclamation au sujet de la part qui est, depuis longtemps, attribuée aux sauniers dans l'indemnité payée par le Gouvernement anglais en vertu de la convention de 1818. Je vais avoir l'honneur d'exposer au Ministre l'examen qui a été fait de cette réclamation, qui ne fait que renouveler d'anciennes plaintes élevées par les sauniers de nos Établissements.

Par la convention de 1815, le Gouvernement français affermait au Gouvernement anglais le privilége exclusif d'acheter le sel fabriqué dans les possessions françaises de l'Inde. Le Gouvernement anglais s'engageait à payer au nôtre, pour cette concession, une rente annuelle d'un million.

En 1818, les Anglais demandèrent et obtinrent la cessation complète de la fabrication du sel dans nos possessions, et pour cette nouvelle concession, ils consentirent, comme indemnité pour les propriétaires de salines, au payement annuel de 4,000 pagodes, soit 33,600 francs.

Le Gouvernement a réclamé une part dans ces 33,600 fr., ce qui a soulevé tout d'abord de vives réclamations de la part des sauniers, qui ont fait observer que l'État était suffisamment indemnisé par la rente d'un million que lui assurait la convention de 1815; en second lieu, que les termes mêmes de la convention de 1818 leur assuraient la totalité des 4,000 pagodes, puisqu'elles étaient accordées comme une indemnité pour les propriétaires des salines.

L'Administration a répondu que le million accordé par la convention de 1815 était la représentation de la perte résultant, pour la navigation de la métropole, de la privation des bénéfices que lui procurait le colportage du sel et de l'opium dans les différentes parties de l'Inde ; que cela était si vrai que le Gouvernement avait affecté cette rente, au moins en partie, à des dépenses étrangères à l'Administration de l'Inde, laquelle ne pouvait, par conséquent, y trouver une compensation de la perte des revenus qu'elle tirait des produits de la fabrication du sel.

Ce dernier revenu consistait dans un impôt établi sur les salines et était plus particulièrement la propriété de la colonie.

En effet, les salines ont été, dans le principe, concédées par l'Administration, à charge de rente fixe ou de redevance annuelle.

Les concessionnaires étaient ainsi assujettis au payement d'un droit envers le Gouvernement. Cet impôt, le Gouvernement n'a jamais entendu l'abandonner ; il a toujours soutenu qu'en stipulant pour les colons, dans la convention de 1818, une indemnité de 4,000 pagodes, il n'avait pas eu l'intention de les affranchir des charges qui pesaient sur eux, les droits de l'État étant imprescriptibles. L'article 3 de la convention n'a donc pas le sens exclusif que lui donnent les sauniers, car il résulterait, dans ce cas, que les intérêts des propriétaires des salines étaient les seuls qui dussent être affectés par la cessation de la fabrication du sel, tandis que l'Administration locale, qui en retirait un revenu, y était également intéressée.

Cette interprétation a été proclamée par le Gouvernement au moment même où il venait de passer la convention et il l'a toujours maintenue. On ne saurait donc sérieusement la contester.

Restait à répartir l'indemnité de 33,600 fr.

Après un mûr examen de la question par le Conseil privé de l'Inde, on s'est arrêté, en 1818, aux bases suivantes :

1° Attribuer au domaine le montant de la redevance autrefois imposée sur les salines à raison des titres en vertu desquels elles étaient possédées ;

2° Diviser le reste en deux parties, l'une représentant les frais de fabrication, l'autre équivalent au revenu net du propriétaire ;

3° Allouer aux concessionnaires et autres tenanciers des salines une somme équivalente à ce produit *net* calculé sur le maximum du sel qu'ils auraient pu fabriquer ;

4° Employer enfin le restant 1° à former un fonds de secours pour les ouvriers sauniers qui allaient se trouver sans ouvrage ; 2° entretenir les salines de manière à pouvoir les exploiter à l'expiration du tra

Ces bases furent entièrement approuvées par le Département de la marine et M. de Clermont Tonnerre écrivit de sa main :

« Les concessionnaires doivent recevoir une indemnité égale « à la lésion qu'ils éprouvent réellement pour la privation de « leur jouissance nette, tous frais défalqués. »

La convention de 1818 avait été conclue pour 15 ans ; à l'expiration, les deux Gouvernements convinrent, en 1834, de la laisser subsister jusqu'à traité nouveau. Mais l'Administration de l'Inde crut devoir modifier alors la répartition de l'indemnité.

Il n'était plus nécessaire, en effet, de réserver un fonds de secours pour les ouvriers sauniers qui s'étaient créé d'autres ressources. D'un autre côté, le fonds de réserve attribué au rétablissement des salines avait fini par constituer un capital plus que satisfaisant pour l'objet qu'on se proposait. On était arrivé à réaliser de ce chef une somme de 270,326 fr. 89 c. et il n'était plus utile de l'augmenter. Le Gouvernement, qui pouvait continuer cependant à prélever ces fonds à son profit puisqu'il avait été reconnu que la seule chose à laquelle les sauniers eussent droit était l'équivalent du produit net de leurs salines et que cet équivalent leur avait toujours été payé, consentit néanmoins à améliorer leur position et à augmenter leur part dans l'indemnité. On établit donc la répartition sur de nouvelles bases.

Pour bien déterminer la fixation des droits respectifs des propriétaires et du Gouvernement, on se reporta aux principes généraux de la législation domaniale en vigueur dans l'Inde, d'après lesquels on était convenu de considérer les terres, qui, après avoir été concédées par le Gouvernement, avaient été consacrées à la production du sel, comme des terres à menus grains de la dernière classe et, à ce titre, de les imposer à la moindre redevance de 32 p. o/o de leur produit présumé.

Le Gouverneur faisait remarquer dans le Conseil privé que cette assimilation des terres salinières aux terres à menus grains, pour la fixation de la redevance, n'était point arbitaire et qu'on pouvait l'appuyer sur l'usage, ainsi qu'on pouvait s'en convaincre par les actes de concession des terres salinières faites à MM. Lagrenée et Law de Lauriston, le 27 mai 1770, lesquels stipulent une rente foncière et annuelle égale au produit proportionnel des terres à petits grains de l'ilôt aux cocotiers.

D'après ces bases, l'indemnité fut ainsi partagée :

32 p. o/o à la colonie;

68 p. o/o aux sauniers.

Somme très-supérieure, ajoutait le Gouverneur, au produit des salines telles qu'elles étaient à l'époque du premier arrêté de répartition et dans laquelle ils trouveraient conséquemment.

un dédommagement, au moins suffisant, des avantages éventuels dont ils continueraient à être privés par le fait du renouvellement de la convention de 1818.

Ces dispositions furent acceptées par tous les sauniers de Pondichéry et de Karikal (à l'exception d'un seul, M. Mollien). Ils déclarèrent dans deux pièces qui sont au dossier, donner leur plein et entier consentement à l'arrangement proposé dans la séance du Conseil privé pour la répartition des 4,000 pagodes.

Mais malgré cet arrangement proposé par l'Administration pour en finir avec les plaintes des sauniers, de nouvelles réclamations se produisirent au bout de quelques années. Repoussées par l'Administration elles furent portées devant le Conseil d'État, qui, sans les apprécier au fond, se borna à déclarer, par un arrêt du 5 janvier 1847, que l'allocation et l'attribution de l'indemnité ayant été opérées par suite de négociations diplomatiques, la réclamation des requérants n'était pas de nature à lui être déférée par la voie contentieuse et qu'il n'avait pas à en connaître.

Le Ministre écrivit alors à l'Administration de l'Inde française que les sauniers ayant épuisé toutes les juridictions, les fonds recueillis par la colonie demeuraient définitivement sa propriété.

Aujourd'hui, les réclamations des sauniers reparaissent. M. Montclar et deux autres signataires dont on ignore les titres de propriété, car leurs noms ne figurent pas dans la liste des sauniers inscrits au bas de la convention de 1834, renouvellent les plaintes déjà plusieurs fois repoussées contre l'attribution au Gouvernement d'une somme quelconque sur l'indemnité des 4,000 pagodes.

Sans produire aucun argument nouveau, ils demandent que la colonie cesse de retenir les 32 p. o/o établis d'un commun accord en 1831, comme représentant la moindre redevance du produit présumé des salines;

Qu'on leur restitue tout ce qui a été retenu à ce titre depuis 1834;

Enfin, qu'on leur donne, sinon le capital au moins l'intérêt des 270,326 fr. qui représentent le fonds accumulé pour pourvoir un jour, s'il y a lieu, au rétablissement des salines et qui sont actuellement placées dans la caisse de réserve de la colonie.

Cette nouvelle réclamation a été déférée par le Ministre à l'Administration de l'Inde, avec invitation d'examiner s'il y avait lieu et s'il était possible d'arriver à une transaction qui mettrait fin définitivement aux réclamations des sauniers. Le Conseil colonial s'est occupé de l'affaire.

On y a jugé que, dans un sentiment de bienveillance pour les sauniers, on pouvait augmenter encore dans une certaine mesure leur part dans l'indemnité, en réduisant de 32 à 25 p. o/o l'impôt mis sur leurs salines.

Mais tout le reste de leurs demandes a paru aux yeux de l'Administration absolument inadmissible et M. le Procureur général a ajouté que, dans son opinion, le Ministre n'avait même pas le droit, après les décisions réitérées de ses prédécesseurs, de revenir sur une chose jugée et d'attribuer aujourd'hui aux sauniers des fonds qui ont été déclarés la propriété de la colonie.

Le Conseil, en présence des fortes objections soulevées par l'Administration, mais invité par le Ministre à examiner s'il y avait lieu à transaction et à en rechercher les éléments, n'a pas cru devoir statuer au fond et s'est borné à émettre le vœu qu'on prît de nouveau les ordres du département.

En résumé, il y a lieu de reconnaître que la réclamation des sauniers de l'Inde est chose jugée depuis longtemps; que le département de la marine a déclaré, à de nombreuses reprises, que le principe de la répartition de l'indemnité était juste, que la colonie avait droit à un impôt sur les terres, que les sauniers n'avaient droit qu'à une indemnité équivalente au produit de leurs terres; que le Conseil d'Etat a refusé de s'occuper de leurs demandes, et que les fonds recueillis ont été dès lors déclarés, par le ministère, la propriété de la colonie.

Les sauniers n'ont donc absolument aucun droit sur ces fonds et on ne pourrait pas même espérer par quelques concessions mettre fin à leurs réclamations, puis qu'à peine l'arrangement de 1834 était-il conclu, les signataires ont recommencé à se plaindre et ces plaintes se renouvellent encore aujourd'hui.

Je trouve même excessive la faveur qui leur a été accordée par la diminution de la taxe, ce qui a eu pour effet d'élever leur part dans l'indemnité de 68 à 75 p. o/o et de réduire celle de la colonie de 32 à 25 p. o/o; en principe les sauniers n'y ont aucun droit et il est à craindre que cette concession ne provoque de leur part de nouvelles exigences.

Quant aux 270,326 fr. placées dans la caisse de réserve, les intérêts en appartiennent à la colonie, comme le capital. Peut-on abandonner ces intérêts aux sauniers à titre gracieux? La colonie s'en remet à cet égard à la décision du Ministre. Mais on doit observer d'autant plus de circonspection à cet égard, que certaines mesures récemment adoptées par le Gouvernement de Madras font pressentir, d'après l'Ordonnateur de Pondichéry, que l'annulation de la convention de 1818 pourrait bien être prochaine. Le Gouvernement doit donc réserver toutes ses ressources pour rétablir, lorsque le moment sera venu, les salines de nos Établissements.

En conséquence, je serais d'avis de laisser la totalité de ces fonds à la disposition de la colonie.

Si le Ministre adopte ces conclusions, je le prie de vouloir bien signer la lettre ci-jointe adressée à ce sujet à M. le Gouverneur de Pondichéry.

Le Directeur des colonies,

Signé A. Benoist d'Azy.

La lecture de ces documents terminée, **M. le Gouverneur** fait observer qu'il semblerait résulter du dernier § de la dépêche précitée qu'il s'est associé à la majorité du Conseil pour réduire l'impôt sur les terres à salines de 32 à 25 p. o/o, mesure que S. Exc. le Ministre trouve excessive, tandis qu'il n'a fait aucune concession sur ce point et qu'il a voté, au contraire, pour le maintien de l'impôt à 32 p. o/o, avec MM. l'Ordonnateur, le Procureur général, le Contrôleur et le Chef de service de Karikal. Il ajoute que tous les membres élus, au nombre de 6 contre 5, ayant voté pour la réduction à 25 p. o/o, elle a dû être prononcée, puisque le Conseil colonial est souverain en pareille matière, aux termes du § 14 de l'article 40 du décret du 13 juin 1872.

Questions à examiner pendant la durée de la session.

La parole est donnée à M. l'Ordonnateur pour la présentation des divers projets qui doivent être soumis au Conseil pendant la durée de la session ordinaire.

M. l'Ordonnateur dépose sur le bureau les projets et rapports ci-après, qui ont été déjà examinés par le Conseil local.

Dossiers soumis au Conseil colonial.

1° Exposé des motifs relatif à la ratification du crédit de 30,000 fr. ouvert sur 1873 pour secourir la population malheureuse de Chandernagor;

2° Exposé des motifs du tarif des taxes à percevoir en 1874 pour le compte du service local et du fonds commun de la ville et des aldées de Pondichéry;

3° Exposé des motifs du projet de budget des recettes du service local de Pondichéry pour 1874;

4° Exposé des motifs du projet de budget des dépenses locales pour 1874 et du plan de campagne des travaux y relatifs ;

5° Exposé des motifs du budget du fonds municipal de la ville de Pondichéry ;

6° Exposé des motifs du budget de recettes et dépenses du fonds commun des districts de Pondichéry pour 1874 (plan de campagne des travaux ci-joint);

7° Expose, des motifs de la demande d'acquisition de terrains pour la construction d'un bangalow à Souttoukény, etc. ;

8° Exposé des motifs de la location d'un terrain de l'Etat dépendant de la magnanerie à Cottamodou ;

9° Exposé des motifs de l'échange des terres comprises dans les routes de Madourépacom et de Maïlon ;

10° Exposé des motifs de l'échange des terres comprises dans la route de Maïlom ;

11° Idem de la route de Valdaour ;

12° Exposé des motifs de la résiliation du bail souscrit par Comarin pour la portion de 30 10/16 coujis à prendre sur le terrain de 2 kanys 8 10 1/6 coujis qui lui est loué, etc.

13° Exposé des motifs du déplacement des cimetières et bûchers des 3 districts ;

14° Exposé des motifs de la ratification de crédits supplémentaires sur l'exercice 1873 ;

15° Exposé des motifs d'une demande de subvention de M. Sicé pour son fils, étudiant en droit à Aix ;

16° Exposé des motifs pour la passation de baux à loyer pour les besoins du service ;

17° Exposé des motifs au sujet de la destination à donner au mobilier du Contrôle ;

18° Exposé des motifs de l'échange des terrains compris dans le nouveau chemin de Calapett ;

19° Exposé des motifs de diverses demandes de concession de terrains domaniaux pour plantations d'arbres de haute futaie ;

20° Exposé des motifs d'une demande de location d'un terrain domanial par la nommée Ayammée ;

21° Exposé des motifs d'échange des terrains compris

dans le canal du petit étang de Bahour dans la route de Tiroupanampacom rétablie par les ponts et chaussées ;

22° Pièces relatives aux poursuites à exercer contre les anciens détenteurs du chantier aux bois ;

13 Procès-verbaux des séances du Conseil local des 3, 8, 10, 11, 12, 14, 15, 17, 19, 20, 21, 22 (2 séances) novembre ;

23° Exposé des motifs concernant la situation de la loge de Surate et les difficultés que rencontre la perception de ces loyers.

Crédit extraordinaire accordé à l'Etablissement de Chandernagor.

M le Gouverneur expose qu'il a réuni le Conseil d'administration le 30 novembre pour statuer, vu l'urgence, sur la suite immédiate à donner aux demandes de secours faites par M. le Chef de service de Chandernagor dans le but de venir en aide à la population pauvre de cet Etablissement, dont la subsistance pourrait être compromise, d'un jour à l'autre, par suite de la disette de riz dans le Bengale et du surenchérissement excessif de cette denrée.

Le Chef de la colonie fait connaître que le Conseil d'administration, tout en reconnaissant la nécessité de faire droit à ces demandes, a été d'avis qu'une somme de 30,000 fr. serait suffisante pour parer aux éventualités et pour attendre les événements, en présence des dernières nouvelles qui étaient plus satisfaisantes; qu'il a partagé cette opinion et qu'il s'est, en conséquence, borné à ouvrir d'urgence un crédit renfermé dans cette limite, en recommandant d'ailleurs au Chef de service de Chandernagor d'en user avec la plus grande réserve.

D'après le règlement financier et le décret du 13 juin 1872, ce crédit devant être régularisé par le Conseil colonial, M. le Gouverneur donne la parole à M. l'Ordonnateur pour la présentation de l'exposé des motifs qu'il a préparé à cet effet.

M. l'Ordonnateur lit alors le rapport suivant :

EXPOSÉ DES MOTIFS

De la ratification du crédit de 30,000 fr. ouvert sur l'exercice 1873 par arrêté du 30 novembre 1873.

Par suite à la disette de riz qui s'est produite tout récemment à Chandernagor et provenant de l'insuffisance des récoltes du Bengale, l'Administration a dû prendre de promptes mesures pour secourir la population malheureuse de cet établissement secondaire, dont l'existence se trouvait sérieusement menacée.

Afin d'assurer l'efficacité de ces mesures, M. le Gouverneur a décidé, en Conseil d'administration, qu'il serait ouvert un crédit de 30,000 fr. sur l'exercice 1873 et qu'en cas d'insuffisance des voies et moyens de cet exercice, il y serait pourvu par un prélèvement sur la caisse de réserve.

Aux termes des règlements financiers, ce crédit devant être soumis à la ratification du Conseil colonial, c'est cette approbation que l'Administration vient aujourd'hui lui demander.

Fait Pondichéry, le 8 décembre 1873.

Signé DELBIEU.

M. le Gouverneur rappelle que, dès le 30 novembre et en raison de l'importance du sacrifice à faire, il avait pris soin de consulter officieusement le Conseil colonial, qui a bien voulu lui prêter son concours empressé dans cette circonstance et qu'ainsi il n'a agi, qu'après s'être assuré de l'entier assentiment de tous les membres de cette assemblée. Le crédit de 30,000 fr. est ensuite mis aux voix et voté à l'unanimité par le Conseil.

M. le conseiller Hecquet émet l'avis que les secours alimentaires ne devront être accordés qu'aux anciens habitants malheureux de l'Etablissement et il croit devoir insister sur ce point pour prévenir tout malentendu.

M. le Gouverneur apprécie la convenance de la mesure, mais il fait remarquer qu'il est allé au devant de l'observation de M. Hecquet, puisque, par une dépêche télégraphique du 30 novembre, il a déjà prescrit à M. le Chef de service de Chandernagor de ne venir en aide qu'aux plus pauvres habitants de la localité même.

La séance est levée à 5 heures du soir et renvoyée au lendemain 13 décembre à 2 heures de l'après-midi.

Le Secrétaire,
H. LIAUTAUD.

Vu : *Le Gouverneur, Président,*
FARON.

Séance du 13 décembre 1873.

L'an mil huit cent soixante-treize, le samedi treize décembre, le Conseil colonial s'est réuni au lieu ordinaire de ses délibérations.

Etaients présents :

MM. Faron, Commissaire général de la marine, Gouverneur; Delrieu, Commissaire de la marine, Ordonnateur; Champestève, Procureur général, *p. i.*; Liautaud, Commissaire adjoint de la marine, Chef de service de Karikal, *p. i.*;

E. Hecquet, négociant;
Ponnoutambypoullé, conseil agréé;
Tambypoullé, conseil agréé;
Covindassaminaïker, conseil agréé;
Chanemougavélayoudamodéliar, propriétaire;
Baudésaëb, commerçant;
} Conseillers élus.

M. le Conseiller Cornet empêché, s'est excusé, par écrit, de ne pouvoir assister à la réunion.

A l'ouverture de la séance, **M. le Gouverneur** dépose sur le bureau de l'assemblée trois pétitions qui ont été adressées au Conseil :

No 4.— 1o par le nommé Savérinadapoullé demandant la régularisation de l'avancement pour les huissiers porteurs de contraintes attachés au domaine;

No 5.— 2o par la nommée Poonammalle, mère et tutrice naturelle d'Arombattévinayagom, demandant une augmentation du secours éventuel qu'elle reçoit chaque année du Gouvernement français;

No 6.— 3o par le nommé Badourdinesaëb demandant la confirmation d'un vœu émis par le Conseil local pour la concession d'un secours annuel et temporaire sur la caisse coloniale.

Conformément à la disposition prise dans la précédente séance, ces pétitions sont classées, pour être ultérieurement examinées par la commission nommée à cet effet.

Tarif des taxes.

M. le Chef du service des contributions est introduit dans la salle des délibérations et prend séance avec voix consultative.

M. le Gouverneur donne la parole à M. l'Ordonnateur pour la présentation du tarif des taxes de nos divers Établissements.

CHANDERNAGOR.

M. l'Ordonnateur donne lecture de l'exposé des motifs du tarif des taxes de Chandernagor reproduit dans les procès-verbaux du Conseil local de cette dépendance. Il fait ensuite connaître qu'à l'exception des trois modifications signalées dans cet exposé, toutes les autres taxes sont maintenues.

M. le Gouverneur, en réservant la discussion sur ces modifications, met aux voix le maintien des autres taxes.

Elles sont acceptées, à l'unanimité, par le Conseil.

M. l'Ordonnateur passe à l'énumération des modifications apportées au tarif des taxes de Chandernagor et soumises au Conseil local de cet établissement.

1° Droit sur l'introduction, la fabrication et la vente des spiritueux.

M. l'Ordonnateur donne de nouveau lecture de la partie de l'exposé des motifs relative à ce droit et soumet, conformément au § 3 de l'article 41 du décret du 13 juin 1872, aux délibérations du Conseil, le projet de règlement préparé par l'Administration, et devant servir à modifier l'assiette du droit sur la distillation et la vente du rhum à Chandernagor. Il expose ensuite que le Conseil local de cette dépendance a adopté, à l'unanimité, la modification proposée et la nouvelle réglementation qui lui a été soumise.

Le Conseil colonial se référant à la décision du Conseil local de Chandernagor vote dans le même sens.

M. le Gouverneur pense que le nouveau système ne pouvant être mis en vigueur que dans le courant de 1874, il serait bon, pour en mieux assurer le succès, de mettre exceptionnellement les licences en adjudication pour le restant de l'exercice 1874 et toute l'année 1875, ce qui donnerait aux débitants le temps de se mettre en mesure d'exercer leur industrie avec avantage.

Le Conseil adopte, à l'unanimité, la proposition du chef de la colonie.

2° et 3° Modifications.

M. l'Ordonnateur dit que la deuxième modification proposée porte sur le tarif des droits à percevoir sur les denrées et marchandises vendues à Goretty et la troisième sur le tarif des droits à percevoir à l'introduction et la vente des denrées et marchandises dans les divers marchés de Chandernagor. Il donne ensuite lecture des parties de l'exposé des motifs relatives à ces deux points et fait connaître que le Conseil local a écarté les modifications proposées et maintenu le tarif actuellement en vigueur, les fermes obtenues à la dernière adjudication ayant encore une durée de trois années.

Le Conseil colonial vote, à l'unanimité, dans le même sens que le Conseil local de Chandernagor. Les deux dernières modifications proposées par l'Administration sont, en conséquence, écartées mais à cette occasion **M. le Gouverneur** charge M. l'Ordonnateur de rechercher comment le service des contributions avait été conduit à proposer ces modifications, dont il reconnaît la parfaite convenance, alors qu'on était lié par un contrat et qu'on ne pouvait les adopter quant à présent.

M. le conseiller Hecquet, après avoir obtenu de M. le Président l'autorisation de poser une question à M. le Chef du service des contributions, lui demande si une publicité suffisante est donnée aux avis d'adjudication pour la cession du privilège concernant l'achat de 300 caisses d'opium que le Gouvernement anglais cède à notre Etablissement de Chandernagor, conformément aux conventions internationles du 7 mars 1815.

M. le Chef du service des Contributions répond que toute publicité est donnée à cet effet par le service du domaine, selon lse prescriptions réglementaires.

M. le Gouverneur dit que le devoir de l'Administration étant d'assurer à ces adjudications les résultats les plus avantageux, M. le Chef de service de Chandernagor, dont il a pu apprécier depuis longtemps l'honorabilité et le mérite, a dû prendre les mesures nécessaires pour donner aux ventes de l'opium toute la publicité désirable lorsqu'elles ont lieu aux enchères. Néanmoins, il invite M. l'Ordonnateur à faire des recherches au sujet du mode employé et à les communiquer au Conseil, à la prochaine séance, s'il est possible.

KARIKAL.

M. l'Ordonnateur donne ensuite lecture de l'exposé des motifs du tarif des taxes pour l'Etablissement de Karikal et fait connaître que le Conseil local de cette dépendance a adopté, à l'unanimité, celui qui est actuellement en vigueur.

M. le Gouverneur met aux voix le tarif des taxes de Karikal.

M. le conseiller Hecquet dit qu'il a une observation à présenter au sujet de l'impôt foncier : « Le tarif des taxes locales détermine la quotité de l'impôt foncier, à Karikal, suivant l'arrêté du 27 avril 1854. Cette disposition, prise par le Gouvernement de la colonie, fixe la contribution foncière de ce Comptoir d'une manière définitive et invariable ; de plus, elle met à la charge des propriétaires des terres cultivées jusqu'en 1854, la totalité de l'impôt.

« Mais, depuis, bien des terrains ont été défrichés et sont cultivés à l'aide des eaux fournies par les canaux d'irrigation du Gouvernement. Nous sommes donc en présence d'un règlement qui met à la charge d'une partie des cultivateurs de Karikal, la totalité de la contribution foncière, tandis qu'il serait juste de la répartir entre tous.

« Il conviendrait, je crois, de modifier d'abord la partie de l'arrêté de 1854 qui fixe invariablement le montant de la taxe foncière, puis de rechercher les terrains, mis en exploitation depuis cette époque, pour leur imposer leur part de contribution, suivant les règles appliquées à Karikal.

«Il n'est pas douteux que cet impôt ne soit alors plus productif qu'il ne l'est ; que cette augmentation des revenus locaux ne porterait aucun préjudice aux intérêts des mirasdars des propriétés taxées en 1854, et que l'élévation des recettes permettrait au Gouvernement de la colonie de multiplier les travaux à exécuter à Karikal en faveur de l'agriculture.

«Après vous avoir exposé une amélioration que je crois possible et digne de la bienveillante attention de l'Administration de l'Inde, je suis disposé à voter, pour 1874, le projet de tarif de taxes mis en délibération, sous réserve de mes observations, avec l'espoir que M. le Gouverneur voudra bien ordonner l'étude de l'importante question dont je viens d'entretenir le Conseil. »

M. le Chef de service de Karikal fait remarquer qu'avant d'en arriver à cette mesure, il serait nécessaire de procéder à la révision du cadastre.

M. le conseiller Hecquet fait observer que le Conseil colonial a déjà émis un vœu à ce sujet dans sa dernière session.

M. le Gouverneur répond que l'Administration s'est préoccupée, dans la mesure de ses moyens d'action, des vœux émis par le Conseil colonial et qu'elle y a déjà fait droit autant que possible; mais qu'elle n'a pu les étudier tous en raison de leur nombre considérable. En ce qui concerne spécialement la question du cadastre, qui se lie à celle de l'impôt foncier de Karikal, loin d'en reconnaître l'urgence, le Conseil, dans sa dernière session, en avait prononcé l'ajournement, à la majorité de six voix contre cinq. Néanmoins, M. le Gouverneur en avait recommandé l'étude; mais il ne faut pas perdre de vue que cette question du cadastre touche à des intérêts complexes et exige un travail suivi qui sera d'une très-longue durée. La mise en retraite de l'ancien Chef de service de Karikal et la position intérimaire du fonctionnaire chargé actuellement de la direction de cette dépendance, ont empêché l'Administration de s'en occuper, cette année, d'une manière sérieuse. M. le Gouverneur termine en invitant M. l'Ordonnateur à faire poursuivre ou entreprendre l'étude dont il s'agit, si elle n'est déjà commencée.

M. le Chef de service de Karikal est d'avis que la révision de l'impôt foncier à Karikal est une mesure nécessaire. Il affirme qu'elle est vivement réclamée par le plus grand nombre des mirardars possesseurs du sol. Il ajoute que l'établissement y trouvera un accroissement de ressources très-notable qui permettra d'abaisser le taux de l'impôt au chiffre de Pondichéry; mais il fait connaître aussi qu'avant toutes choses, il y a lieu de faire établir le plan parcellaire de la dépendance dans les formes et sous la garantie du cadastre tel qu'il fonctionne en France; qu'il ne faut pas s'exagérer les difficultés de ce travail qui, selon lui, sera moins long et moins onéreux qu'on ne pense.

M. le conseiller Tambypoullé demande si le Conseil local de Karikal s'est occupé de cette question.

M. le Chef de service de Karikal répond que le Conseil local ne s'est pas occupé de cette affaire et que, du reste, aucun membre n'en a pris l'initiative.

M. le conseiller Hecquet dit qu'il approuve le tarif des taxes de Karikal, en général, mais qu'il maintient le vœu qu'il a exprimé précédemment pour la révision de l'impôt foncier.

M. le conseiller Covindassamynaïker appuie le vœu de M. Hecquet.

MM. l'Ordonnateur, le Procureur général, le Chef de service de Karikal, Ponnoutambypoullé, Tambypoullé, Chanemougavélayoudamodélyar et Bandésaïb prenant acte de la déclaration de M. le Gouverneur, qui promet l'étude prochaine de la question, réservent, pour le moment, le vote du principe de la révision.

MAHÉ.

M. l'Ordonnateur, passant à la présentation du tarif des taxes de Mahé, fait connaître que le Conseil local de cette dépendance l'a adopté à l'unanimité.

Le Conseil colonial vote sans observations le tarif des taxes de Mahé, s'en référant sur ce point à la décision du Conseil local.

YANAON.

M. l'Ordonnateur présente ensuite le tarif des taxes de Yanaon et expose que le Conseil, local de cet établissement l'a adopté également à l'unanimité.

Le Conseil colonial vote sans observations le tarif des taxes de Yanaon.

PONDICHÉRY.

M. l'Ordonnateur donne lecture de l'exposé des motifs du tarif des taxes pour Pondichéry, et fait connaître que le Conseil local l'a voté à l'unanimité.

Le Conseil colonial vote dans le même sens.

M. le Gouverneur lève la séance à 5 heures du soir et fixe la prochaine réunion à lundi, 15 décembre, à 3 heures de l'après-midi.

Le Secrétaire,
H. LIAUTAUD

Vu : *Le Gouverneur,*
Président,
FARON.

Séance du 15 décembre 1873.

L'an mil huit cent soixante-treize, le Conseil colonial s'est réuni à trois heures et demie de l'après-midi, au lieu ordinaire de ses délibérations.

Etaient présents :

MM. Faron, Commissaire général de la marine, Gouverneur, Président ; Delrieu, Commissaire de la marine, Ordonnateur ; Champestève, Procureur général, *p. i.* ; Liautaud, Commissaire adjoint de la marine ; Chef de service de Karikal, *p. i.* ;

G. Cornet, négociant ;
E. Hecquet, négociant ;
Ponnoutambypoullé, conseil agréé ;
Tambypoullé, conseil agréé ;
Bandésaëb, commerçant ;
} conseillers élus.

MM. les conseillers Chanemougavélayoudamodélyar et Çovindassamynaïker se sont excusés, par écrit, de ne pouvoir assister à la réunion.

A l'ouverture de la séance, M. le Gouverneur dépose sur le bureau de l'assemblée une pétition adressée au Conseil par les nommés Kichenapacavoundin, Rangassamynaïken, Virapacavoundin, Ramassmynaïken et Mouttoussamynaïken.

Cette pétition est classée conformément à la résolution déjà adoptée, pour être ultérieurement examinée par la commission nommée à cet effet.

M. le Gouverneur communique ensuite au Conseil colonial, comme il l'avait déjà fait pour le Conseil local, une dépêche qu'il a reçue de Son Excellence le Ministre de la marine et des colonies, sous la date du 12 septembre dernier, au sujet de la question du chemin de fer de Pondichéry. Il en est donné lecture par le secrétaire :

Dépêche ministérielle.

Paris, le 12 septembre 1873.

Monsieur le Gouverneur,

Sous la date du 20 mai dernier, vous m'avez rendu compte que le Conseil colonial des Etablissements français dans l'Inde avait exprimé le désir que l'Administration coloniale fut autorisée à traiter définitivement avec une Compagnie pour la construction du chemin de fer destiné à relier Pondichéry aux lignes anglaises de l'Inde et que, dans ce but, le Conseil demandait à recevoir le dossier des anciennes propositions présentées par M. Bontemps.

Vous me faites savoir en même temps qu'aucune Compagnie anglaise, pas même celle du *Carnatic-Railway* ne parait être autorisée à traiter et, dans cette situation, vous ne pouvez qu'attendre que cette Compagnie ou toute autre vous fasse des propositions sérieuses, tout en offrant les garanties nécessaires.

En ce qui concerne les documents que vous réclamez, les recherches faites dans les dossiers relatifs à l'affaire du chemin de fer de Pondichéry ont permis de constater que les diverses pièces adressées par M. Bontemps étaient des copies. Il m'a paru dès lors qu'il n'y avait pas lieu de vous les envoyer par la raison que les originaux doivent se trouver dans les archives de la colonie. Toutefois, je suis tout disposé à le faire pour ceux des documents que vous ne posséderiez plus et pour tous autres que vous m'indiqueriez.

Du reste, par suite de propositions faites, depuis l'année dernière, par la Compagnie du *Railway-Pondichéry* formée par des membres du comité de direction du *Carnatic-Railway*, il me parait que la question est entrée dans une phase qui permet de négliger les propositions antérieures et d'espérer qu'on pourra arriver à la solution désirée par la colonie. Je vous adresse ci-inclus, pour que le Conseil poursuive l'affaire dont il s'agit, les originaux ou les copies des documents produits depuis la dépêche du 11 mai 1870, n° 77, par laquelle un de mes prédécesseurs a fait parvenir à l'Administration de l'Inde les pièces se rapportant à une communication de la Compagnie *Indian-Tramway*. Entr'autres pièces, cet envoi comprend un projet de modifications à la convention du 22 août 1868, présenté par la nouvelle Compagnie à la date du 30 août dernier.

Je fais, d'ailleurs, part de ces dispositions au secrétaire de la Compagnie du *Pondichéry-Railway* en l'invitant à se mettre en rapport avec l'Administration locale.

Recevez, etc.

Le Vice-Amiral,
Ministre de la marine et des colonies,
Signé D'HORNOY.

M. le Gouverneur donne ensuite connaissance au Conseil d'un télégramme important qu'il vient de recevoir du Ministre de la marine sur la même question et qui est ainsi conçu :

« Compagnie *Pondichéry-Railway* autorisée établir ligne sur territoire anglais avec condition prolongement à Pondichéry. Scott, secrétaire, demande chiffre subvention coloniale et dépenses présumées des expropriations. Soumettez affaire au Conseil ; vous écris par packet. »

Ces communications faites, M. le Gouverneur expose sommairement la situation actuelle, autant que le lui permet l'examen rapide du dossier de l'affaire. Il estime que les principaux éléments d'appréciation manquent encore pour fixer dès aujourd'hui le chiffre de la subvention à accorder et il donne lecture d'un projet de lettre qu'il a préparée pour le représentant de la Compagnie *Pondichéry-Railway* en priant le Conseil de vouloir bien lui faire connaître s'il l'adopte dans toutes ses parties ou s'il pense qu'il soit utile de la modifier sur quelques points. Cette lettre est conçue dans les termes suivants :

Monsieur Betts, Directeur de la Compagnie Pondichéry-Railway *à Négapatam.*

Pondichéry, le 25 décembre 1873.

Monsieur,

J'ai reçu, le 13 de ce mois, de S. Exc. le Ministre de la marine et des colonies, une dépêche télégraphique ainsi conçue :

« Versailles, 12 décembre 1873.

« Compagnie *Pondichéry-Railway* autorisée à établir ligne sur territoire anglais, avec condition de prolongement à Pondichéry. M. Scott, secrétaire, demande chiffre subvention coloniale et dépenses présumées des expropriations. Soumettre affaire au Conseil. Je vous écris par packet. »

J'ai aussitôt communiqué cette dépêche au Conseil coloniale qui a émis l'avis que, pour déterminer avec une entière connaissance de cause, le chiffre de la subvention à consentir il est indispensable qu'il connaisse :

1° Si toutes les conditions de l'ancien projet de convention de 1868, pour le tracé comme pour l'exploitation, doivent être maintenues ou modifiées et, dans ce dernier cas, sur quels points ?

2° Si, notamment, le réseau complémentaire qui reliera Pondichéry à la ligne anglaise entre Madras et Cuddalore, se bornera à mettre Pondichéry en communication avec Madras ou si, en même temps, la ligne sera complétée entre Chinglepett et Arcanum ?

Le Conseil a pensé, d'ailleurs, que c'est à la Compagnie *Pondichéry-Railway* qu'il appartient d'indiquer d'abord le chiffre de la subvention qu'elle demande, en tenant compte de la longueur de la voie à ouvrir dans notre intérêt, ainsi que des réductions à opérer sur les premières évaluations, quant aux prix de revient des travaux. Il s'empressera ensuite de donner son avis sur ce chiffre.

En ce qui concerne les dépenses présumées des expropriations, le Conseil colonial n'a aucun moyen de les apprécier quant à présent, et la Compagnie anglaise est seule en mesure d'en faire l'étude, mais pour le territoire français, l'Administration de Pondichéry est disposée à lui fournir tous les renseignements dont elle pourrait avoir besoin à cet égard.

Dans cet état de choses et en attendant les instructions détaillées du Ministre de la marine, je vous prie, Monsieur, de vouloir bien m'adresser, dans le plus bref délai possible, les explications et les propositions de votre Compagnie, ce qui nous ferait gagner beaucoup de temps. Dès que je les aurai reçues, je les examinerai avec un grand intérêt et je ferai tous mes efforts pour arriver à une prompte solution. Je vous serai également obligé de m'envoyer un extrait du plan du tracé de la ligne que votre Compagnie a définitivement adopté pour le chemin de fer de Madras à Cuddalore, afin que nous puissions apprécier quel sera le point de raccordement de l'embranchement de Pondichéry.

Veuillez, etc.

Le Commissaire général,
Gouverneur,

FARON.

Le Conseil, après en avoir délibéré, déclare, à l'unanimité, que, dans son opinion et pour prévenir toute erreur, tout mal entendu dans une affaire aussi importante, il convient d'attendre, pour agir, les instructions plus complètes annoncées par le Ministre de la marine ou, au moins, les explications et propositions de la Compagnie *Pondichéry-Railway*. Il approuve, en conséquence, le projet de lettre préparé par M. le Gouverneur et prie le Chef de la colonie de donner cours à cette démarche.

M. Cornet exprime l'avis que M. Scott pouvant entendre une réponse à Paris ou à Londres, il conviendrait, en outre, de faire connaître au Ministre de la marine, par télégraphe, l'impossibilité où se trouve le Conseil colonial de délibérer immédiatement et la nécessité d'autoriser le représentant de la Compagnie dans l'Inde à traiter avec l'Administration locale, en lui fournissant les renseignements indispensables. Cet avis est entièrement partagé par le Conseil et **M. le Gouverneur** adresse aussitôt au Ministre une dépêche télégraphique en ce sens.

M. le Gouverneur propose de statuer, avant de passer à l'examen des divers budgets des dépendances, sur le vœu émis par le Conseil local de Pondichéry et tendant à obtenir que l'excédant de recettes de 20,000 fr. provenant de la vente du sel soit réparti entre les cultivateurs, les sauniers, le service municipal, celui du fonds commun et le droit sur le tabac.

Le Conseil s'associant à cette proposition, M. le secrétaire donne lecture de la partie du rapport de la commission du budget relative à ce vœu et du procès-verbal de la délibération du Conseil local de Pondichéry (séance du 10 novembre 1873.)

M. le Gouverneur expose ensuite que la réalisation immédiate du vœu émis par le Conseil local présente quelques difficultés ou nécessitera, tout au moins, un travail assez long pour le remaniement des budgets déjà préparés et pour la législation nouvelle à établir. Il fait, en outre, observer que, par suite des travaux extraordinaires en voie d'exécution ou à l'étude, du secours de 30,000 fr. accordé à Chandernagor et de plusieurs autres dépenses importantes recommandées par les Conseil locaux, il est à craindre que le Conseil colonial soit conduit à disposer dès 1874 de la plus grande partie des fonds disponibles de la caisse de réserve, en dehors des inscriptions de rentes, et qu'alors on pourrait manquer de ressources suffisantes pour faire face à tout besoin urgent qui pourrait se révéler. Dans cette situation le chef de la colonie propose de se borner à admettre cette année, le principe du dégrèvement proposé et à renvoyer l'application de la mesure au 1er janvier 1875.

Passant à l'énumération des contribuables ou services appelés à jouir de ce dégrèvement M. le Gouverneur déclare qu'en présence de la décision récente du département de la marine, qui a déjà trouvé excessive la réduction de leur impôt à 25 p. o/o, il ne saurait accepter, quant à lui, la participation des sauniers au bénéfice de la nouvelle mesure. On ne peut, ajoute le Chef de la colonie, invoquer aujourd'hui l'assimilation des terres à salines aux terres à menus grains, qui paient 32 p. o/o de leur revenu, puisque le vote du Conseil colonial, dans sa dernière session pour la réduction de leur impôt de 32 à 25 p. o/o, a annulé cette assimilation et rompu l'équilibre.

Résumant la question, M. le Gouverneur prie le Conseil de vouloir bien se prononcer sur les quatre points suivants:

1° Sur le principe de la répartition, en étendant la mesure aux dépendances de Karikal, Mahé, Yanaon et en différant l'application jusqu'à l'exercice 1875;

2° Sur la participation des sauniers au dégrèvement;

3° Sur la participation du service municipal et du fonds commun;

4° Sur la réduction du droit sur le tabac, par suite de la proposition qui en a été également faite.

Statuant sur le premier point, le Conseil colonial reconnaît l'équité du dégrèvement, qu'il adopte, en principe à l'unanimité; mais afin de donner à l'Administration le temps nécessaire pour modifier ou compléter la législation en vigueur sur la matière et en présence de l'engagement pris par elle de préparer sur ces nouvelles bases le projet de budget de 1875, il croit devoir renvoyer l'application de la mesure à l'année prochaine, conformément à la proposition de M. le Gouverneur.

Sur le second point, MM. Cornet, Hecquet, Chanemougavelayoudamodélyar, Bandésaeb, Tambypoullé, Ponnoutambypoullé, Covindassamynaïker votent pour la participation des sauniers à la réduction de l'impôt foncier.

M. le Gouverneur, l'Ordonnateur, le Procureur général et le Chef de service de Karikal émettent un vote contraire.

La participation des sauniers à la répartition est, par suite, décidée à la majorité de 7 voix contre 4.

Sur le troisième point, le Conseil colonial est d'avis unanime que le service municipal et le fonds commun, qui reçoivent du budget local des subventions en rapport avec leurs besoins reconnus, ne doivent pas participer à la répartition.

Enfin, sur le quatrième point, le Conseil colonial émet unanimement le vote que la mesure ne soit pas étendue à l'impôt sur le tabac, attendu qu'elle ne serait d'aucun profit pour les consommateurs.

M. le Gouverneur lève la séance à 5 heures du soir et fixe la prochaine réunion au lendemain mardi 16 décembre, à 2 heures de l'après-midi.

Le Secrétaire,
H. LIAUTAUD.

Vu : *Le Gouverneur, Président*,
FARON.

Séance du 16 décembre 1873.

L'an mil huit cent soixante-treize, le mardi, seize décembre, à deux heures de l'après-midi, le Conseil colonial s'est réuni au lieu ordinaire de ses délibérations.

Etaient présents :

MM. Faron, Commissaire général de la marine, Gouverneur ; Delrieu, Commissaire de la marine, Ordonnateur ; Champestève, Procureur général, *p. i.* ; Liautaud, Commissaire adjoint de la marine, Chef de service de Karikal, *p. i.* ;

G. Cornet, négociant ;
E. Hecquet, négociant ;
Ponnoutambypoullé, conseil agréé ;
Covindassamynaïker, conseil agréé ;
Tambypoullé, conseil agréé ;
Baudésaëb, commerçant ;
} conseillers élus.

M. le conseiller Chanemougavélayoudamodéliar est absent pour cause de maladie.

A l'ouverture de la séance et sur l'invitation de M. le Gouverneur, le secrétaire donne lecture du procès-verbal de la réunion du 13 décembre. Ce document est adopté, à l'unanimité, et sans observations.

Le Président dépose ensuite sur le bureau de l'assemblée trois pétitions adressées au Conseil :

N° 8. — 1° Par plusieurs des principaux notables de Tingatittou ;

N° 9. — 2° Par le nommé Vingadassamy, chef de caste des tisserands, demeurant à Débasaynpourom ;

N° 10. — 3° Par M. Montclar.

Ces pétitions sont renvoyées à la commission chargée spécialement de leur examen.

M. le Chef du service des contributions est introduit dans la salle des délibérations et prend séance avec voix consultative.

M. le Gouverneur rappelant la demande qu'il avait faite, à la précédente séance, au sujet de la présentation au Conseil local de Chandernagor de deux nouveaux tarifs dont la convenance a été reconnue, mais qui ont été écartés à cause d'un contrat liant l'Administration pour trois ans, prie M. le Chef du service des contributions de fournir au Conseil quelques explications à cet égard.

Des renseignements donnés par M. le Chef du service des contributions, il résulte que c'est par suite d'une erreur que les tarifs dont il s'agit ont été soumis au Conseil local de Chandernagor par le délégué du Domaine dans cette dépendance.

M. le Gouverneur prie également M. le Chef du service des contributions de communiquer, au Conseil le résultat des recherches qu'il a dû faire au sujet du mode de publicité employé pour donner avis de l'adjudication du privilège pour l'achat de 300 caisses d'opium cédées par le Gouvernement anglais à notre Etablissement de Chandernagor.

D'après les explications fournies par M. le Chef du service des contributions, le Conseil reconnaît que l'Administration s'est conformée aux dispositions réglementaires en faisant mettre, ainsi qu'il résulte des procès-verbaux d'adjudication, des affiches tant à Chandernagor qu'à Calcutta. Néanmoins, pour assurer une plus grande publicité à ces ventes, **M. le Gouverneur** décide, sur la proposition de M. le conseiller Hecquet, que des annonces très-courtes seront insérées à l'avenir dans deux des principaux journaux de commerce de Calcutta et prie M. l'Ordonnateur de donner des instructions en conséquence.

Budget des recettes des Établissements secondaires. Exercice 1874.

La parole est donnée à M. l'Ordonnateur pour la présentation des budgets des recettes des Etablissements secondaires, exercice 1874.

CHANDERNAGOR.

Budget des recettes du service municipal.

Il est fait lecture de l'exposé des motifs présentés au Conseil local de la dépendance par le Chef de service et du procès-verbal de la délibération de cette assemblée en ce qui concerne les recettes du service municipal pour l'exercice 1874.

CHAPITRE Ier. — RECETTES ORDINAIRES.

1. Excédant présumé des recettes sur les dépenses à la clôture de l'exercice 1873..............	1,000f00c
2. Restant à recouvrer par aperçu sur les rôles de liquidation des exercices antérieurs...........	1,200 00
3. Produit des octrois municipaux..	7,560 00

M. l'Ordonnateur expose, à cette occasion, que le Conseil local de la dépendance a, de nouveau, émis cette année, le vœu que le produit de la location des arcades du Gonge et celui de la ferme de Chandouny (des boutiques) soit transféré du service local au service municipal. En conséquence de ce vœu, ces sommes for-

A reporter...	9,760 00

Report....	9,760 00

mant un ensemble de 13,393 fr. 20 c. ont été ajoutées par ce Conseil à celle de 7,560 fr. prévisée par le Chef de service et le produit des octrois municipaux a été fixé à la somme de 20,953 fr. 20 c.

M. le Gouverneur rappelle que, l'année dernière, ce vœu du Conseil local de Chandernagor a donné lieu déjà à une longue discussion et a été repoussé, à l'unanimité, par le Conseil colonial. Il fait observer également que, tout en déclarant que ces fonds ne sont pas destinés au Comité de bienfaisance, le Conseil local de cette dépendance ne fait que reproduire les mêmes arguments cités lors de la dernière session. Le Chef de la colonie ajoute que, les arcades du Gonge ayant été construites avec les fonds coloniaux et non avec ceux de la municipalité, il y a lieu de maintenir le principe que les recettes locales ne sauraient être converties en recettes municipales. Il propose, par suite, d'écarter du budget municipal de Chandernagor la somme de 13,393 fr. 20 c. que le Conseil local y avait adjointe, sauf à augmenter, s'il y a lieu, la subvention accordée pour ce service lors de la discussion du budget des dépenses locales.

Le Conseil colonial adopte, à l'unanimité, cette proposition. En conséquence de ce vote, la somme de 7,560 fr. est maintenue au budget municipal de Chandernagor.

4. Droits de quais et de bassins.......	5,292	//
5. Passages de rivières.............	2,176	80
6. Impôt sur les voitures............	1,350	//
7. Impôt sur les charrettes..........	3,504	//
A reporter...	22,082	80

Report...	22,082 80
8. Impôt de la prestation pour l'entretien des chemins vicinaux......	4,460 "
9. Revenus des biens communaux....	744 "
10. Coût d'extraits d'actes de l'état-civil	" "
11. Remboursement des frais de poursuites......................	500 "
12. Droit de traduction et de délivrance des pièces du service des contributions......................	60 "
13. Tiers revenant à la caisse municipale sur l'amende prononcée contre les propriétaires des animaux capturés	350 "
14. Remboursement par les propriétaires des frais de nourriture des animaux capturés................	500 "
15. Recettes diverses................	100 "
16. Subvention du service local.......	23,537 20
	52,334 "

M. l'Ordonnateur fait observer que le chiffre de la subvention pour l'exercice 1873, n'était que de 10,000 fr. et qu'il a été porté pour celui de 1874 à 23,537 fr. 20 c., par le Chef de service de Chandernagor, en raison des travaux extraordinaires qui incomberont l'année prochaine au budget du service municipal. Le Conseil local de cette dépendance l'a réduit à 17,927 fr. 87 c. en déduisant de la somme de...... 23,537 20

Celle de 13,393 fr. 20 c. produits des arcades du Gonge et de la ferme de Chandouny........................	13,393 20
	10,144 "
Et en y ajoutant, pour frais de réparation des hangars du Gonge...........	412 62
Plus pour les travaux portés au plan de campagne supplémentaire du service municipal........................	7,371 25
Chiffre arrêté par le Conseil local..	17,927 87

Le Conseil colonial, à l'unanimité, décide que le chiffre de la subvention à accorder au service municipal de Chandernagor sera fixé, lors de la discussion du budget des dépenses locales de cet Etablissement.

En conséquence, le budget des recettes du service municipal à Chandernagor est arrêté provisoirement à la somme de 52,334 fr.

Budget des recettes locales à Chandernagor.

M. l'Ordonnateur donne lecture de l'exposé des motifs présenté au Conseil local de Chandernagor et du procès-verbal de la délibération de cette assemblée en ce qui concerne les recettes locales.

CHAPITRE Ier. — CONTRIBUTIONS DIRECTES.

Rentes foncières..........................	27,000
Rente sur le domaine de Goretty..........	60
	27,060

Ces prévisions égales à celles pour l'année courante sont adoptées sans observations.

CHAPITRE II. — CONTRIBUTIONS INDIRECTES.

Article Ier. — Enregistrement, timbre, etc.

Ferme du droit de Chandouny.......	432 »
Locations des arcades des bazars.....	12,961 20

M. l'Ordonnateur fait observer que, par suite du vote émis précédemment par le Conseil colonial, lors de la discussion du budget municipal de Chandernagor, il y a lieu de rétablir au budget local, les deux chiffres de 432 fr. et 12,961 fr. 20 c. qui en avaient été retranchés par le Conseil local de cette dépendance pour être appliqués au service municipal.

Ces chiffres sont, en conséquence, maintenus au budget local.

Droit d'enregistrement sur les ventes d'immeubles sous-seing privé.........	28 »
Droit de lods et ventes.............	9,000 »
A reporter...	22,421 20

Report...	22,421	20
Droit de greffe....................	2,000	"
Droit de 1 1/2 p. o/o sur le produit brut des ventes d'objets saisis.........	32	"
Prélèvement de 10 p. o/o sur les salaires du conservateur des hypothèques..	360	"
Baths des pions porteurs d'assignation.	500	"
	25,313	20

Article 3.— Droit sur l'introduction, la fabrication et la vente des spiritueux.

Droit sur la fabrication de l'arrack.......	49,000
Ferme de la vente de rhum.............	19,633
Ferme de la vente du callou.............	1,806
	70,439

Article 4.— Produit de la vente du sel, du tabac, du bétel, etc.

Subvention pour la concession du privilège de la vente du sel...........	48,000	"
Prix de la cession du privilège pour l'achat de 300 caisses d'opium à Calcutta.	6,492	"
Ferme de la vente de l'opium et du Gouly..............................	6,000	"
Ferme de la vente du Ganja et du choroche..........................	962	40
	61,454	40

Article 5.— Droits sur les lettres et passe-ports.

Taxes des lettres et imprimés transportés par le bateau à vapeur..............................	200
Taxes sur les passe-ports...............	"

Article 6.— Divers droits indirects.

Droit d'étalonnage des poids et mesures....	2,900

Chapitre III. — Divers produits du budget.

Article 1er. — Locations et fermages.

Loyers des terrains de la loge de Dacca.....	360
Loyers des terrains de Balassor...........	240
Location des arbres fruitiers appartenant à l'Etat..................................	16
Location d'une île située à Bora...........	168
	784

Article 2. — Deshérences et épaves non maritimes.

Produit de la succession en deshérence.....	76

Article 3. — Vente de domaine.

Vente des terres domaniales..............	5,000

Article 4. — Divers droits et produits domaniaux.

Produit de la vente des bois d'élagage...	100	//
Ferme des revenus de Goretty.........	1,171	20
	1,271	20

Article 5. — Amendes.

Amendes..............................	2,000

Article 6. — Recettes diverses.

Recettes à divers titres.................	100
Remboursement de frais de poursuite pour le recouvrement de l'impôt..................	250
Droit sur les alignements des rues.........	130
	480

Article 7. — Ventes et cessions des magasins à divers.

Cessions faites à divers par les magasins de la colonie.	
Ventes de divers objets appartenant au service local.................................	100
Remboursement du prix des médicaments..	134
Journées de malades traités à l'hôpital.....	//
	234

Article 8.— Recettes des exercices clos.

Recettes des exercices clos...............	2,000

Les explications données par M. l'Ordonnateur à l'effet de justifier les légères différences en plus ou en moins qui se remarquent, à l'égard des articles qui précèdent, entre les prévisions inscrites au budget des recettes pour 1874 et celles qui figurent sous les mêmes titres, au budget de l'exercice courant, n'ayant donné lieu à aucune observation de la part du Conseil, les articles dont il s'agit sont adoptés.

En conséquence, le Conseil arrête comme suit le budget des recettes de l'Etablissement de Chandernagor, exercice 1874:

CHAPITRE Ier. — CONTRIBUTIONS DIRECTES.

Article 2. Rentes foncières.............	27,060	

CHAPITRE II. — CONTRIBUTIONS INDIRECTES.

Article 1er.	Enregistrement, timbre, etc.	25,313	20
— 3.	Droits sur les spiritueux....	70,439	"
— 4.	Produit de la vente du sel, du tabac et du bétel.....	61,454	40
— 5.	Droit sur les lettres et passeports...................	200	"
— 6.	Divers droits indirects.....	2,900	"
		160,306	60

CHAPITRE III. — DIVERS PRODUITS DU BUDGET.

Article 1er	Locations et fermages.....	784	"
— 2.	Deshérences et épaves non maritimes............	76	"
— 3.	Vente de domaine........	5,000	"
— 4.	Divers droits et produits domaniaux...........	1,271	20
— 5.	Amendes................	2,000	"
— 6.	Recettes diverses.........	480	"
— 7.	Ventes et cessions des magasins à divers........	234	"
— 8.	Recettes des exercices clos.	2,000	"
		11,845	20

RÉCAPITULATION GÉNÉRALE

Chapitre Ier Contributions directes....	27,060	//
— II. Contributions indirectes...	160,306	60
— III. Divers produits du budget.	11,845	20
Total général du budget des recettes...	199,211	80

KARIKAL.

Budget des recettes locales de Karikal.

M. l'Ordonnateur donne lecture de l'exposé des motifs présenté au Conseil local de Karikal par le Chef de service et du procès-verbal de la délibération de cette assemblée, en ce qui concerne les recettes.

CHAPITRE Ier. — CONTRIBUTIONS DIRECTES.

Article 2. — Rentes foncières.

Impôt foncier, y compris la part des frais généraux payables à divers........	170,060	//
Impôt foncier sur les terres à salines.	4,216	40
	174,276	40

CHAPITRE II. — CONTRIBUTIONS INDIRECTES.

Art. 1er. — Enregistrement, timbre, etc.

Droit d'étal au bazar central de la ville et celui de la grande aldée...............	5,500	//
Droit d'enregistrement sur les ventes d'immeubles...................... .	50	//
Droit d'enregistrement sur les actes de nantissements des bijoux...............	25	//
Droit de lods et ventes..............	9,500	//
Droit de greffe....................	5,000	//
Droit de 1 1/2 p. o/o sur le produit brut de ventes des objets saisis ou de terres expropriées pour cause d'arriérés.........	50	//
Prélèvement de 10 p. o/o sur les salaires du conservateur des hypothèques..	512	//
Remboursement des frais de justice avancés par le Trésor................	250	//
Baths des pions porteurs d'assignation................................	1,000	//
Coût d'extraits d'actes de l'état-civil...	50	//
	21,937	//

2. Taxe de navigation.

Droit de tonnage et de manifeste.....	4,000 "

3. Droit sur l'introduction, la fabrication et la vente des spiritueux.

Droit sur l'extraction et la vente du padany..........................	1,500 "
Droit sur les cocotiers exploités en callou..........................	25,000 "
Droit d'entrée sur les spiritueux extraits du cocotier, du palmier, etc. (mémoire)..........................	
Droit de licences pour le débit des spiritueux..........................	29,152 80
Droit de licences pour les débits du callou..........................	3,400 "
	59,052 80

4. Produit de la vente du sel. Droit sur l'importation et la vente du tabac, du bétel et autres denrées et marchandises.

Produit de la vente du sel..........	47,000 "
Droit de licences pour la culture du tabac..........................	25 "
Droit à l'introduction du tabac......	9,500 "
Droit à l'introduction du bétel.......	18,000 "
	74,525 "

5. Droit sur les lettres et passe-ports.

Taxes des lettres et imprimés transportés par navires à voile............ / Taxes des lettres et imprimés transportés par bateau à vapeur...........	700 "
Taxes sur les passe-ports délivrés par la police..........................	2,400 "
	3,100 "

M. l'Ordonnateur fait observer que le Conseil local de Karikal a porté de 240 fr. (chiffre fixé pour 1873) à 2,400 fr. la prévision pour les taxes sur les passe-ports, ces recettes ayant considérablement augmenté depuis cette année par suite de la décision du Gouverneur réglant, d'une manière satisfaisante aux armateurs, le transport des passagers pour la Côte de l'est.

M. le conseiller Hecquet prend ensuite la parole et s'exprime ainsi :

« Le budget des recettes de l'Etablissement de Karikal renferme une prévision pour le coût de passe-ports. Si ces passe-ports étaient délivrés uniquement à des passagers s'embarquant à Karikal pour différentes destinations, j'admettrais cette recette sans observations. Mais il n'en est pas ainsi, vu que la plus grande partie de ces passe-ports sont délivrés à des sujets anglais qui s'embarquent pour les différents ports des Détroits, engagés par des recruteurs qui se proposent de les placer entre Pinang et Singapour dans les différentes plantations, comme engagés travailleurs. Il y a là une véritable spéculation. Ce genre de recrutement est nuisible à l'émigration française et nos agents se sont souvent plaints à l'autorité de la colonie de la concurrence qui a été faite à l'émigration française sur le territoire de notre Etablissement.

« Ces plaintes avaient conduit M. le Gouverneur Bontemps à prescrire à M. le Chef de service de Karikal des mesures fort sages dans l'intérêt de nos colonies françaises qui manquent de bras pour les exploitations agricoles. Cette question a été discutée au Conseil colonial l'an passé et M. le Gouverneur a bien voulu nous promettre que ce sujet serait étudié et que des dispositions de nature à donner satisfaction à tous les intérêts seraient prises.

« J'ignore la nature des dispositions qui ont été ordonnées, mais je puis déclarer que l'agent d'émigration de Karikal a éprouvé encore, cette année, l'effet fâcheux de la concurrence qui a été faite à ses recruteurs par l'émigration pour la Côte de l'est.

« Je prie donc de nouveau M. le Gouverneur de vouloir bien faire examiner cette question qui touche en même temps aux revenus de notre Etablissement et à la marche productive de l'émigration pour les colonies françaises, afin que tous les intérêts reçoivent une juste satisfaction. »

M. le Chef de service de Karikal répond dans les termes suivants: C'est pour satisfaire aux vœux émis l'année dernière par le Conseil local que les dispositions de la décision du 6 octobre 1871 ont été abrogées par M. le Gouverneur, tenant ainsi la promesse qu'il avait faite en Conseil colonial de statuer après une étude suffisante de la question par l'Administration. On ne saurait admettre, ainsi que l'expose M. le conseiller Hecquet, que l'embarquement des passagers libres qui s'effectue dans notre port pour la Côte du sud, soit nuisible à l'émigration française réglementée par l'arrêté de 1862; cette assertion sans preuve peut être refutée par l'examen des bulletins hebdomadaires du service de l'émigration qui prouvent combien le recrutement est facile aujourd'hui. En effet, on vient d'expédier, il y a quelques jours, un convoi de 214 émigrants et il y a aujourd'hui dans notre dépôt plus de la moitié du contingent à fournir par l'établissement au navire qui ne pourra être expédiée que dans un ou deux mois. On recrute donc plus de sujets qu'on ne peut en embarquer. Le rétablissement de l'émigration libre pour la Côte du sud a eu pour premier effet d'augmenter notablement le chiffre de nos recettes. En second lieu, le mouvement maritime et commercial qui avait considérablement diminué, l'année dernière, au profit des ports voisins, a repris son cours; les armateurs retrouvent dans cette opération sagement réglementée par le Chef de la colonie les éléments de frêt qui assure l'emploi de leurs navires. Le Chef de service de Karikal ne doit pas laisser ignorer au Conseil que la reprise de l'opération dont il s'agit ayant coïncidé, avec son arrivée dans la dépendance, les choulias sont venus le prier de transmettre à M. le Gouverneur l'expression de leur reconnaissance pour les services qu'il a rendus au pays et en particulier à la population commerçante qu'ils représentent aujourd'hui presque exclusivement. Il ajoute que les opérations ont été effectuées de la manière la plus régulière sous le contrôle d'une commission composée d'un officier du Commissariat et du lieutenant de port, qui a consigné dans un procès-verbal le résultat de ses investigations.

M. le Gouverneur fait observer que la question soulevée par M. Hecquet a été déjà traitée dans la dernière session et que c'est, en effet, pour donner satisfaction au vœu unanime émis par le Conseil local de Karikal, comme l'a dit M. Liautaud, qu'il a cru devoir, après une étude approfondie et sur les propositions de l'Administration de la Dépendance, lever l'interdiction qui avait été provisoirement mise au départ des passagers pour la Côte de l'est, non point par M. Bontemps, ainsi que l'a pensé M. Hecquet, mais par une lettre du Gouverneur intérimaire en date du 6 octobre 1871. M. le Gouverneur pense que la mesure contraire qu'il a prise est bonne, commandée par les intérêts français, profitable au Trésor et il s'en réfère sur ce point aux considérations exposées dans la séance du 19 décembre 1872, tant par M. le Commissaire Blum que par M. le Contrôleur Morau. D'un autre côté, les explications qui viennent d'être fournies par M. Liautaud prouvent jusqu'à l'évidence que cette juste liberté rendue au commerce et favorable au mouvement maritime, ne saurait porter aucun préjudice sérieux à l'émigration pour nos colonies. Dans cet état de choses, le Gouverneur déclare qu'il ne peut que maintenir sa décision. Toutefois, afin de faire droit autant que possible, à l'observation de M. Hecquet, il recommande de nouveau au Chef de service de Karikal de veiller à ce qu'il ne soit fait aucun abus de l'autorisation qu'il a donnée.

6. Divers droits indirects.

Droit d'étalonnage des poids et mesures	1,500
Droit de mesurage à la sortie des grains.....	7,000
Droit de certificat d'origine sur les huiles et produits récoltés français..............	800
Droit d'entrepôt...........................	150
	9,450

CHAPITRE III. — DIVERS PRODUITS DU BUDGET.

Article 1er. — Locations et fermages

Fermes de divers arbres appartenant à l'Etat.	2,058

4. Divers droits et produits domaniaux.

Produits de la vente des bois d'élagage......	200

M. le conseiller Hecquet demande des explications sur la diminution du chiffre des recettes provenant de la vente des bois d'élagage.

M. le Chef de service de Karikal répond que depuis le cyclône de 1871, qui a abattu la presque totalité des arbres bordant les routes et les promenades, il n'existe plus que de jeunes sujets qui ne sauraient encore être élagués. Il profite de cette occasion pour faire connaître au Conseil que presque tous les arbres déracinés ont été remplacés par des filaos qui sont d'une très-belle venue et donneront dans la suite un revenu important à l'Etablissement.

5. *Amendes*....................	1,400

6. Recettes diverses.

Remboursement des frais de poursuites pour le recouvrement de l'impôt...............	800
Droit sur les alignements des rues.........	400
Recéttes à divers titres..................	1,200
Produits de la vente des objets confisqués et délaissés..............................	50
Part afférente à la régie dans le montant des transactions...........................	50
	2,500

7. Ventes et cessions des magasins.

Cessions faites à divers par les magasins de la colonie............................... Ventes de divers objets appartenant au service local.............................	100
Remboursement du prix des médicaments...	900
Remboursement des journées d'hôpital.....	1,000
	2,000
8. *Recettes des exercices clos*.......	1,000

Le Conseil colonial adopte sans observations les prévisions qui précèdent.

En conséquence, il arrête comme suit le budget des recettes locales de Karikal :

CHAPITRE Ier. — CONTRIBUTIONS DIRECTES.

Art. 2.— Rentes foncières	171,276 40

CHAPITRE II. — CONTRIBUTIONS INDIRECTES.

Article 1er.	Enregistrements, timbres, etc.	21,937 〃
— 2.	Taxe de navigation.........	4,000 〃
— 3.	Droit sur les spiritueux......	59,052 80
— 4.	Produit de la vente du sel, droit sur le tabac, le bétel, etc...	74,525 〃
— 5.	Droit sur les lettres et passeports..................	3,100 〃
— 6.	Divers droits indirects........	9,450 〃
		172,064 80

CHAPITRE III. — DIVERS PRODUITS DU BUDGET.

Article 1er.	Locations et fermages........	2,058
— 4.	Divers droits et produits domaniaux..................	200
— 5.	Amendes..................	1,400
— 6.	Recettes diverses............	2,500
— 7.	Vente et cession des magasins..	2,000
— 8.	Recettes des exercices clos....	1,000
		9,158

RÉCAPITULATION.

Chapitre 1er.	Contributions directes..	174,276 40
— 2.	Contributions indirectes.	172,064 80
— 3.	Divers produits........	9,158 〃
Total général du budget des recettes.		355,499 20

MAHÉ.

M. l'Ordonnateur donne lecture de l'exposé des motifs présenté au Conseil local de la dépendance par le Chef de service et du procès-verbal de la délibération de cette assemblée en ce qui concerne les recettes.

CHAPITRE 1er. — CONTRIBUTIONS DIRECTES.

Article 1er. — Droits sur les maisons.

Droit sur les maisons à Mahé, à Calicut et dans les aldées.................................. 754

A reporter... 754

Report... 754

Article 2.— Rentes foncières

Impôt foncier à Mahé, à Calicut et dans les aldées.............................. 12,150

CHAPITRE II.— CONTRIBUTIONS INDIRECTES.

Article 1er.— Enregistrement, Timbres, Droits de greffe, d'hypothèques, patentes, etc.

Patentes de boutiques de gros et en détail à Mahé, à Calicut et dans les aldées........... 360

Patentes de souraires à Mahé et dans les aldées. 240

Droit d'enregistrement sur les ventes d'immeubles sous seing privé................. 5

Droit de lods et ventes.................... 400

Droit de 1 1/2 p. o/o sur le produit de la vente des objets saisis ou des terres expropriées pour cause d'arriérés.......................... 10

Prélèvement de 10 p. o/o sur les salaires du conservateur des hypothèques.............. 40

Article 2. — Taxes de navigation.

Droit de tonnage et de manifeste.......... 650

Article 3. — Droits sur l'introduction, la fabrication et la vente des spiritueux.

Ferme de la vente de l'arrack et du callou à Mahé et dans les aldées................... 3,880

Article 4. — Produit de la vente du sel. Droit sur l'importation, la culture et la vente du tabac, du bétel et autres denrées et marchandises.

Produit de la vente du sel................. 11,800

Droit de licence pour la vente du tabac..... 500

Article 5.—Droits sur les lettres et passe-ports.

Taxes des lettres et imprimés transportés par navires à voiles. Taxes des lettres et imprimés transportés par bateaux à vapeur............. 50

Taxes sur les passe-ports délivrés par la police. "

A reporter... 30,839

Report... 32,839

Article 6.— Divers droits indirects.

Droit de certificats d'origine sur les produits récoltés français........................	"
Droit de passage sur la rivière...............	4,080
Ferme du droit de péage du pont de Pandaquel.	504

CHAPITRE III.— DIVERS PRODUITS DU BUDGET.

Article 1er.— Locations et fermages, revenus des propriétés coloniales.

Produit net de la loge de Surate...........	720
Ferme de trois varges ou champs à nelly....	1,128
Ferme de la jouissance des arbres du Gouvernement situés dans la géole et dans le cimetière des macouas............................	67
Loyers de la maison dite ancien presbytère...	86
Ferme de la jouissance des arbres fruitiers situés dans l'emplacement du Tribunal.........	39
Impôts des arbres fruitiers de l'Etat.........	36

Article 2.— Déshérences et épaves non maritimes.

Loyers de diverses maisons et de divers terrains appartenant à des successions en deshérence...	187

Article 4.—Divers droits et produits domaniaux.

Produit de la vente des bois d'élagage et de divers arbres fruitiers......................	50

Article 5.— Amendes.

Amendes..................................	350

Article 6.— Recettes diverses.

Remboursement des frais de poursuites pour recouvrement des impôts..................	140
Droit sur les alignements des rues..........	10

Article 7.— Ventes et cessions des magasins à divers.

Cessions faites à divers par les magasins de la

A reporter... 40,236

Report... 40,236

colonie. Ventes de divers objets appartenant au service local............................ 25

Remboursement du prix des médicaments... 350

Article 8. — Recettes des exercices clos.

Recettes des exercices clos............... 600

41,211

Le Conseil colonial adopte sans observations toutes les prévisions qui précèdent.

Il arrête, en conséquence, le budget des recettes locales de Mahé, pour l'exercice 1874, à la somme de *quarante-et-un mille deux cent onze francs.*

YANAON.

Budget des recettes locales à Yanaon.

CHAPITRE 1er. — CONTRIBUTIONS DIRECTES

Article 1er. — Droits sur les maisons.

Droit sur les maisons de la loge de Mazulipatam ״

Article 2. — Rentes foncières.

Impôt foncier........................ 17,599 64

CHAPITRE II. — CONTRIBUTIONS INDIRECTES.

Article 1er. — Enregistrement, timbre, etc.

Patentes sur les boutiques............	500	40
Droit d'enregistrement...............	10	״
Droit de lods et ventes..............	300	״
Prélèvement de 10 p. o/o sur les salaires du conservateur des hypothèques.........	10	״

Article 3. — Droit sur les spiritueux.

Ferme de la vente et du débit de l'arrack, et du callou des palmiers................	4,800	״
Ferme de la vente et du débit du callou des dattiers...........................	36	״
Rente payée par le Gouvernement anglais,		
A reporter...	5,656	40

Report...	5,656	40
par suite de l'interdiction de la fabrication des spiritueux à Mazulipatam............	8,520	"
Article 4.— Produit de la vente du sel, etc.		
Produit de la vente du sel............	3,000	"
Ferme de la vente de l'opium..........	256	80
Article 5.— Droit sur les lettres et passeports.		
Taxes des lettres et imprimés transportés par navires à voiles ou bateaux à vapeur...	100	"
Article 6.— Divers droits indirects.		
Droit de mesurage des grains...........	250	"
	17,783	20

CHAPITRE III.— DIVERS PRODUITS DU BUDGET.

Article 1er.— Locations et fermages.		
Ferme des cocotiers..................	127	20
Ferme des palmiers de la loge de Mazulipatam...............................	52	80
Ferme des terres en friche de Mazulipatam	446	40
Article 3.— Vente de domaine.		
Produit de la vente des terres domaniales	20,217	12
Article 5.— Amendes.		
Amendes..........	100	"
Article 7.— Ventes et cessions des magasins à divers.		
Cessions faites à divers...............	"	"
Ventes de divers objets appartenant au service local..........................	"	"
Remboursement du prix des médicaments	350	"
Article 8.— Recettes des exercices clos.		
Recettes des exercices clos............	"	"
	21,293	52

Toutes les prévisions ci-dessus sont acceptées par le Conseil colonial.

En conséquence, le budget des recettes locales de Yanaon, exercice 1874, est arrêté ainsi:

Chapitre Ier.	Contributions directes......	17,599 64
— II.	Contributions indirectes...	17,783 20
— III.	Divers produits du budget..	21,293 52
		56,676 36

M. le Gouverneur lève la séance à 6 heures 1/2 et fixe la prochaine réunion à mercredi, 17 décembre, à 2 heures de l'après-midi.

Le Secrétaire,
H. LIAUTAUD.

Vu : *Le Gouverneur,*
Président,
FARON.

Séance du 17 décembre 1873.

L'an mil huit cent soixante-treize, le mercredi, dix-sept décembre, à deux heures de l'après-midi, le Conseil colonial s'est réuni au lieu ordinaire de ses délibérations.

Étaient présents :

MM. Faron, Commissaire général de la marine, Gouverneur; Delrieu, Commissaire de la marine, Ordonnateur; Champestève, Procureur général, *p. i.*; Liautaud, Commissaire adjoint de la marine, Chef de service de Karikal, *p. i.*;

G. Cornet, négociant;
E. Hecquet, négociant;
Covindassamynaïker, conseil agréé;
Ponnoutambypoullé, conseil agréé;
Tambypoullé, conseil agréé;
Channemougavélayoudamodéliar, propriétaire;
Bandésaeb, commerçant.
} conseillers élus.

A l'ouverture de la séance et sur l'invitation de M. le Président, le secrétaire donne lecture du procès-verbal du 15 décembre; ce document est adopté à l'unanimité te sans observations.

M. le Gouverneur dépose ensuite sur le bureau de l'assemblée deux pétitions. La première qui est adressée au Conseil par le nommé Balakichenin est renvoyée à l'examen de la commission spéciale nommée à cet effet. La seconde étant rédigée en langue tamoule et non accompagnée d'une traduction, est écartée, conformément aux prescriptions de l'arrêté du 12 novembre 1839 dont les dispositions ont été rendues applicables aux requêtes adressées au Conseil colonial.

Plans de campagne de la municipalité et budget des dépenses de ce service à Chandernagor.

La parole est donnée à M. l'Ordonnateur pour la présentation des plans de campagne des travaux à exécuter au compte de la municipalité et du budget des dépenses de ce service à Chandernagor.

MM. le Chef du service des contributions et l'Ingénieur colonial sont introduits dans la salle des délibérations et prennent séance avec voix consultative.

Plans de campagne.

M. l'Ordonnateur donne lecture de l'exposé des motifs présenté au Conseil local de Chandernagor par le Chef de service en ce qui concerne les plans de campagne du service municipal et fait connaître que le premier projet ordinaire soumis à M. le Chef du service des ponts et chaussées de la colonie s'élève à la somme de 28,000 fr. répartie comme suit :

Mur de soutènement..................	12,122f 37c
Travaux des chemins de Narona de chock.	3,871 33
Entretien courant....................	12,006 30
	28,000 00

M. le Chef du service des ponts et chaussées fait connaître que le mur de soutènement pour la construction duquel est prévisée une somme de 12,122 fr. 37 c. doit longer le chemin de Hattecolla et préserver les habitants du quartier de Challemara, l'un des plus populeux de Chandernagor, des fréquentes inondations du Gange.

Le Conseil colonial juge que la construction de ce mur pouvant être classée dans la catégorie des travaux extraordinaires et ayant un caractère d'intérêt général, concernant autant la ville que la municipalité, il convient de supprimer cette dépense du plan de campagne du service municipal et de la transférer au compte des dépenses locales.

En conséquence de cette décision, le plan de campagne ordinaire de la municipalité est arrêté comme suit :

Travaux des chemins de Neronadechock.	3,871 f 33 c
Entretien courant..................	12,006 30
Total général du plan de campagne ordinaire..............................	15,877 63

M. l'Ordonnateur expose qu'il a été présenté au dernier moment au Conseil local de Chandernagor un plan de campagne supplémentaire dont le Chef du service des ponts et chaussées de la colonie n'avait pas eu préalablement communication. Ce document s'élève à la somme de 7,371 fr. 25 c. répartie comme suit :

1° Chemin de Doulépara.............	1,925 f 62 c
2° Chemin de Pontchanontollah.......	2,257 50
3° Chemin de Bichalokhi-Bénépoucour..	1,688 13
4° Chemin de Cantapoucour..........	1,500 00
	7,371 25

Ce plan de campagne ayant été présenté au Conseil local de Chandernagor, sans avoir passé par les formalités réglementaires, le Conseil colonial, pour le maintien des principes, est unanimement d'avis que dans les circonstances ordinaires, il conviendrait d'écarter ce projet. Cependant, à titre exceptionnel, et en considération de la position précaire dans laquelle se trouvent les habitants de Chandernagor par suite de la disette de riz, le Conseil pensant que la population malheureuse trouvera dans l'exécution des travaux dont il s'agit, un moyen de subsistance, se départit de la règle et vote le chiffre de 7,371 fr. 25 c. montant du plan de campagne supplémentaire.

A cette occasion, **M. le Gouverneur** charge M. l'Ordonnateur de préparer une circulaire pour recommander de nouveau à MM. les Chefs de service des Dépendances de ne soumettre aux Conseils locaux aucune proposition faite sans autorisation préalable, quand elle doit avoir pour résultat d'accroître les dépenses du personnel ou du matériel, attendu que ce mode de procéder trouble, à la dernière heure, toute l'économie du budget général soumis au vote du Conseil colonial, en rompt l'équilibre et annule l'action de l'Administration supérieure, en la plaçant dans l'impossibilité de faire l'étude de ces propositions en temps utile, non seulement quant à leur convenance, mais aussi au point de vue des ressources disponibles.

Par suite, le chiffre à inscrire au budget des dépenses municipales, pour les travaux et approvisionnements est arrêté comme suit :

Plan de campagne ordinaire.........	15,877 f 03 c
Plan de campagne supplémentaire....	7,371 25
Total...	23,248 88

M. l'Ordonnateur présente ensuite le budget des dépenses du même service :

CHAPITRE Ier. — PERSONNEL.

1. Solde de l'officier de l'état-civil indien......................	1,200 "
2. Solde de divers agents subalternes.	880 "
3. Indemnité et supplément à divers.	900 "
4. Remises au receveur et au Trésorier-payeur.	
M. l'Ordonnateur fait observer que le chiffre prévisé au projet du budget est de 1,418 fr. et qu'il y a lieu de le réduire, par suite des modifications apportées au plan de campagne.	
Le Conseil, après calcul fait, fixe les remises au receveur et au Trésorier-payeur à.........................	1,392 05
5. Frais de transport de la commission de la salubrité....................	800 "
	5,172 05

Chapitre II. — Matériel.

1. — Travaux et approvisionnements.

Par suite du vote émis lors de la discussion du plan de campagne, le chiffre de 28,000 fr. prévisé au projet de budget, est ramené par le Conseil pour les :

1. Travaux et approvisionnements à..	23,248	88
2. Frais de matériel de divers services.	400	"
3. Frais de bureau...............	472	"
4. Eclairage des postes de la police..	300	"
5. Service de la petite voirie.......	2,500	"
6. Frais d'entretien de la fourrière...	350	"

M. l'Ordonnateur fait remarquer que cette prévision est nouvelle et a été inscrite dans le but d'assurer le service de la fourrière dont l'organisation a été sanctionnée par arrêté du 26 septembre 1873.

Le Conseil adopte les 350 fr.

7. Achat de pailles, herbes etc., pour l'entretien des animaux mis à la fourrière.	500	"

M. l'Ordonnateur expose que cette prévision, qui est également nouvelle, est une mesure d'ordre, les frais d'entretien des animaux en fourrière étant remboursés par les propriétaires.

8. Livres pour la distribution des prix des écoles........................	300	"

9. Subvention à divers.

Le Conseil colonial fait remarquer qu'il a notablement augmenté l'allocation pour les travaux et approvisionnements, qui n'était en 1873 que de 14,808 fr. 80 c. en adoptant le plan de campagne supplémentaire de 7,371 fr. 25 c. et en déchargeant le service municipal, de la dépense de 12,122 fr. 37 c. transportée au budget local pour la construction du mur de soutènem[ent] du chemin d'Hattecolla, considéré comme travail d'intérêt général.

A reporter...	28,130	88

Report...	28,130 88
Il croit devoir, en conséquence, maintenir simplement les allocations accordées l'année dernière à la fabrique, soit. 1,763 et au bureau de bienfaisance soit. 3,090 ainsi que celle représentant les loyers et l'entretien de l'école des sœurs, soit.............. 1,200	
9. Soit pour l'article « Subvention à divers, » un total de.................	6,053 ″
10. Frais de poursuites............	500 ″
11. Dépenses éventuelles.	
M. l'Ordonnateur fait observer que le Chef de service n'a prévisé sous ce titre qu'une somme de 400 fr. mais que le Conseil local a cru devoir maintenir le chiffre de 600 fr. porté pour l'exercice courant, en vue de faire face aux dépenses qui incombent au service municipal par la mise en vigueur de l'arrêté de M. le Gouverneur du 18 juin 1873 sur la police des chiens.	
Le Conseil colonial, dans la pensée que la prévision de 350 fr. portée plus haut pour la fourrière sera suffisante, ne vote, pour les dépenses éventuelles, qu'une somme de......................	400 ″
	35,083 88

Récapitulation.

Chapitre Ier. — Personnel.........	5,172 05
— II. — Matériel..........	35,083 88
	40,255 93

Le budget des dépenses du service municipal de Chandernagor est définitivement arrêté à la somme de *quarante mille deux cent cinquante-cinq francs, quatre-vingt-treize centimes.*

Par suite de cette décision, le chiffre de la subvention à accorder par le service local au service municipal a été fixé à la somme de *onze mille quatre cent cinquante-neuf francs, quatre-vingt-treize centimes* et le budget des recettes arrêté également d'une manière définitive à *quarante mille deux cent cinquante-cinq francs quatre-vingt treize centimes*.

KARIKAL.

M. l'Ordonnateur continue la présentation au Conseil des budgets des recettes et dépenses, exercice 1874, du service municipal en ce qui concerne les autres Etablissements secondaires.

Budgets municipaux de la ville de Karikal.

RECETTES.

Excédant des recettes de l'exercice antérieur	162 45
Tiers du 9e du produit de la vente du sel affecté aux dépenses municipales	1,454 26
Montant du tiers des amendes en matière de fourrières	153 50
Subvention du service local.	

M. l'Ordonnateur expose que le Conseil local de Karikal a demandé que le chiffre de la subvention locale qui n'était prévisé qu'à 970 fr. soit augmenté de 1,940 fr. Cette somme étant destinée à accroître le nombre des charrettes de la petite voirie et à pourvoir à l'échange des principales rues de l'Etablissement.

M. le Chef de service de Karikal expose que cette localité qui est la seconde des Etablissements français dans l'Inde, n'a qu'un seul réverbère et que la mesure proposée par le Conseil local est de première nécessité. M. le Chef de service ajoute que l'augmentation de la subven-

A reporter... 1,770 21

Report..	1,770 21
tion ne grèvera pas le budget local, le surplus provenant de taxe sur les passeports devant largement compenser cette dépense.	
Le Conseil colonial, à l'unanimité, élève le chiffre de la subvention faite par le service local, à......................	2,910 "
Montant des recettes présumées à titre de frais de capture des chiens..........	25 "
	4,705 21

DÉPENSES.

Loyers de quatre charrettes destinées au service de la petite voirie................	2,203 20
Curage des caniveaux des rues de la ville.	26 10
Eclairage d'un réverbère..............	50 "
Inhumation des cadavres d'indigents.....	25 "
Entretien des fourrières pour les animaux à Karikal..............................	150 "
Prime à la capture des chiens......... Prime à la destruction des chiens.....	300 "
Remise de 3/4 p. o/o pour la centralisation des recettes...........................	10 91
M. l'Ordonnateur fait observer que par suite du vote du Conseil, il y a lieu d'ajouter aux dépenses pour les charrettes de la petite voirie et l'achat de réverbères une prévision de..........................	1,940 "
	4,705 21

Le budget des recettes et dépenses du service municipal de Karikal est, par suite, arrêté à la somme de *quatre mille sept cent cinq francs vingt-et-un centimes.*

MAHÉ.

Budget du fonds commun et du service municipal de la ville et des aldées de Mahé.

Recettes.

	Fonds commun	Fonds municipal.
1. Encaisse présumée au 1er janvier 1874	2,592	1,759
2. Produit de la retenue du neuvième sur la vente du sel 2/3 pour le fonds commun 1/3 pour le fonds municipal...	757	378
3. Coût des pièces délivrées par le service des contributions...	25	〃
	3,374	2,137
	5,511	

Dépenses.

	Fonds commun et municipal.
1. Remises attribuées au Trésorier-payeur et au receveur à raison de 75 p. o/o.	9
Abatage des chiens errants	15
3. Balayage et nettoyage des rues et places publiques	200
4. Huiles pour 14 reverbères	300
5. Gratifications aux allumeurs	100
6. Réparations des chemins communaux.	200
7. Célébration de la fête patronale de Sainte-Thérèse	100
8. Réparations des Etablissements publics.	365
9. Réparations des chemins vicinaux	200
10. Remises ou dégrèvements extra-réglementaires pour pertes de récolte dues à des causes de force majeure.	50
11. Dépenses diverses	50

M. l'Ordonnateur expose que le Conseil local a émis le vœu qu'il soit prévisé une somme

A reporter... 1,589

Report... 1,589

de 150 fr. en plus l'achat de six nouveaux reverbères.

Le Conseil colonial adopte l'augmentation demandée. En conséquence, il est inscrit pour six nouveaux reverbères une somme de...... 150

1,739

Le budget des recettes est en conséquence arrêté a la somme de 5,511 fr. et celui des dépenses à celle de 1,739 fr.

YANAON.

Budget du fonds commun de la ville et des aldées de Yanaon.

RECETTES.

	Fonds commun.	Fonds municipal.
Excédant présumé des recettes sur les dépenses au 31 décembre 1873	710 92	221 55
Produit de la retenue du 1/9 de la vente du sel	180 03	90 45
Frais des pièces délivrées par le service des Contributions	82	" "
Produit des amendes des chiens (pour mémoire)		" "
	973 "	312 "
	1,285	

DÉPENSES.	Fonds commun et municipal.
Remises allouées au Trésorier-payeur à 75 p. o/o	2 03
Arrosage des cocotiers	44 "
Entretien des canaux et écluses	80 "
Curage et entretien des étangs et puits	80 "
Enlèvement d'animaux morts	5 "
Arrosage et balayage des rues	20 "
Abatage des chiens	90 "
Nourriture des chiens	40 "
Solde du gardien de la fourrière	100 "
Etablissement d'une fourrière pour les chiens	100 "
	561 03

Le Conseil colonial approuve, à l'unanimité, les chiffres ci-dessus.

M. le Gouverneur lève la séance à 5 heures 1/2 et fixe la prochaine réunion à vendredi, à 2 heures de l'après-midi.

Le Secrétaire,
H. LIAUTAUD.

Vu : *Le Gouverneur*,
Président,
FARON.

Séance du 19 décembre 1873.

L'an mil huit cent soixante-treize, le vendredi, dix-neuf décembre à deux heures de l'après-midi, le Conseil colonial s'est réuni au lieu ordinaire de ses délibérations.

Etaient présents :

MM. Faron, Commissaire général de la marine, Gouverneur ; Delrieu, Commissaire de la marine, Ordonnateur ; Champestève, Procureur général, *p. i.* ; Liautaud, Commissaire adjoint de la marine, Chef de service de Karikal, *p. i* ;

G. Cornet, négociant ;
E. Hecquet, négociant ;
Ponnoutambypoullé, conseil agréé ;
Tambypoullé, conseil agréé ;
Chanemougavelayoudamodéliar, propriétaire ;
Bandésaëb, commerçant ;
} conseillers élus.

M. le conseiller Covindassamynaïker, s'est excusé, par écrit, de ne pouvoir assister à la réunion, pour cause de maladie.

A l'ouverture de la séance et sur l'invitation de M. le Président, le secrétaire donne lecture du procès-verbal du 16 décembre qui est adopté sans observations.

M. le Gouverneur dépose ensuite sur le bureau de l'assemblée quatre pétitions adressées au Conseil :

N° 12.—1° Par la nommée Moïdinebiby, veuve du nommé Caderkane, ex-pion du greffe de la Cour ;

N° 13.— 2° Par le nommé Soundirenaden, fils de Savérinadapoullé ;

N° 14. — 3° par M. De Souza ;

N° 15. — 4° par M. John William de Colize, employé chez MM. Hecquet et Delafon.

Elles sont renvoyées à l'examen de la commission des pétitions.

MM. le Chef du service des contributions et l'Ingénieur colonial sont introduits dans la salle des délibérations et prennent séance avec voix consultative.

La parole est donnée à M. l'Ordonnateur pour la présentation du budget du fonds commun des trois maganoms de l'établissement de Karikal pour l'année 1874.

Fonds commun de Karikal.

M. l'Ordonnateur donne lecture de l'exposé des motifs du budget du fonds commun des trois maganoms de Karikal présenté au Conseil local de cette Dépendance par le Chef de service et expose que cette assemblée a adopté, sans observations, les prévisions suivantes :

Recettes.

Excédant des recettes sur les dépenses présumées jusqu'au 31 décembre 1873...	500,f00c
2/3 du 9e du produit de la vente du sel.	2,908 52
Droit de traduction et de délivrance des pièces du service des Contributions.......	196 41
1/3 du produit des amendes en matière de fourrière........................	2,160 36
	5,765 29

Dépenses.

Travaux à faire en faveur de l'agriculture.	3,608 80
Salaire de 6 gardiens des écluses.......	604 80
Achats de registres et frais divers pour l'entretien des fourrières...............	1,020 »
Remise de 3/4 p. o/o au Trésorier-payeur pour la centralisation des opérations du fonds commun.................. ..	39 49
Abatage des chiens.................	200 00
Somme réservée pour travaux imprévus.	292 20
	5,765 29

M. le conseiller Hecquet désire savoir si les travaux en faveur de l'agriculture exécutés à Karikal sont faits en régie ou à l'entreprise.

M. le Chef du service de Karikal répond que ces travaux sont exécutés en régie et que le conducteur des ponts et chaussées chargé de ce soin, emploie de préférence dans les campagnes, les pannéales qui sont mis à sa disposition par les mirasdars.

M. l'Ingénieur colonial fait observer que dans le plan de campagne du service local de Karikal, il voit figurer plusieurs travaux qui incombent au fonds commun et dont le devis estimatif s'élève à une somme de 360 fr. Il croit que, pour la bonne règle, il conviendrait de comprendre ces articles au plan de campagne du service du fonds commun.

M. le Gouverneur pense que, pour le maintien du principe, il serait utile de faire droit à l'observation de M. le Chef du service des ponts et chaussées. Cependant, vu le peu d'importance de la somme et les nombreux remaniements qu'il y aurait à faire dans plusieurs budgets, le Chef de la colonie propose de maintenir pour cette fois les prévisions inscrites avec leurs errements.

Le Conseil colonial adopte, à l'unanimité, la motion de M. le Gouverneur.

Les autres prévisions ne donnant lieu à aucune observation, le budget des dépenses du fonds commun de Karikal est arrêté définitivement à la somme de 5,765 fr. 29 c. égale à celle du budget des recettes. Le plan de campagne est également adopté à l'unanimité.

Budget du service municipal à Pondichéry.

Il est procédé ensuite à l'examen du budget des recettes et dépenses du service municipal de Pondichéry.

Après lecture de l'exposé des motifs présenté par M. l'Ordonnateur au Conseil local et du procès-verbal de la délibération de cette assemblée, le Conseil colonial, conformément à l'avis exprimé par le Conseil local qui n'a fait qu'adopter les propositions de la commission du service municipal, accepte, à l'unanimité, les chiffres du projet de l'Administration.

RECETTES.

Part revenant au fonds municipal sur le produit de la vente du sel..............	5,913 f 00 c
Produit de la coupe des herbes provenant de la place du Gouvernement............	25 "
Remboursement des frais occasionnés par les chiens retirés de la fourrière.........	20 "
Subvention locale....................	6,915 "
	12,873 "

DÉPENSES.

Petite voirie. Loyers des charrettes employées à la propreté des rues...... ...	4,973 40
Journées des coulys balayeurs.........	2,679 60
Huile..........................	3,100 "
Mèches.........................	350 "
Solde des allumeurs..................	900 "
Dépenses diverses....................	100 "
Frais de fourrière y compris le gardien..	570 "
Inhumation des cadavres..............	100 "
Curage des puits perdus...............	400 "
	12,873 "

M. le conseiller Cornet expose que les chiens mis en fourrière n'y sont pas nourris et craint que beaucoup de ces animaux n'éprouvent par suite l'atteinte de la rage. Il renouvelle, en conséquence, le vœu qu'il a émis au Conseil local de voir figurer au budget des dépenses une prévision à ce sujet.

M. le Gouverneur demande à cet effet l'autorisation d'ouvrir, dans le cours de l'année, un crédit supplémentaire au service municipal pour la nourriture des chiens, si toutefois la prévision inscrite au budget pour les frais de fourrière ne suffit pas pour faire droit à la juste observation de M. Cornet.

Le Conseil colonial accorde, à l'unanimité, l'autorisation demandée.

Passant en revue les différentes observations présentées au sein du Conseil local sur le service municipal, le chef de la colonie dit, qu'en ce qui concerne la propreté de la ville, l'Administration appellera d'une manière toute particulière l'attention de M. le Maire sur ce point. Des recommandations seront faites également au même fonctionnaire pour l'application rigoureuse des arrêtés relatifs à la fabrication de l'arrack-patté et la répression des abus signalés dans l'intérêt de la salubrité publique.

Quant à la question du nivellement des caniveaux. **M. le Gouverneur** invite M. le Chef du service des ponts et chaussées à faire aussitôt que possible des études sur l'emploi de tubes en fonte demandé par le Conseil local, en recourant de préférence à l'industrie locale pour la fourniture de ces tuyaux, si elle est en mesure de les fournir.

En ce qui touche à l'éclairage de la ville, le Chef de la colonie rappelle qu'une commission a été instituée pour étudier cette question et prie M. l'Ordonnateur de faire activer autant que possible son travail. Il fait ensuite observer que le crédit voté par le Conseil pour l'éclairage sera insuffisant dans le cas probable où l'on serait en mesure de réaliser dans le cours de l'année ces projets de la commission, et il demande, par suite, la faculté d'ouvrir, si la nécessité en est reconnue, un crédit supplémentaire pour parer aux dépenses qu'entraînera l'installation de nouveaux reverbères.

Le Conseil colonial, à l'unanimité, laisse au Chef de la colonie toute latitude à cet égard.

M. le Gouverneur continuant l'examen des vœux émis à l'occasion du budget du service municipal, invite M. l'Ordonnateur à les faire étudier dans le plus bref délai possible et particulièrement l'importante question de l'arrosage des rues. Il prie en même temps. M le Chef du service des ponts et chaussées de prêter tout son concours sur ce dernier point à M. le Maire de la ville.

Quant à la prime pour la capture des chiens errants que l'on avait dû élever un peu, au début, afin de mieux assurer la destruction de ces animaux dangereux, dont le nombre était devenu considérable, le Chef de la colonie ne voit pas d'inconvénient à la réduire aujourd'hui et charge M. l'Ordonnateur de préparer un projet d'arrêté dans ce sens.

Fonds commun de Pondichéry

M. le Gouverneur pense qu'avant d'examiner les budgets du fonds commun de Pondichéry, il serait utile, pour éclairer le Conseil, de lire les procès-verbaux du comité chargé de ce fonds.

Le Conseil partageant cet avis, M. le secrétaire donne lecture des deux rapports insérés dans le procès-verbal de la séance du 11 novembre du Conseil local de Pondichéry.

Avant de passer à la discussion de fond, **M. le Gouverneur** relève quelques expressions peu convenables contenues dans ces documents et il signale entre autres les phrases suivantes: « *Fatigué* de présenter des réclamations. Ce n'est pas *pour son plaisir* que le comité demande un conducteur. » Il fait remarquer qu'une semblable manière de s'exprimer ne peut avoir pour résultat que d'altérer les bons rapports qui doivent exister, entre les différents services, dans l'intérêt du bien public. Il invite, en conséquence, M. le Chef du service des contributions à surveiller plus attentivement, à l'avenir, la rédaction des procès-verbaux du fonds commun.

M. Sicé expose qu'il ne faut attribuer l'emploi des expressions signalées par M. le Gouverneur, qu'à la connaissance imparfaite qu'ont de la langue française la plupart des membres du comité. Si ces termes avaient frappé son attention, il n'aurait pas manqué de les retrancher.

M. le Gouverneur sait très-bien que ce n'est pas aux membres indigènes qu'il serait juste de tenir compte d'expressions regettables dont ils ne peuvent d'abord comprendre la portée. C'est M. Sicé qui doit en être rendu responsable en sa qualité de Président du comité et il ne peut que maintenir son observation.

M. le Gouverneur arrivant aux critiques dirigées par le comité du fonds commun contre le service des ponts et chaussées, autorise M. l'Ingénieur colonial à donner dans la prochaine réunion, avant la délibération du Conseil, les explications qu'il pourrait avoir à présenter à cet égard.

La séance est levée à 5 heures 1/2 le Conseil s'ajourne au lendemain, samedi 20 décembre, pour l'examen des budgets du fonds commun.

Le Secrétaire,
H. LIAUTAUD.

Vu : *Le Gouverneur,*
Président,
FARON.

Séance du 20 décembre 1873.

L'an mil huit cent soixante-treize, le samedi, vingt décembre, le Conseil colonial s'est réuni à 2 heures de l'après-midi au lieu ordinaire de ses délibérations.

Etaient présents :

MM. Faron, Commissaire général de la marine, Gouverneur; Delrieu, Commissaire de la marine, Ordonnateur; Champestève, Procureur général, *p. i.*; Liautaud, Commissaire adjoint de la marine, Chef de service de Karikal, *p. i.*;

G. Cornet, négociant ;
E. Hecquet, négociant;
Pounoutambypoullé, conseil agréé ;
Tambypoullé, conseil agréé ;
Chanemougavélayoudamodéliar, propriétaire;
Bandésaëb, commerçant;
} conseillers élus.

A l'ouverture de la séance et sur l'invitation de M. le Président, le secrétaire donne lecture du procès-verbal du 17 décembre qui est adopté sans observations.

M. le Gouverneur dépose ensuite sur le bureau de l'assemblée deux pétitions adressées au Conseil.

N° 16. — 1° Par les nommés Ellapanaïker, Manjininaïker, Virapin, etc.;

N° 17. — 2° Par les nommés Airouannaya, Douressamy et S. A. Samy.

Ces documents sont renvoyés à l'examen de la commission des pétitions.

MM. le Chef du service des contributions et l'Ingénieur colonial sont introduits dans la salle des délibérations et prennent séance avec voix consultative.

La parole est donnée à M. le Chef du service des ponts et chaussées pour répondre aux différentes observations faites par le comité du fonds commun ; dans les procès-verbaux qui ont été lus à la précédente séance.

M. l'Ingénieur colonial s'exprime ainsi :

« Je ne puis dissimuler l'impression que m'a causée, hier, la lecture du rapport du comité du fonds commun, je vais faire en sorte d'y répondre et de relever toutes les erreurs qu'il contient. »

M. le Gouverneur arrête ici M. Carriol : il l'invite à se tenir en garde contre ses impressions, à écarter avec soin les questions personnelles et tout ce qui pourrait irriter le débat, en se bornant à donner les explications qu'il peut avoir à fournir.

M. le Chef du service des ponts et chaussées répond qu'il se conformera à cette recommandation et reprend :

« Je n'ai commis aucune méprise, comme l'a pensé M. Ponnou-Rassendren, en inscrivant une observation sur un document qui n'était point prescrit par l'arrêté du 9 mars 1871, réglant la marche à suivre pour la rédaction et la présentation du plan de campagne du fonds commun. Cette observation était motivée par les réclamations de mon subordonné qui s'était plaint à moi que l'on doublait ainsi la besogne inutilement et qu'ensuite ce travail contenait des exagérations évidentes.

« Avant M. Jumeau, c'était un jeune homme du pays qui était chargé des travaux de l'extérieur ; il en connaissait la langue, il pouvait parfaitement discuter et se rendre compte des demandes inscrites sur le travail élaboré par le comité. Il en résultait, non des évaluations inexactes, comme le fait ressortir M. Ponnou-Rassendren, mais des appréciations rigoureusement exactes. En présentant donc un travail tout fait à M. Jumeau, qui comprend peu la langue du pays et qui, par suite d'exigences de service, était attaché nouvellement aux travaux des campagnes, le comité a pu croire qu'il accepterait aveuglément son travail ; mais M. Jumeau, comme M. Kerjean, examina et mesura tout, et le résultat final fut que, sur une somme de 12,175 fr. il constata pour 1,907 fr. d'exagérations.

« Permettez-moi, Messieurs, une réflexion qui vient naturellement à l'appui de ce que j'avance. Chacun de vous se souvient de l'insistance du président du fonds commun, M. Sicé, pour obtenir, l'an dernier, un conducteur qui put faire les mesurages de terrassements. C'etait là, disait-il, un grand embarras pour le comité. En présence de ces motifs l'Administration fit droit à sa demande et l'on est naturellement porté à se demander comment il se fait qu'au moment même ou cette assistance est donnée, le comité produise un travail tout préparé. Il y a là une contradiction manifeste et dans ma pensée, c'est que le comité comptait sur le concours d'un conducteur qui, en présentant des chiffres élevés, ferait accorder une subvention plus forte sur les fonds du budget local. Voilà le vrai de la question.

« Maintenant j'arrive aux allocations prévues chaque année pour les travaux de l'agriculture. Je remonte jusqu'en 1850, afin que le Conseil connaisse bien les progessions et les décroissances de l'institution du fonds commun

Sommes accordées pour les travaux extérieurs.

1850	14,134f 67c
1851	21,764 57
1852	14,279 05
1853	28,825 16
1854	33,103 45
1855	32,977 88
1856	43,422 73
1857	45,775 26
1858	14,032 26
1859	19,397 81

De 1850 à 1861, tous les travaux intéressant l'agriculture étaient prévus et étudiés par le service des ponts et chaussées. La moyenne des allocations était de 22,000 fr., à l'exception des années 1856 et 1857, pour chacune desquelles le crédit fut porté à 45,000 fr., par suite de grands travaux neufs. Tout allait très-bien alors et la population était satisfaite. Il n'y avait pas la moindre réclamation et le personnel de surveillance pour l'exécution de ces travaux, se composait d'un seul mestry, auquel était adjoint, à la journée, le nombre de maîtres terrassiers suffisant. Depuis l'institution du fonds commun, qui date de 1860, les allocations ont été de :

	Service du fonds commun		Subvention en faveur de l'agriculture.		Totaux annuels.
1860....	21,340f	+	"	=	21,340f00c
1861....	28,000	+	12,000f00c	=	40,000 "
1862....	28,000	+	12,000 "	=	40,000 "
1863....	22,000	+	12,000 "	=	34,000 "
1864....	22,000	+	10,303 88	=	32,303 88
1865....	22,000	+	10,000 "	=	32,000 "
1866....	22,000	+	"	=	22,000 "
1867....	16,684	+	19,000 "	=	35,684 "
1868....	17,750	+	15,514 49	=	33,264 49
1869....	18,000	+	11,759 "	=	29,759 "
1870....	16,807	+	18,896 "	=	35,703 "
1871....	16,807	+	17,051 49	=	33,858 49
1872....	18,660	+	19,490 03	=	38,190 03
1873....	23,000	+	41,285 "	=	64,285 "

Cette institution s'est maintenue en progrès jusqu'en 1865, avec des subventions qui ont varié de 10 à 12,000 fr., mais depuis 1866, malgré l'augmentation progressive qui lui était accordée annuellement et qui varie entre 15,000 et 19,000 fr., elle n'a fait que décroître, car elle n'a pu affecter à ses travaux que 16 à 18,000 fr. par an, bien que ses ressources aient augmenté. D'où vient le mal? Je crois qu'il est dans les sommes que l'on emploie aux plantations sous prétexte de création de chemins vicinaux. Ce ne sont pas des chemins; à l'exception de quelques-uns qui se trouvent dans les environs de Villenour, d'Archiwack et de Bahour et qui sont praticables à peu près toute l'année, les autres sont de véritables bourbiers que le voyageur est obligé d'abandonner pour passer à travers champs pendant plus de six mois de l'année.

« On ne saurait trop encourager l'ouverture des voies de communication; cela est certainement très-utile; mais encore faut-il n'aller que suivant ses ressources et rendre praticable ce que l'on a créé. C'est malheureusement ce qui n'a pas lieu. »

Quelques membres du Conseil prient M. l'Ingénieur colonial de suspendre un moment ses observations et se livrent à l'examen des budgets antérieurs du fonds commun. De ce travail, il résulte que les recettes de ce comité se sont annuellement accrues, mais que les dépenses du personnel ont également augmenté.

M. le conseiller Hecquet fait ressortir que pour un crédit de 38,000 fr. alloué pour les travaux, il y en a un de 47,000 fr. pour le personnel.

M. Cornet croit devoir faire observer que sur ce chiffre de 47,000 fr. une partie du personnel concernant le domaine, a été porté au fonds commun pour faire la perception de l'impôt.

M. le Gouverneur pense que cette situation pourra être modifiée dans un avenir prochain, lors de l'étude de l institution actuelle du fonds commun, et il invite M. l'Ingénieur colonial à continuer ses explications.

M. le Chef du service des ponts et chaussées continue en ces termes :

« Quant aux virements dont on s'est plaint, il n'en a jamais été proposé du service du fonds commun au service local; c'est tout le contraire qui a eu lieu et lorsqu'il y avait nécessité de déterminer un travail pour lequel on manquait de fonds. Je déclare qu'il est impossible qu'il en soit autrement sans nuire aux intérêts du service. Les virements sont toujours pris sur reliquats insignifiants de travaux terminés et ils sont proposés sur des pièces justificatives et motivées, soumises à l'examen du comité du fonds commun, quand ces virements concernent ses travaux. Il n'est donc pas exact, comme le laisse supposer M. Ponnou-Rassendren, qu'on en ait fait aucun abus.

«En ce qui concerne les changements demandés par le comité en vue de porter au plan de campagne du budget local les grands travaux des étangs d'Oussoudou et de Bahour, ainsi que les grands canaux alimentaires, c'est le remaniement complet de tous les arrêtés sur la matière et je n'ai pas à discuter cette question. L'Administration en décidera. »

M. le conseiller Cornet fait remarquer que le conducteur des ponts et chaussées chargé l'année dernière des travaux du fonds commun, a été détourné de cette affectation et remplacé par M. le garde du génie Jumeau; il désire savoir si, conformément à ce qui avait été décidé dans la dernière session du Conseil colonial, il y a une décision de M. le Gouverneur autorisant cette mutation.

M. le Chef du service des ponts et chaussées répond que ce chang.ment a été amené par les nécessités du service et que c'est lors de la répartition qu'il fait annuellement des travaux du plan de campagne, que M.

Jumeau, chargé de l'extérieur, a été désigné par lui pour s'occuper des travaux du fonds commun.

M. le Chef du service des contributions dit à cette occasion, que M. l'Ordonnateur l'avait chargé de préparer un projet d'arrêté réglementant la nomination et les attributions du conducteur du fonds commun, mais que ce travail n'ayant reçu aucune suite, il avait été impossible d'établir exactement la situation de M. Jumeau.

M. l'Ingénieur colonial fait observer que sur la demande de M. l'Ordonnateur, il avait préparé un projet semblable, auquel il n'avait été donné aussi aucune suite.

M. le Gouverneur pense que les nombreuses occupations dont il était surchargé, n'ont pas permis à M. Michaux de régler cette question avant son départ. Il invite M. l'Ordonnateur à reprendre ce travail et à le terminer dans le plus bref délai possible. Il donne ensuite la parole à M. le Chef du service des contributions, qui s'exprime en ces termes :

« En commençant je dois vous déclarer, Messieurs, qu'il n'a jamais été dans l'intention du comité du fonds commun de diriger une accusation quelconque contre M. le Chef du service des ponts et chaussées. Le procès-verbal de la séance où fut discuté le plan de campagne des travaux à exécuter en 1874, a eu pour unique objet de constater une situation fâcheuse dont les membres présents n'ont pas cru pouvoir se dispenser de signaler les conséquences, sans manquer à leur devoir, afin que l'autorité puisse y porter remède. A part ce but, je n'en vois pas d'autres ; si telle n'avait pas été ma conviction, je n'eusse pas manqué de faire subir au procès-verbal les modifications nécessaires.

« Cela dit, je vais répondre, en quelques mots, aux explications que vous venez d'entendre. Elles se résument en trois points :

« 1° Présentation d'un devis estimatif provisoire préparé par le comité, en vue de faciliter l'évaluation des travaux à exécuter, en 1874, au compte du fonds commun ;

« 2° Récapitulation des crédits accordés, depuis 1850, pour les travaux exclusivement relatifs aux irrigations ;

« 3° Virements autorisés par l'Administration supérieure, sur la demande du Chef du service des ponts et chaussées.

« Ainsi que le procès-verbal du comité le constate, le devis estimatif communiqué à M. le conducteur Jumeau, l'a été à titre de simple renseignement ; il était libre d'y avoir égard ou non. C'est ainsi, du reste, que M. Jumeau l'a compris. En admettant même qu'il contînt des appréciations erronées, elles n'en ont pas moins contribué à accélérer et à faciliter les calculs qu'il a dû faire pour ses estimations. Dans ces conditions, le Comité n'a pas compris que ce document eût motivé, de la part de M. Carriol, une apostille qui a été trouvée blessante dans ses termes. On n'avait qu'à le rejeter et passer outre. Le motif qui a porté le comité à établir un devis estimatif préparatoire, c'est que les crédits fixés par le service des ponts et chaussées pour chaque article, étaient toujours reconnus insuffisants, ce qui tournait au préjudice des entrepreneurs ou du Comité, selon que le travail était exécuté à l'entreprise ou en régie, résultat auquel on a tenu à remédier.

« 2° Après avoir énuméré les divers crédits alloués, depuis 1850, pour les travaux relatifs aux irrigations, M. Carriol en conclut que le chiffre de ces crédits allait toujours en décroissant, ce qu'il ne comprenait pas ; que, dès lors, il y avait lieu de se demander pourquoi les travaux dont il s'agit ne sont pas aujourd'hui aussi considérables que par le passé et qu'au lieu de 22,000 fr. on en est venu à ne prévoir que 16,000 fr. et même 14,000 fr. Cette argumentation vient, ce me semble, à l'appui de ce qu'a constaté le Comité du fonds commun. En effet, l'insuffisance des crédits alloués est tellement évidente qu'il suffit d'un simple retour vers le passé pour s'en convaincre. A quoi faut-il attribuer cela ? Au prélèvement que le service des ponts et chaussées est autorisé à effectuer sur ces crédits, pour l'entretien des grands étangs et des grands canaux en sus des crédits spéciaux qu'il était autorisé à y affecter déjà. D'où il ressort que les 22,000 fr. prévus au budget du fonds commun, pour les travaux d'irrigation, suffiraient, s'ils y étaient employés intégralement. Le Comité du fonds commun ne demande pas autre chose.

3° A l'occasion des virements, M. Carriol déclare que, loin de prendre les crédits portés au plan de campagne du fonds commun, c'est-à-dire, de virer de ce plan à celui du service local, il est prêt à prouver que, toutes les fois que cela lui a été possible, il a employé les crédits ou reliquats disponibles provenant de ce dernier plan, à des travaux du fonds commun qu'il aurait fallu ajourner autrement. Ce ne sont pas là assurément les virements dont le Comité a entendu parler ; car, il serait mal venu à s'en plaindre. Une simple explication me suffira pour vous faire comprendre la portée de l'observation du Comité concernant les virements.

« Depuis deux ans, on n'inscrit plus au plan de campagne du fonds commun que les travaux de première urgence, ceux reconnus indispensables et qui, par suite, ne peuvent être ajournés. Or, pour des motifs, dont le service des ponts et chaussées est seul juge, les crédits accordés pour certains de ces travaux ne reçoivent pas leur emploi et sont reportés sur d'autres dont les crédits sont déclarés insuffisants. Ces virements sont naturellement préjudiciables aux cultivateurs, puisqu'il n'est pas satisfait aux demandes de travaux renouvelées par eux, chaque année, et constamment ajournés au profit de certains travaux d'entretien, dont on peut différer l'exécution sans préjudice pour personne, tels, par exemple, que ceux relatifs aux canaux de Villenour et de Soultoukény, qui absorbent des sommes considérables ainsi que l'a fait observer le Comité du fonds commun.

« Pour vous citer quelques exemples, je vous dirai qu'en 1871, on n'avait prévu que, 1,500 fr. 73 c., pour l'entretien du canal de Villenour ; le service des ponts et chaussées a dépensé 2,416 fr. 59 c., soit en plus 915 fr. 83 c., et cela, pour des travaux de simple entretien qu'on pouvait différer, sans conséquence aucune, vu la possibilité de les reporter à l'année suivante.

« En 1872, l'entretien de ce même canal a coûté en sus des allocations accordées, 1,926 fr. 33 c. ; celui du canal de Kijeour, a entraîné un excédant de dépenses de 884 fr. 93 c. Observez-le, Messieurs, il s'agit toujours des travaux d'entretien auxquels on procède, en négligeant des travaux reconnus de première urgence, tels que la construction d'une écluse à Poudoupaléon, 400 fr. ; construction d'un déversoir à Calapett, 650 fr. ; construction d'un déversoir à Sorapett, 400 fr. ; à Codatour, 400 fr ; à Nallour, 400 fr. ; à Tiroubouvané, 650 fr. , à Aratchicoupon, 400 fr. ; à Outchimodou, 400 fr. ; à Nellipacom, 400 fr. ; à Emballou, 400 fr. ; à Pandasojanour, 650 fr. ; tous, travaux demandés depuis fort longtemps, et ajournés, quoique autorisés. Cette année 1873, des virements ont eu lieu dans les mêmes conditions, pour une somme de 2,100 fr. Autant à déduire du crédit accordé au fonds commun. Je vous laisse à apprécier, Messieurs, les conséquences d'un pareil mode de procéder, que vous trouverez, sans doute, comme moi, extrêmement préjudiciable aux cultivateurs, ce qui n'aurait pas lieu si le fonds commun pouvait disposer d'un conducteur qui serait exclusivement chargé de l'exécution du plan de campagne qu'il prépare. Les travaux prévus seraient tous exécutés, sans exception, but qu'il est désirable d'atteindre.

« Il ne faut pas s'y méprendre, Messieurs, le Comité du fonds commun est la seule institution qui serve d'intermédiaire entre le Gouvernement et la population agricole; il importe donc que l'on tienne un peu compte de ses manifestations, de ses vœux et des opinions qu'il exprime.

« M. le Chef du service des ponts et chaussées trouve qu'on exagère les voies de communication; que ce sont pour la plupart des bourbiers. Cette appréciation de la part de M. Carriol m'étonne. Je ne puis, d'ailleurs, m'y associer. Lors de ma dernière tournée dans le district de Bahour, j'ai constaté, moi-même, la nécessité de rétablir, d'abord, le chemin vicinal prévu au compte de paymache et qui conduit directement de Bahour à Manapett. Ce chemin est aujourd'hui coupé, raviné par les eaux pluviales qui s'y sont creusé un canal de décharge. Si ce chemin était rétabli, entretenu, on n'aurait pas à faire un détour considérable de six milles environ, en passant par Kirmampacom, pour se rendre à Manapett. Il convient, en outre, de réparer la partie de la route de Tiroupanampacom qui traverse le territoire français. La voie de communication entre Bahour et Caréambatour est impraticable. Tout le monde s'en plaint. Une route plus directe m'a été indiquée, passant par Manamodou et Cadouvanour; j'ai prescrit d'en faire l'étude, afin qu'on y travaille, dès l'année prochaine. Quant à la portion de cette dernière voie qui s'étendra sur le territoire anglais, j'ai la certitude que le Gouvernement anglais n'y fera aucune difficulté.

« Tous les chemins créés par le fonds commun sont plantés, en partie. Le produit de ces plantations augmente chaque année et constitue une des principales ressources du Comité. Le montant du fermage était de 3,400 fr. en 1873; il s'élève à 7,708 fr. 50 c., pour 1874. Il a plus que doublé. Au début, tous les chemins sont des bourbiers, attendu que les terres qu'on y rapporte ne forment pas une couche assez épaisse et assez compacte pour résister à l'action dissolvante des eaux, pendant la saison pluvieuse. Il faut donc les recharger pour les rendre plus fermes, plus stables. Ce qu'on ne peut faire, qu'en y affectant les fonds nécessaires.

« Une dernière observation, Messieurs. Aux termes de l'ordonnance locale du 7 juin 1828, les chemins vicinaux, une fois rétablis et livrés à la circulation, l'entretien doit être mis à la charge des cultivateurs. Plus nous ajournerons les travaux à y faire, plus nous retarderons le moment où il nous sera possible de décharger le trésor d'une dépense qui ne lui incombe pas.

« Telle est, Messieurs, ma réponse aux explications fournies par M. le Chef du service des ponts et chaussées. »

M. le Chef du service des ponts et chaussées demande l'autorisation de répondre à ce que vient de dire M. le Chef du service des contributions au sujet de certains travaux qui sont restés inexécutés et fait observer que si parfois il n'a pas été donné suite à certaines demandes du fonds commun, il faut l'attribuer au manque de matériaux nécessaires pour les créations décidées par le Comité. Il ajoute que dans ce cas, pour ne pas laisser sans emploi les crédits votés, on les utilise en exécutant d'autres travaux dont le fonds commun a reconnu l'utilité, sans leur appliquer le caractère de première urgence.

M. le Gouverneur dit que le Conseil a entendu les explications de MM. Sicé et Carriol et qu'il les appréciera ; mais qu'il serait inutile de prolonger cette discussion et de s'arrêter sur tous les détails dans lesquels ces deux fonctionnaires sont entrés. Dès à présent on peut toutefois en tirer les conclusions suivantes :

De regrettables tiraillements existent entre les deux services des contributions et des ponts et chaussées et le rapport du Comité du fonds commun, conçu en termes un peu agressifs, est encore venu les aggraver. Ces tiraillements ne sont pas nouveaux, ils remontent à 1865 ou 1866; il importe d'y mettre définitivement un terme et pour atteindre ce but, le Gouverneur n'hésitera pas à prendre, s'il le faut, des mesures radicales.

Les critiques dirigées contre le service des ponts et chaussées ont été exagérées et les virements de fonds reprochés à ce service d'une manière vague, qui pouvait faire douter de la régularité de ses actes, ne reposent sur aucun fondement sérieux, puisqu'en résumé ces virements n'ont jamais porté que sur différents travaux intéressant le fonds commun, lorsque le manque de matériaux ou d'autres circonstances de force majeure ne permettaient pas de suivre d'une manière absolue l'ordre d'urgence de ces travaux. Il n'en est pas moins vrai que, pour l'avenir, de semblables virements devront être évités autant que possible.

D'un autre côté, il est incontestable que le Comité du fonds commun ne paraît pas avoir à sa disposition des moyens suffisants d'action pour assurer l'exécution complète de ses travaux, ce qui, en 1873, aurait tenu surtout à l'insuffisance du nombre des conducteurs. Il est donc indispensable de les lui fournir et de faire droit sur ce point à ses justes réclamations. Tenant compte des vœux émis à cet égard par les Conseils, le Gouverneur y pourvoira dans toute la mesure convenable. A cet effet, il précisera et complètera, au besoin, sa décision de l'année dernière; mais cette question sera naturellement tranchée lors de l'examen des demandes faites, soit pour la création d'un emploi d'agent voyer, soit pour les frais de tournée du conducteur des campagnes. L'Administration toute entière, sans en excepter le personnel des ponts et chaussées, n'a jamais marchandé son intérêt et son appui à la population agricole. M. le Chef du service des contributions aurait donc pu se dispenser de dire, à la fin de ses explications, « que le Comité du fonds commun servant d'intermédiaire entre le Gouvernement et la population agricole, il importerait de tenir *un peu compte* de ses manifestations, de ses vœux et des opinions qu'il exprime. » Cette phrase pouvait laisser supposer qu'on n'en avait pas tenu compte, ce que le Chef de la colonie ne s'aurait admettre.

M. l'Ordonnateur donne lecture de l'exposé des motifs présenté au Conseil local et du procès verbal de la délibération de cette assemblée en ce qui concerne les recettes du fonds commun de Pondichéry.

RECETTES.

—

SECTION 1re : FONDS MUNICIPAL.

Excédant des recettes de 1872 et antérieures	1,074 08
Subvention au fonds commun des 3 districts.	52,000 00
Part revenant sur le produit de la vente du sel.	11,820 00
Remise de 2 1/2 p. o/o sur le montant des perceptions faites pour le compte de l'état....	6,800 00
Excédant présumé des recettes et des réalisations sur restes à recouvrer en 1873 à la clôture de cet exercice........................	925 02
	72,620 00

SECTION II : DIVERS PRODUITS DU BUDGET.

Article 1er. — Locations et fermages.

Fermage des cocotiers et autres arbres plantés par le service des contributions sur les chemins vicinaux, etc....................	7,768 50
Fermage des topes et arbres fruitiers existant sous les dépendances du domaine public.......	3,700 00

M. le conseiller Hecquet demande si les plantations des berges incombent également au fonds commun et si leur produit s'y trouve compris dans la somme de 3,700 fr. prévisée.

M. le Chef du service des contributions répond affirmativement aux deux questions posées par M. le conseiller Hecquet et déclare que le fermage de tous ces arbres est mis en adjudication.

M. le conseiller Hecquet est étonné de ce que des plantations d'une telle étendue ne rapportent que 3,700 fr. et croit que, si elles étaient mieux entretenues, le fonds commun pourrait en tirer un revenu plus considérable.

M. le Gouverneur appelle l'attention de M. le Chef du service des contributions sur ce point et invite M. l'Ordonnateur à se faire rendre compte de l'état des choses, pour ordonner de nouvelles mesures, s'il y a lieu.

Fermage des terres à soude...........	400 00

Article 2. — Divers produits municipaux.

Montant des quatre années d'impôts à percevoir à titre d'amendes sur les terrains indûment possédés............................	300 00

M. le secrétaire donne lecture des observations présentées par M. Cornet au sein du Conseil local au sujet de cet article du budget.

A reporter... 11,168 50

Report... 44,168 50

Après un échange d'explications, le Conseil colonial s'associe à l'observation de M. Cornet, tendant à obtenir que des mesures soient prises pour prévenir autant que possible les empiétements sur les terrains domaniaux et que des recherches soient faites pour établir d'une manière certaine l'importance des terres appartenant à la colonie, dont le Conseil désire avoir un relevé lors de la prochaine session.

Montant du surcroît d'impôt provenant de la conversion des terres à menus grains en terres à nelly................................	200 00
Produit de la vente des bois d'élagage.....	1,800 00

M. le secrétaire donne également lecture des observations présentées sur ce point par M. Hecquet au Conseil local.

Des explications fournies à ce sujet par M. l'Ingénieur colonial, il résulte que la réponse faite à M. Hecquet par M. le conseiller Ponnou-Rassendren est erronée et que le service des ponts et chaussées, comme les autres services publics, ne se présente jamais comme adjudicataire aux ventes aux enchères; le bois, dont il peut avoir besoin, lui est livré, à titre de cession, par le fonds commun, au prix moyen des dernières adjudications.

Article 3. — Recettes à divers titres.

Frais des pièces délivrées par le service des contributions................................	1,400 00
Vente de divers objets hors de service et ressortissant au service des plantations.........	80 00
Produit des amendes contre le personnel...	(*mémoire.*)
Moitié du produit des amendes pour contravention sur les dépenses du domaine public....	300 00
Remboursement par divers................	(*mémoire.*)
Frais de fourrières........................	200 00
Recettes imprévues........................	500 00
	46,618 50

Les prévisions ci-dessus ne donnant lieu à aucune observation sont adoptées.

RÉCAPITULATION.

Section	1re : Fonds municipal............	72,620 00
	2e : Divers produits du budget....	16,618 50
		89,238 50

Le budget des recettes du fonds commun est arrêté définitivement par le Conseil à la somme de *quatre-vingt-neuf mille deux cent trente-huit francs cinquante centimes.*

Avant de passer à l'examen du budget des dépenses, **M. le Gouverneur** croit devoir expliquer une réponse de M. l'Ordonnateur à une observation faite par M. Hecquet dans le sein du Conseil local, au sujet de l'avancement des employés. M. Hecquet avait fait observer que le mode suivi par l'Administration, d'après les déclarations de M. l'Ordonnateur, n'était pas de nature à encourager les fonctionnaires indigènes, du moment que l'amélioration de leur position ne dépendait que de l'appréciation de leurs Chefs.

M. le Gouverneur dit que les fonctionnaires ou employés indigènes, comme tous les autres, ne doivent, en effet, relever que des appréciations de leurs Chefs et que si quelques-uns d'entr'eux pouvaient l'oublier, ils en subiraient les conséquences. Dans aucune Administration civile, pas plus en France que dans l'Inde, l'avancement n'a lieu à l'ancienneté et aucune règle fixe ne pourrait être établie à cet égard sans inconvénient pour le service; mais M. l'Ordonnateur a commis une erreur ou sa pensée a été mal rendue, et lorsqu'il s'agit d'améliorer la position des employés, les Chefs tiennent toujours grand compte de la durée de leurs services. Cela est si vrai, que presque toutes les augmentations de solde réclamées jusqu'à ce jour, sont basées précisément sur l'ancienneté des services.

M. Hecquet répond que son observation avait été justifiée par une déclaration contraire de M. l'Ordonnateur et qu'elle tombe devant les explications de M. le Gouverneur.

La séance est levée à 7 heures du soir. Le Conseil s'ajourne à lundi, 22 décembre 1873, à 3 heures 1/2 de l'après-midi, pour l'examen du budget des dépenses du fonds commun.

Le Secrétaire,
H. LIAUTAUD.

Vu : *Le Gouverneur*,
Président,
FARON.

Séance du 22 décembre 1873.

L'an mil huit cent soixante-treize, le lundi vingt-deux décembre à trois heures et demie de l'après-midi, le Conseil colonial s'est réuni au lieu ordinaire de ses délibérations.

Etaients présents :

MM. Faron, Commissaire général de la marine, Gouverneur; Delrieu, Commissaire de la marine, Ordonnateur; Champestève, Procureur général, *p. i.*; Liautaud, Commissaire adjoint de la marine, Chef de service de Karikal, *p. i.*;

G. Cornet, négociant;
E. Hecquet, négociant;
Ponnoutambypoullé, conseil agréé;
Tambypoullé, conseil agréé;
Covindassaminaïker, conseil agréé;
Bandésaëb, commerçant;
} conseillers élus.

M. le conseiller Chanemougavelayoudamodely s'est excusé de ne pouvoir assister à la réunion pour cause de maladie.

A l'ouverture de la séance, M. le secrétaire donne lecture du procès-verbal du 19 décembre, qui est adopté sans observations.

M. le Gouverneur dépose ensuite sur le bureau de l'assemblée deux pétitions en date des 10 et 11 octobre adressées par M. Montclar.

Le Conseil, après en avoir pris connaissance, les écarte, à l'unanimité, par la question préalable, les termes qui y sont employés n'étant pas acceptables.

A cette occasion, le Conseil colonial décide, en principe, que toute pétition qui contiendra des expressions blessantes pour l'Administration ou pour les Conseils, sera également écartée par la question préalable.

Budget des dépenses du fonds commun de Pondichéry.

MM. le Chef du service des contributions et l'Ingénieur colonial sont introduits dans la salle des délibérations et prennent séance avec voix consultative.

La parole est donnée à M. l'Ordonnateur pour la présentation du budget des dépenses du fonds commun de Pondichéry.

DÉPENSES.

SECTION 1re. — PERSONNEL.

Solde. — Bureau central.

1 Secrétaire du fonds commun des districts.....		900f
Service des aldées.		
12 Régisseurs dont :		
2 de 1re classe à 500 fr.........	1,000	
7 de 2e classe à 400 fr.........	2,800	
17 de 3e classe à 300 fr.........	5,100	
16 de 4e classe à 200 fr.........	3,200	
	———	12,100
83 Écrivains dont :		
1 de 1re classe à 400 fr.........	400	
15 de 2e classe à 300 fr.........	4,500	
28 de 3e classe à 200 fr.........	5,600	
39 de 4e classe à 150 fr.........	5,850	
	———	16,350
2 Écrivains haïmachedars dont l'un à...................	300	
Et l'autre à....	200	
	———	500
83 Tottys dont :		
6 de 1re classe à 120 fr.........	720	
14 de 2e classe à 100 fr.........	1,400	
63 de 3e classe à 80 fr.........	5,040	
	———	7,160
A reporter...		37,010

Report. 37,010

86 Talcarys dont :

1 de 1re classe à 120 fr.........	120	
6 de 2e classe à 100 fr.........	600	
79 de 3e classe à 80 fr..........	6,320	
		7,040
1 Gardien du grand étang........	200	
3 Distributeurs d'eau à 50 fr....	150	
		350

M. le conseiller Cornet fait observer que, par suite de la rupture du barrage de Souttoukény, le niveau d'eau dans le grand étang a sensiblement diminué depuis quelque temps. Il craint que si l'on ne distribue avec parcimonie l'eau nécessaire pour les champs, la seconde récolte ne soit compromise.

M. l'Ingénieur colonial répond qu'il a signalé le fait à M. le Chef du service des contributions et fait connaître que le grand étang, d'après les derniers renseignements qui lui sont parvenus, contient un approvisionnement d'eau suffisant pour 6 mois 6 jours.

M. le Chef du service des contributions dit qu'il est allé au devant des observations de M. Cornet : des mesures ont été prises et des ordres sévères donnés pour prévenir le mal.

M. le Gouverneur recommande de la manière la plus pressante à M. le Chef du service des contributions, de veiller à l'exécution pleine et entière de ces ordres.

M. le conseiller Covindassamynaïk témoigne le désir de voir rétablir le barrage en terre de Souttoukény.

M. l'Ingénieur colonial répond que le service des ponts et chaussées s'occupe de réparer, au moyen d'un bâtardeau, la brèche faite à ce barrage et que ce travail sera prochainement terminé.

Continuant la discussion du budget, **M. l'Or-**

A reporter... 44,400

Report... 44,400

donnateur expose qu'il s'agit maintenant de fixer la solde de l'agent des plantations, pour lequel le Comité du fonds commun et l'Administration avaient demandé une augmentation de 100 fr., en raison de l'ancienneté de ses services, augmentation que le Conseil local a refusé de ratifier.

M. le secrétaire donne lecture des observations présentées, à cette occasion, par le Conseil local.

M. le Gouverneur insiste pour que le Conseil veuille bien accorder l'augmentation de 100 fr. à l'agent des plantations, qui a plus de 54 ans d'âge et compte près de 31 ans de service. En présence du développement qu'il y a lieu de donner aux plantations, la concession de cette faveur ne pourrait d'ailleurs que stimuler utilement le zèle de l'employé aux soins duquel est confiée la direction de ce travail.

Le Conseil colonial appréciant les considérations que M. le Gouverneur vient de faire valoir, vote, à l'unanimité, l'augmentation de 100 fr. proposée pour l'agent dont il s'agit.

M. l'Ordonnateur continue l'énumération des dépenses au compte du fonds commun de Pondichéry.

1 Agent principal de plantation :		
Traitement	900f00c	
Frais de tournées	600 00	
	1,500 00	
Un mestry pour les travaux d'irrigation	400 00	
Un mestry pour les travaux des chemins vicinaux	300 00	
1 Aide mestry	200 00	
1 Pion	180 00	
Supplément à un écrivain	200 00	
		2,780
A reporter...		47,180

Report... 47,180

M. l'Ordonnateur fait remarquer qu'avant d'inscrire au budget la somme prévisée pour les frais alloués au conducteur des ponts et chaussées chargé des travaux des campagnes, il y a lieu de statuer sur la demande faite par le Ccomité du fonds commun d'un agent voyer spécial.

Sur l'invitation de M. le Gouverneur, le secrétaire donne lecture du vœu exprimé à ce sujet par le fonds commun et de la délibération du Conseil local sur cette question.

M. le Gouverneur, tout en exprimant le désir de venir en aide au fonds commun, expose qu'il verrait de graves inconvénients à lui accorder un agent voyer spécial pour ses travaux. Le Chef de la colonie ne croit pas que cet employé, ne jouissant que d'un modique traitement de 1,000 fr., puisse présenter des garanties suffisantes d'instruction pour la bonne direction de travaux dont le chiffre s'élève à la somme de 38,000 fr. votée pour le plan de campagne. A son avis, il vaudrait mieux maintenir l'état actuel des choses, en définissant d'une manière plus précise la position et les obligations du conducteur désigné annuellement pour les travaux du fonds commun et en décidant qu'il en restera chargé pendant tout le temps nécessaire à leur complète exécution.

M. le Conseiller Hecquet s'exprime en ces termes:

« Les cultivateurs de notre Établissement par l'organe du Comité du fonds commun, se plaignent des inconvenients qui résultent pour eux d'une réglementation où l'intervention de plusieurs services (Domaine et Ponts et chaussés) donne lieu à des difficultés.

« En présence de ces plaintes qui se reproduisent depuis plusieurs années, il serait sage de donner sa-

A reporter... 47,180

Réport... 47,180

tisfaction, dans une juste mesure, à la partie la plus imposée de notre population, en modifiant les réglements en vigueur.

« Que demande le fonds commun ? La possibilité de faire préparer les plans et devis des travaux à présenter, chaque année au plan de campagne de son budget; et la possibilité également de faire exécuter, en temps opportun, les travaux votés. A cet effet, le Comité demande qu'un agent voyer ou un conducteur des travaux des ponts et chaussées de Pondichéry, soit détaché de son service et mis à la disposition du fonds commun, vu que le conducteur affecté aujourd'hui au service des campagnes est chargé, en même temps, de la direction des travaux agricoles inscrits au budget local et de ceux qui sont portés au budget du fonds commun. Ce conducteur est parfois dans l'impossibilité de faire exécuter tous les travaux, y compris ceux du fonds commun, dont l'utilité et l'urgence sont incontestables. Il convient donc de remédier à cet inconvénient et je crois qu'il serait possible de prévenir de nouvelles réclamations en appliquant, au service des travaux des campagnes de notre Etablissement, les dispositions en vigueur pour les travaux qui s'exécutent dans nos Etablissements secondaires, sous la direction du bureau central des ponts et chaussées de Pondichéry.

« Je propose, en conséquence, de ne pas créer une nouvelle direction des travaux, dépendant des contributions et du domaine, mais de choisir dans le service des ponts et chaussées, un conducteur sachant le tamoul et qui serait mis à la disposition du fonds commun, au commencement de chaque année, pour préparer les plans et devis et pour exécuter tous les travaux votés par le Conseil. Ce conducteur recevrait les ordres de M. l'Ingénieur colonial, dans les mêmes conditions que nos conducteurs en service à Karikal et à Chandernagor et recevrait également les instructions de M. le Directeur des contributions comme les conducteurs des Etablissements secondaires reçoivent ceux des Chefs de service. Nous sommes donc en présence

A reporter... 47,180

Report... 47,180

d'une règle administrative déjà suivie entre le chef-lieu et les autres Comptoirs de notre colonie; il ne s'agirait aujourd'hui que de l'appliquer au service du fonds commun de notre ville.

« Ce service est assez important pour motiver la modification que je propose. En effet, la valeur des travaux du fonds commun, inscrite au budget de 1873, s'élevait à environ 34,000 fr. et pour cette année elle sera de 38,608. Si le Conseil compare l'importance de ces sommes à celles des travaux votés pour Karikal et Chandernagor, il reconnaîtra que les intérêts du fonds commun sont assez sérieux pour les placer sous la direction, non plus de chefs ouvriers, dits mestrys, mais d'un conducteur intelligent et offrant des garanties pour la bonne et complète exécution des travaux indispensables à l'agriculture.

« Je demande donc au Conseil de vouloir bien approuver ma proposition, en insistant principalement sur la nécessité incontestable de faire exécuter chaque année, tous les travaux du fonds commun, sous la direction d'un conducteur spécial et en profitant de la saison pendant laquelle les cultivateurs sont sans occupations. »

M. le Gouverneur fait observer que la situation des conducteurs dans les Dépendances n'est pas tout-à-fait la même que celle des conducteurs à Pondichéry. Dans les Dépendances, à raison de l'éloignement, il faut bien leur laisser plus d'initiative et plus de liberté d'action, en se bornant, en quelque sorte, à contrôler leurs projets et leurs devis. A Pondichéry, au contraire, ils peuvent chaque jour prendre les ordres de leur chef et, dans l'intérêt-même du fonds commun, il importe de ne pas se priver de l'expérience et des lumières de l'Ingénieur colonial. M. Hecquet, d'ailleurs, ne demande pas que le conducteur des campagnes soit enlevé à l'autorité de son chef, ce qui compromettrait le service et ne saurait être

A reporter... 47,180

Report... 47,180

admis; il se borne à insister, avec raison, sur la nécessité de faire exécuter tous les travaux prévus et de les confier à un conducteur spécial, choisi parmi les agents connaissant les ressources, les besoins et la langue du pays. Le Chef de la colonie propose donc, pour tout concilier, en attendant que l'étude très-complexe de la réorganisation du fonds commun puisse être faite :

1° De maintenir, en la complétant, la décision déjà prise dans la dernière session et d'après laquelle le conducteur chargé des travaux du fonds commun doit être désigné, au commencement de chaque année, par M. l'Ingénieur colonial;

2° De soumettre cette désignation à l'approbation de M. l'Ordonnateur et de la notifier sans retard au Comité du fonds commun;

3° De choisir autant que possible un conducteur ayant l'habitude des travaux des campagnes et parlant la langue du pays;

4° De le maintenir sous la direction et sous le contrôle du chef du service des ponts et chaussées, mais de le laisser à la disposition du Comité du fonds commun, pendant tout le temps que son concours sera nécessaire, soit pour étudier les projets de l'année suivante, soit pour assurer l'exécution complète des travaux prévus par le plan de campagne de l'année courante;

5° Enfin, de faire préparer à bref délai, par les soins de l'Ordonnateur, une décision qui règlera nettement la position de ce conducteur, de manière à prévenir toute difficulté dans l'action commune et obligatoire des deux services des contributions et des ponts et chaussées

Le Conseil colonial, à l'unanimité, adopte les propositions de M. le Gouverneur, ces

A reporter. 47,180

Report... 47,180

dispositions donnant satisfaction, dans une convenable mesure, aux vœux émis par le Comité du fonds commun.

En conséquence, le supplément pour frais de tournées au conducteur chargé des travaux du fonds commun est voté et inscrit, soit.......... 600

Total de la 1re section... 47,780

Section II. — Matériel.

Travaux et approvisionnements.

Art. 1er. Salaire des ouvriers et achat des matériaux.

Salaire d'ouvriers et achat de matériaux pour travaux neufs.................................. 23,000 00

Achat des matériaux et salaires pour le service des plantations et l'entretien des chemins vicinaux.

Cet article qui, par suite du refus de l'augmentation proposée en faveur de l'agent des plantations, avait été porté par le Conseil local à 15,708 fr. est rétabli à................ 15,608 50

Art. 2. Diverses dépenses.

Impôt des terres occupées par les topes et les terres à soude........................... 1,080 00

Montant des quatre années d'impôt à payer aux propriétaires des terres sur les quelles un déficit a été régulièrement constaté.......... 100 00

Remise attribuée au Trésorier-payeur pour centralisation............................ 220 00

Frais de fourniture de bureau et imprimés... 300 00

Loyers de terrains pour les fourrières...... 50 00

Achat de paille, herbes, etc., pour l'entretien des animaux en fourrière................. 200 00

Dépenses extraordinaires et non prévues.... 900 00

41,458 50

Récapitulation.

Section		
	1re Personnel....................	47,780 00
	2e Matériel......................	41,458 50
		89,238 50

Le budget des dépenses du fonds commun est arrêté à la somme de *quatre-vingt-neuf mille deux cent trente-huit fr., cinquante centimes*.

La séance est levée à 7 heures du soir.

Le Conseil s'ajourne au lendemain, mardi 23 décembre, pour l'examen des observations présentées par le Conseil local au sujet du fonds commun.

Le Secrétaire,
H. LIAUTAUD.

Vu : *Le Gouverneur*,
Président,
FARON.

Séance du 23 décembre 1873.

L'an mil huit cent soixante-treize, le mardi, vingt-trois décembre, à deux heures de l'après-midi, le Conseil colonial s'est réuni au lieu ordinaire de ses délibérations.

Etaient présents :

MM. Faron, Commissaire général de la marine, Gouverneur ; Delrieu, Commissaire de la marine, Ordonnateur ; Champestève, Procureur général, *p. i.* ; Liautaud, Commissaire adjoint de la marine, Chef de service de Karikal, *p. i.* ;

G. Cornet, négociant ;
E. Hecquet, négociant ;
Ponnoutambypoullé, conseil agréé ;
Tambypoullé, conseil agréé ;
Covindassamynaïker, conseil agréé ;
Chanemougavélayoudamodély, propriétaire
Bandésaëb, commerçant.
} conseillers élus.

A l'ouverture de la séance et sur l'invitation de M. le Gouverneur, le secrétaire donne lecture du procès-verbal du 20 décembre, qui est adopté sans observations.

MM. Sicé, chef du service des contributions, et Carriol, chef du service des ponts et chaussées, sont introduits dans la salle des délibérations et prennent séance avec voix consultative.

M. le Gouverneur dépose sur le bureau de l'assemblée deux pétitions adressées au Conseil colonial.

No 20. — L'une par le nommé Coupoussamy.

No 21. — Et l'autre par le nommé Latchoumanin.

Ces documents sont renvoyés à l'examen de la commission des pétitions.

M. le Gouverneur communique ensuite au Conseil une lettre de M. Betts, directeur du Carnatic-Railway, à Négapatam, en réponse à celle qu'il lui avait adressée au sujet du chemin de fer de Pondichéry. Il résulte de cette correspondance que M. Betts n'est pas encore autorisé à traiter avec l'Administration locale. Le Conseil décide, par suite, qu'il y a lieu d'attendre les instructions annoncées par S. Exc. le Ministre de la marine et des colonies et la désignation du représentant de la Compagnie Pondichéry-Railway.

Fonds commun.

M. le Gouverneur demande aux membres de l'assemblée s'ils ont encore quelques observations à présenter au sujet du fonds commun, dont les budgets ont été votés dans la précédente séance.

M. le conseiller Ponnoutambypoullé désire savoir si les produits des arbres plantés sur les berges des étangs ainsi que les ajoncs sont mis en adjudication.

M. le Chef du service des contributions répond qu'il en était ainsi jusqu'en 1868 ; mais qu'à cette époque le service des ponts et chaussées ayant eu besoin de feuilles sèches pour les fours à chaux, ces produits lui ont été réservés depuis ce moment.

M. l'Ingénieur colonial expose que le service des ponts et chaussées ne se sert plus depuis longtemps de ces feuilles, et que le fonds commun pourrait, par suite, en disposer comme par le passé.

M. le Chef du service des contributions prend note de cette déclaration et promet de préparer à court délai, un cahier des charges pour la vente de ces produits.

M. le conseiller Hecquet pense que les plantations de bambou, acacias et autres arbres, qui donnent d'ordinaire un bon revenu, pourraient être faites le long des cours d'eau et que les berges de Souttoukény devraient être également plantées d'arbres productifs.

M. le Gouverneur appelle l'attention de M. le Chef du service des contributions sur les observations présentées par M. le conseiller Hecquet et lui recommande de donner le plus de développement possible aux plantations, afin d'augmenter les revenus du fonds commun.

Pacage.

La parole est ensuite donnée au secrétaire pour la lecture de la délibération du Conseil local sur la question du pacage.

M. le Gouverneur expose qu'il ne peut à ce sujet que reproduire la déclaration faite au Conseil local par M. l'Ordonnateur Michaux. La question du pacage a été mise à l'étude et l'Administration ne peut que recommander au Comité du fonds commun d'activer son travail. Le Chef de la colonie croit toutefois, devoir signaler au président de ce Comité que le pacage ne pourrait être mis en régie sans devenir la source de continuelles réclamations, de sérieuses difficultés, et qu'il convient de rechercher les moyens les plus simples et les plus pratiques pour lui donner du développement.

Quant au vœu exprimé par le Comité du fonds commun et tendant à obtenir que les 30,000 fr., alloués pour les travaux en faveur de l'agriculture soient transférés du budget local à celui du fonds commun, le Conseil colonial, après vérification, reconnaît que cette somme ou même des sommes plus importantes n'avaient été accordées exceptionnellement que pendant deux années pour des travaux spéciaux et que l'allocation ordinaire n'est que de 8,000 fr. à 10,000 fr. Les crédits accordés pour 1874 paraissant devoir suffire pour assurer l'exécution de tous les travaux inscrits au plan de campagne de cet exercice, le Conseil colonial estime, à l'unanimité, qu'il n'y a pas lieu de les augmenter, quant à présent, et de faire le transfert, non de la somme de 30,000 fr., qui n'existe pas, mais de celle de 8,000 fr. environ, seule prévue au budget local.

Budget des recettes locales de Pondichéry.

IMPÔT FONCIER.

CHAPITRE 1er. — CONTRIBUTIONS DIRECTES.

M. l'Ordonnateur fait connaître que le projet du budget présenté au Conseil local, prévoyait la contribution foncière dans les trois districts à 253,000 fr., mais que dans ce chiffre avait été comprise à tort une somme de 830 fr. 05 c., montant des loyers de terrains domaniaux loués à des particuliers, laquelle est à reporter au chapitre III article 1er. Il y a lieu, par suite, de la déduire du chiffre de 253,000 fr., et de fixer la contribution foncière à 252,169 95

Le Conseil colonial accepte, à l'unanimité, cette prévision.

Impôt sur les terres à salines.............. 4,183 60

M. le Gouverneur fait observer que l'application du vœu émis par le Conseil local pour la répartition de l'excédant de recettes, provenant de la vente du sel, ayant été renvoyée à l'année prochaine, il y a lieu de maintenir la prévision portée pour l'impôt sur les terres à salines.

Total du chapitre Ier... 256,353 55

soit une augmentation de 1,883 fr. 95 c. sur les prévisions de l'année 1873.

CHAPITRE II. — CONTRIBUTIONS INDIRECTES.

Article 1er. — Enregistrement, timbre, etc.

Droit d'étal et produit de la location des arcades des bazars (augmentation 6,393 fr. 60 c. sur la la prévision de l'année courante.............................. 15,093 60

M. l'Ordonnateur fait observer que la prévision présentée au Conseil local n'était que de 8,700 fr., mais que l'adjudication qui a eu lieu, depuis la réunion de cette assemblée, a assuré un revenu de 15,093 fr. 60 c.

Droit d'enregistrement sur les actes de nantissement de bijoux (diminution de 25 fr. sur la prévision de l'année 1873)......................... 25 00

Droit d'enregistrement sur les ventes d'immeubles sous-seing privé.................... 500 00

Droit de lods et ventes (augmentation de 1,000 fr. sur la prévision de l'année courante)........... 17,000 00

Droit de greffe (augmentation de 500 fr. sur la prévision de l'année 1873).................... 13,000 00

A reporter... 45,618 60

Report... 43,618 60

Sur l'invitation de M. le Gouverneur, le secrétaire donne lecture des observations présentées par le Conseil local, au sujet du droit de greffe et du vœu qui a été émis, pour que le greffier de la justice de paix, verse au Trésor une partie de ses revenus dans la même proportion que le greffier de la Cour d'appel.

M. le Procureur général fait observer que les renseignements ayant manqué au Conseil local, celui-ci n'a pu se rendre parfaitement compte de la situation; le greffier de la justice de paix de Pondichéry est loin de percevoir des émoluments au-dessus de la tâche très-lourde qui lui incombe : voici le relevé très-exact de ces émoluments durant les années 1869, 1870, 1871, 1872:

	R.	F.	C.
1869.....	2,095	4	12.
1870.....	2,413	6	//.
1871.....	2,262	5	//.
1872....	2,342	6	12.

De ces émoluments, il faut retrancher annuellement la somme de 1,080 roupies pour solder les dix employés nécessaires pour faire marcher le greffe.

Si l'on prend l'année 1872 seulement, année qui a donné 2,342-6-12 d'émoluments et qu'on retranche de cette somme celle de 1,080 roupies employée en frais de gestion, on verra qu'il est resté seulement 1,262 roupies 6 fanons 12 caches au greffier, laquelle somme augmentée des 1,500 fr. qu'il a, comme traitement, lui fait, pour cette année, un revenu total de fr. 4,655, lequel est à peine en rapport avec le travail excessif qui lui incombe et la grande responsabilité qui pèse sur lui. En 1872, la justice de paix de Pondichéry a jugé [illegible],351 affaires civiles et

A reporter. 43,618 60

Report. 45,018 60

1,278 affaires de simple police, en tout 2,629 affaires. Le greffier ne perçoit rien pour les jugements de simple police qu'il est obligé de rédiger et de coucher sur les registres.

Les greffiers de la Cour et des Tribunaux de première instance, touchent annuellement une indemnité pour frais de service; ces indemnités inscrites au budget de l'État sont pour le greffier de la Cour de 2,000 fr. et pour le greffier du Tribunal de première instance de 3,250 fr.; les greffiers de justice de paix ne touchent rien. Seul le greffier de Pondichéry à 300 fr. sur le budget local, somme qui atténue dans une faible proportion celle de 2,700 fr. qu'il est obligé d'employer en frais de gestion.

Le greffier de la Cour a perçu en 1872, frais de gestion payés, la somme de 782 roupies (soit 1,955 fr.) à titre d'émoluments, et il ne reste pour son compte que le tiers des sommes fixées par les tarifs pour la mise au rôle et les expéditions; ces 1,955 fr. ajoutés à son traitement de 3,000 fr. lui ont donné net, pour l'année, 4,955 fr. somme supérieure à celle touchée par le greffier de la justice de paix. Si, conséquemment, ce dernier ne percevait pour son compte que dans les proportions fixées pour le greffier de la Cour, il n'aurait eu, traitement et émoluments nets compris, à la fin de la même année, que *deux mille deux* ou *trois cents fr.* environ, somme tout à fait insuffisante pour rémunérer le travail qu'il fait.

Maintenant, si le vœu émis par le Conseil local était adopté, la mesure devrait être générale et s'étendre aux greffiers de paix de Pondichéry, de Karikal et de Chandernagor; il arriverait alors que celui de Karikal aurait

A reporter... 45,018 60

Report... 45,618 60

très-peu de chose et celui de Chandernagor presque rien; ou bien si la mesure ne frappait que le greffier de Pondichéry, il arriverait forcément ceci, que le greffier le plus occupé de tous les Établissements, aurait en définitive des bénéfices moindres que ceux qui le seraient beaucoup moins.

M. le Procureur général ajoute ensuite que M. Tardivel est un excellent fonctionnaire; tous les Procureurs généraux qui se sont succédé depuis quelques temps lui ont donné les meilleurs notes; il a 20 ou 22 ans de service; retrancher aujourd'hui une partie des perceptions qui lui sont allouées par les tarifs, serait peu équitable et peu encourageant aussi pour un serviteur aussi soigneux et aussi zélé et qui s'acquitte de ses fonctions à la satisfaction de tous.

M. le Procureur général dépose sur le bureau du Conseil les états justificatifs des énumérations qu'il vient de faire.

M. le conseiller Ponnoutambypoullé expose que la commission chargée par le Conseil local d'examiner le budget des recettes avait remarqué que les greffiers de la Cour d'appel et du Tribunal de première instance versaient au Tésor une partie de leurs revenus, tandis qu'il n'en était pas de même de celui de la justice de paix. Frappé de ce fait, elle avait émis le vœu que la mesure devint générale, vœu auquel s'est associé le Conseil local, sur la proposition de M. Hecquet, en attendant que M. le Procureur général pût donner quelques explications à cet sujet. M. le conseiller Ponnoutambypoullé ajoute qu'en qualité de membre de la commission, il a cru devoir aller aux renseignements. Ses recherches n'ayant fait que confirmer ce que M. le Procureur général vient d'expliquer,

A reporter. 45,618 60

	Report.	45,618 60

il en a parlé à ses collègues en les engageant à revenir sur le vote du Conseil local.

M. le Gouverneur dit que des explications de M. Ponnoutambypoullé, il résulte que le Conseil local n'avait en quelque sorte émis qu'un vœu de principe. Le Chef de la colonie ajoute qu'en présence des observations de M le Procureur général, il n'y aurait pas lieu, à son avis, de modifier la situation actuelle.

Le Conseil colonial partageant cette opinion vote, à l'unanimité, le maintien du droit de gréffe, tel qu'il est actuellement établi.

Droit de 1 1/2 p. 0/0 sur le produit brut des ventes d'objets saisis ou de terres expropriées pour cause d'arriérés	100 00
Prélèvement 10 p. 0/0 sur le salaire du conservateur des hypothèques	1,000 00
Remboursement des frais de justice avancés par le Trésor	900 00
Baths des pions porteurs d'assignations	1,700 00
Coût d'extrait d'acte de l'état-civil (soit 10 fr. en plus qu. l'année courante	60 00
Total de l'article premier du Chapitre II.	49,378 60

Le Conseil colonial adopte, à l'unanimité, les prévisions ci-dessus.

Article 2.— Taxes de navigation.

Droit de tonnage et de manifeste (soit 300 fr. en plus que l'année courante	7,000 00
Droit de phare (soit 500 fr. en plus que l'année courante)	6,500 00
Droit sanitaire (soit 200 fr. en plus que l'année courante)	800 00
	14,300 00

Le Conseil adopte également les prévisions ci-dessus.

Article 3. — Droit sur l'introduction, la fabrication et la vente des spiritueux.

Droit d'entrée sur les spiritueux extrait du cocotier, du palmier, de la canne à sucre et du riz.	*mémoire.*
Droit de licences pour le débit des spiritueux autres que le callou (soit une augmentation de 4,378 fr. 40 c. sur la prévision de l'année 1873.	161,644 80

M. l'Ordonnateur fait observer que le projet du budget présenté au Conseil local ne contenait qu'une prévision de 130,000 fr. mais que l'adjudication des licences à laquelle il a été procédé, depuis la réunion de cette assemblée, a assuré un revenu de 164,644 fr. 80 c. qu'il y a, par suite, lieu d'inscrire définitivement.

Droit sur les cocotiers exploités en callou.	60,000 00
Droit de licences pour le débit de callou..	3,000 00
	227,644 80

Sur l'invitation de M. le Gouverneur le secrétaire donne lecture de la délibération du Conseil local relative aux licences pour les débits de callou dans la ville.

Après cette lecture **M. le Gouverneur** expose que cette question a déjà été longuement traitée par le Conseil colonial dans la dernière session et que dès lors il serait inutile de recommencer cette discussion. J'ai pris, dit-il, la mesure qui est de nouveau combattue par le Conseil local, sur l'avis unanime du Conseil d'administration, où figurent deux notables européens qui sont parfaitement au courant des besoins du pays et prennent à cœur d'en défendre les intérêts. Elle a été ensuite consacrée par la majorité du Conseil colonial. Je crois donc devoir, ajoute le Chef de la colonie, maintenir ma décision pour plusieurs motifs et surtout par respect pour le principe salutaire de l'adjudication publique qui a été si souvent recommandée par les Conseils et qui est, dans cette circonstance, l'objet de leurs critiques. Pourquoi établir une exception en faveur des débitants de callou? Pourquoi favoriser le monopole, s'exposer à des abus et laisser en quelque sorte à l'arbitraire du service des contributions la distribution des licences de callou? Il s'est fait grand bruit autour de cette mesure, qui n'a été prise que dans un but d'ordre et de moralité. Aux enchères publiques, les souraires coalisés sont venus, en quelque sorte, braver l'Administration et, malgré toutes les concessions qui leur ont été faites, ils n'ont jamais voulu consentir à présenter leurs offres. Devant une telle opposition systématique, l'Administration a, je crois, pour devoir de maintenir la législation actuelle. Du reste, l'éloignement des débits de callou n'est pas à regretter, car personne n peut contester que ce sont des lieux de démoralisation, et il est du devoir du Gouvernement d'atténuer au moins le mal quand il ne peut le faire disparaître radicalement.

M. le conseiller Ponnoutambypoullé s'exprime ensuite dans les termes suivants:

«En ce qui me concerne, je n'ai qu'à me référer à ce que j'ai eu l'honneur de dire à ce sujet l'année dernière. La terre paye un impôt, le cocotier exploité en callou en paie également un et le débit de callou est lui-même soumis à un droit de patente. Il me semble qu'il n'est pas équitable de livrer la patente à la concurrence, en restreignant la liberté de la vente du callou. Je partage donc complètement l'avis du Conseil local. Quant à la délivrance de ces patentes de gré à gré, elle ne saurait, comme le craint M. le Gouverneur, entraîner des abus. Voici comment se délivraient autrefois les licences de callou. En ville comme à la campagne, le débitant demandait à la police la permission d'établir sa boutique, en indiquant son emplacement. Le service de la police s'assurait de la moralité de la personne, de la convenance des lieux et accordait ou non l'autorisation. Cette autorisation obtenue, l'impétrant versait au Domaine le droit fixe de la patente. Il n'y a là aucune source d'abus. Le nombre de débits n'est point limité; aucune classe de la population n'est préférée à une autre. Toute personne est libre de vendre le callou en se soumettant aux règlements de la police et en acquittant le droit de patente. En limitant le nombre de débits par circonscriptions établies au préalable et en livrant ces circonscriptions aux adjudications, les personnes aisées seulement pourraient avoir des débits, tandis que la classe malheureuse des souraires, qui seule exploite les cocotiers, est privée du droit de vendre. Il paraît même que cette mesure a été proposée par le service du Domaine pour soustraire les débitants de callou au contrôle de la police.»

M. le conseiller Hecquet ne peut admettre, avec M. le Gouverneur, que toute la population de Pondichéry se soit coalisée pour ne pas se présenter aux enchères publiques des licences de callou tentées sans résultat, en vertu de l'arrêté du 19 juin 1872. Si cette mesure, ajoute-t-il, avait présenté le moindre avantage pour la vente de cette boisson en ville, il est incontestable que les adjudications eussent réussi, car les Indiens sont assez intelligents pour comprendre leurs intérêts dans les exploitations de débits. Dès lors, il n'est pas juste de blâmer une partie ou la totalité de notre population, parce qu'elle n'a pas voulu souscrire à un engagement désastreux pour les adjudicataires.

«Après avoir relevé ce fait, dit-il, je vous demande, Messieurs à établir la preuve que le mode d'adjudication réglé par l'arrêté du 19 juin 1872, était impraticable. En effet, tandis que le Gouvernement voulait imposer, d'abord, la production de la boisson enivrante (callou) puis la vente de ce produit, il permettait de produire, sans droit aucun, une autre boisson enivrante (arrack-patté) et ne percevait d'impôt que sur le débit de cette liqueur. L'arrack-patté était avantagé et pouvait ruiner toute exploitation de débit de callou, d'après les conditions inscrites dans l'arrêté de 1872. D'autre part, en vertu du même arrêté, tandis que 600 cantines environ établies en dehors de nos boulevards, pouvaient débiter le callou, acquittant simplement le droit de production, les 54 cantines de callou à adjuger, dans l'intérieur des boulevards, devaient payer le double droit de production et de vente, en subissant la concurrence de l'arrack-patté dans des conditions ruineuses.

Voilà, Messieurs, la véritable raison pour laquelle les tentatives d'adjudication pour 1873 et pour 1874 n'ont donné et ne pouvaient donner aucun résultat avantageux à la colonie.

A Karikal, les adjudicataires des licences de callou éprouvent des pertes considérables et cela se comprend. Les porteurs des licences se sont présentés aux adjudications pour 1873, avec la conviction que le droit de fabrication établi sur l'enregistrement des cocotiers exploités en callou, allait être supprimé, et, que par assimilation à l'arrak-patté, le Gouvernement ne devait prélever de droit que sur la vente. Ils se sont trompés, mais leur adhésion au mode d'adjudication des licences de débits de callou, n'est que l'effet d'une erreur dont ils supportent les conséquences.

M. le Gouverneur déclare qu'il n'a pas pour le

moment, l'intention de se livrer à une discussion interminable sur la valeur des assertions et des opinions de M. Hecquet et de M. Ponnoutambypoullé; mais il fera remarquer qu'il n'a pas dit que toute la population de Pondichéry se fut coalisée et qu'il ne l'a point blamée, comme l'avance M. Hecquet qui, sans le vouloir sans doute, pourrait indisposer contre lui par de telles paroles une partie de cette population. Il a seulement parlé des souraires et leur coalition est manifeste, puisqu'au lieu de se borner à ne pas se rendre aux adjudications publiques, comme ils en avaient le droit, ils s'y sont présentés en masse, sans vouloir faire aucune offre, comme pour mieux montrer qu'ils étaient coalisés et qu'ils entendaient faire échec à l'Administration.

M. le Chef de service de Karikal fait observer que rien ne prouve, comme l'énonce M. Hecquet, que les adjudications des licences de l'Etablissement quil administre, éprouvent des pertes; que c'est la première fois qu'il l'entend dire, qu'aucune doléance ne lui a été faite à ce sujet par les intéressés, qui profitent toujours de l'arrivée d'un nouveau Chef pour se plaindre. Il ignore, ajoute-t-il, si les souraires qui se sont présentés aux adjudications pour 1873, avaient la conviction que le droit établi sur les cocotiers exploités en callou allait être supprimé; mais il affirme que l'Administration ne leur a jamais donné pareille espérance et qu'elle a agi dans cette circonstance avec la loyauté qui lui est habituelle.

M. Hecquet continue en ses termes :

« Une expérience malheureuse a été faite cette année au détriment des consommateurs, des personnes habituées à l'exploitation du callou et des revenus de notre Etablissement. Je prie donc le Conseil de vouloir bien s'associer à mon désir de voir le Gouvernement local renoncer aux dispositions dont il semble animé, dispositions qui sont établies dans l'exposé des motifs lu par M. l'Ordonnateur à la dernière session du Conseil local de Pondiéhéry.

« Je vous propose, en conséquence, d'approuver le vœu du Conseil local du chef-lieu et au cas où cette proposition consistant à maintenir pour les débits de callou de la ville, ne seraient pas adoptées, les règlements en vigueur pour les débits des campagnes, c'est-à-dire les mesures appliquées avant l'arrêté du 19 juin 1872, j'ai l'honneur de présenter à votre appréciation un nouveau mode d'impôt pour le callou. Ce mode consiste simplement à appliquer à la production et à la vente de cette boisson, les mêmes règles que pour l'arrack-patté; supprimer tous les droits de fabrication ou de production et mettre en adjudication tous les débits de callou en ville et dans les campagnes. Le Gouvernement local serait assuré de ses revenus; il adopterait un système qui écarterait les complaisances et les fraudes, qui diminuerait les frais d'une surveillance fictive sur les arbres exploités en callou; enfin, la règle serait uniforme pour le débit de toutes les boissons énivrantes, et la mesure serait la même pour la ville et les campagnes.

« Priver les habitants de la ville de Pondichéry d'une boisson utile à la classe malheureuse, est une mesure à laquelle nous ne saurions nous associer, et je prie instamment le Conseil de voter, soit le retour pur et simple aux règlements sur la matière, antérieurs à l'arrêté du 19 juin 1872, soit d'approuver le mode que je viens de lui proposer, assimilant le callou à l'arrack-patté, tant pour la production que pour le débit, en ville aussi bien que dans les campagnes. »

M. le Gouverneur déclare qu'il ne s'oppose en aucune façon, à l'étude d'un nouveau mode d'impôt consistant à supprimer le droit sur les cocotiers et à mettre en adjudication publique toutes les patentes de callou tant dans la ville que dans les campagnes. Il souhaite seulement, sans en avoir encore la certitude, que ce mode ne puisse être préjudiciable au Trésor, comme à ceux qui espèrent pouvoir en profiter. Il recommande donc l'étude demandée par M. Hecquet; mais il ajoute qu'on ne le trouvera jamais disposé à plier devant les coalitions, quand elles lui paraîtront dangereuses pour les intérêts généraux de la colonie.

M. le Chef du service des contributions fait remarquer que, d'accord avec M. l'Ordonnateur, il a été d'avis de faire toutes les concessions demandées par les souraires, telles que la suppression des circonscriptions, le maintien des cantines sur les emplacements où elles furent toujours établies et l'obligation, pour les cantiniers des campagnes, de placer les cantines autorisées, hors de la ville, à 200 mètres du boulevard. Il n'a jamais pu, dès lors, comprendre l'abstention des souraires et leur résistance à ne pas prendre part aux adjudications.

Il rappelle que, s'étant rendu en personne à l'une des séances de la commission chargée de procéder à ces adjudications, il a usé de tous les moyens possibles de persuation pour les amener à se conformer à la décision de l'autorité. Rien n'a pu ébranler leur détermination. Ce n'est rien moins qu'une véritable coalition, à laquelle il eut été dangereux de céder.

M. Sicé pense donc que la prohibition de la vente du callou en ville et sur les boulevards (*intra muros*) doit être maintenue et qu'il n'y a pas lieu de rapporter l'arrêté du 18 janvier 1873.

Cette mesure administrative n'a été prise, selon lui, qu'en vue de donner plus de garantie au placement des patentes. Le bon marché du callou qui est une boisson fermentée, facilement enivrante, fait que les Indiens de certaines classes et les ouvriers surtout, en abusent. De là, des tapages nocturnes dont les voisins n'ont pas manqué de se plaindre. Outre cet inconvénient, le placement des cantines ne pouvant être autorisé que sur permis de la police, la délivrance de ces permis, entraînait des difficultés entres les cantiniers et les agents, tant de la police que des contributions. Le seul moyen de remédier à cet état de choses, était d'adjuger les patentes de callou aux enchères publiques, avec concurrence et publicité, M. Sicé pense que dans l'intérêt du fisc et dans celui des contribuables eux-mêmes, l'Administration ne doit pas se départir de cette voie, qui offre des avantages réels sous tous les rapports.

Sur l'observation de quelques membres, M. Sicé fait connaître que la prévision de 60,000 fr. pour le droit sur les cocotiers à percevoir, en 1873, aurait été atteinte, si les propriétaires de ces arbres, d'accord avec les souraires, ne s'étaient abstenus d'en faire inscrire pendant les deux premiers mois de l'année ; que du reste, le déficit ne s'élève qu'à 10,010 fr. 10 c. le droit d'inscription ayant atteint le chiffre de 49,989 fr. 90 c. au lieu de 60,000 fr.

Quant aux patentes, si en 1873, il n'en a pas été délivré pour la ville, celles placées hors de la ville et dans les aldées, sont de 217, alors qu'elles n'étaient que de 166 en 1872, différence en plus : 51 patentes. Malgré ce résultat, le droit perçu ne s'élève qu'à 2,620 fr. 80 c. d'où une diminution de 379 fr. 20 c. sur la prévision budgétaire.

M. Sicé ajoute qu'à la suite de la dernière adjudication des patentes de callou, dont le résultat a été négatif, il a proposé à l'Administration supérieure de remettre le droit d'inscription des arbres à l'ancien taux, en l'élevant de 6 fr. 60 c. à 7 fr. 20 c. pour le premier semestre et de 4 fr. 50 à 4 fr. 80 c. pour le deuxième, afin que le Trésor se récupérât de la perte qu'il éprouve, par suite du refus des souraires de prendre aux enchères, les patentes de la ville.

En attendant que l'autorité détermine le nouveau mode d'assiette et de perception du droit à substituer à l'ancien, il conclut à ce que la prohibition édictée par l'arrêté du 18 juin dernier et maintenue par décision de M. le Gouverneur du 17 juillet suivant, continue à avoir son effet.

M. le conseiller Ponnoutambypoullé s'exprime ensuite en ces termes :

« M. le Chef du service des contributions reconnait que le déficit est de 9,000 fr. A ce sujet je citerai un seul fait entre plusieurs qui sont à ma connaissance. Il y avait aux abords du bazar central une boutique de callou où les domestiques de la ville dissipaient l'argent que leurs maîtres leur donnaient pour faire le marché. La police s'opposait à ce que cette boutique de callou continuât à exister. Le domaine, qui avait perçu le droit de patente, voulait la maintenir. De là un conflit qui fut jugé en faveur de la police, puisque ce service est le seul appréciateur de la moralité du débitant et de la convenance des lieux de débit. Il existe aussi aux abords du bazar central une licence de spiritueux. Il doit s'y passer les mêmes désordres que ceux commis dans la boutique de callou, et la police ne pourrait proposer le retrait de cette licence, puisque l'emplacement a été désigné par un arrêté déterminant les circonscriptions. Ainsi, l'appréciation de la moralité du licencié et de la convenance des lieux du débit du spiritueux, échappe au service de la police. C'est à ce résultat que le service du domaine désirait arriver pour les boutiques de callou, en circonscrivant les emplacements de ces boutiques. Mais ici nous rencontrons d'autres obstacles d'un ordre différent. En mettant en adjudication les licences fixées et déterminées, quant au nombre, nous priverons les malheureux souraires du droit de vendre le callou, tandis que cette mesure n'est pas appliquée à la campagne et nous soumettons cette boisson innocente à plusieurs catégories de droit que ne paye pas le malfaisant spiritueux appelé arrack et arrack-patté. Nous, mandataires de la population, qui connaissons tous les détails de cette affaire, nous avons pour devoir d'éclairer l'Administration. »

M le conseiller Tambypoullé demande ensuite la parole et s'exprime en ces termes :

« Il n'y a, à Pondichéry, qu'une classe d'individus qui exploitent et débitent du callou. Ce sont les souraires. Et ils sont, en général, pauvres. L'adjudication publique des licences du callou n'a pu donner aucun résultat. Les souraires préfèrent vivre dans la misère plutôt que de se rendre adjudicataires de licences. C'est qu'ils ne trouvent pas leur avantage dans cette mesure. En effet, la concurrence des enchères pouvant élever très-notablement les prix des licences, les adjudicataires n'y trouveraient aucun profit, puisque déjà ils sont obligés de payer des droits d'enregistrement des cocotiers et des locations aux propriétaires des arbres. Ou l'ancien système de délivrance de patentes à prix fixe doit être maintenu, ou les droits sur les cocotiers exploités doivent être supprimés. Déjà les souraires adjudicataires de licences à Karikal, demandent que l'arrêté du 19 juin 1872 prescrivant la mise en adjudication des patentes, soit rapporté. Il est donc incontestable que les souraires éprouvent de grandes pertes par la mise en adjudication et que, par suite, les propriétaires en éprouvent également, leurs arbres ne pouvant pas être exploités. Pour pouvoir remédier à ces inconvénients, je m'associe entièrement au vœu du Conseil local et je demande la remise en vigueur de l'ancien système de délivrance de patentes avec droit fixe. »

M. le Chef de service de Karikal fait observer que la pétition qui demande le retour à l'ancien état de choses n'est signé que par quatre souraires qui ne sauraient représenter toute cette classe assez nombreuse de la population.

M. le conseiller Cornet expose que l'année dernière il avait voté pour le maintien de l'adjudication, telle que venait de l'établir l'Administration ; mais qu'éclairé depuis lors sur ce sujet et en présence surtout du déficit qui semble devoir se produire sur les recettes, si les tentatives d'adjudication continuent à échouer, il ne peut qu'appuyer le vœu émis par le Conseil local.

M. le Gouverneur dit que toutes les observations qui ont été faites de part et d'autre éclaircnt quelques points de la question qui auraient pu faire doute dans son esprit. Il en résulte pour lui :

1° Que dans les campagnes, avec le maintien du droit sur l'exploitation des cocotiers, droit d'un recouvrement difficile et incomplet, en raison de l'insuffisance des moyens de surveillance, il ne parait pas possible d'appliquer le mode d'adjudication publique pour la concession des licences, l'établissement des débits devant y être réservé aux propriétaires des arbres et aux souraires ;

2° Qu'à Pondichéry personne, en dehors des souraires, ne se présente aux enchères pour profiter du mode d'adjudication publique récemment adopté, parce qu'il est seul juste et que seul il peut prévenir de graves abus, en mettant d'ailleurs le service des contributions au-dessus de tout soupçon fâcheux, et que dès lors on peut craindre pour les recettes du budget, la continuation encore prolongée peut-ére du déficit signalé par M. Cornet.

Par ces considérations et désirant tenir compte des vœux émis par les Conseils élus, **M. le Gouverneur** charge M. l'Ordonnateur de reprendre l'étude de la question relative à la délivrance des patentes de callou aux enchères pour les débits de la ville et de la soumettre de nouveau aux délibérations du Conseil d'administration, sous le plus bref délai possible.

Et dans le cas où le Conseil d'administration dont la décision ne saurait être engagée à l'avance, regarderait comme un devoir de maintenir la législation actuelle, M. l'Ordonnateur, ainsi que M. le Gouverneur l'a déjà prescrit, étudierait, avec le concours du service des contributions, le nouveau mode d'assiette de l'impôt subsidiairement proposé par M. Hecquet et ferait tous ses efforts pour que les propositions résultant de cette étude pussent être soumises au Conseil avant le 1er juillet 1874. En conséquence, les patentes de callou pour les campagnes ne devront être délivrées, jusqu'à nouvel ordre, que pour le premier semestre de 1874.

Le Conseil colonial, à l'unanimité, donne son assentiment à ces mesures.

La séance est levée à sept heures et demie. Le Conseil

s'ajourne au lendemain mercredi, 24 décembre à 2 heures de l'après-midi.

Le Secrétaire,
H. LIAUTAUD

Vu : *Le Gouverneur,*
Président,
FARON.

Séance du 24 décembre 1873.

L'an mil huit cent soixante-treize, le mercredi, vingt décembre, à deux heures de l'après-midi, le Conseil colonial s'est réuni au lieu ordinaire de ses délibérations.

Étaient présents :

MM. Faron, Commissaire général de la marine, Gouverneur; Delrieu, Commissaire de la marine, Ordonnateur; Champestève, Procureur général, *p. i.*; Liautaud, Commissaire adjoint de la marine, Chef de service de Karikal, *p. i.*;

G. Cornet, négociant;
E. Hecquet, négociant;
Ponnoutambypoullé, conseil agréé;
Tambypoullé, conseil agréé;
Covindassamynaïker, conseil agréé;
Bandésaeb, commerçant.
} conseillers élus.

M. le conseiller Channemougavélayoudamodéliar, s'est excusé de ne pouvoir assister à la réunion.

Sur l'invitation de M. le Gouverneur, le secrétaire donne lecture du procès-verbal du 20 décembre qui est adopté sans observations.

Le Président fait observer que la session du Conseil colonial doit être close le 26 décembre, d'après l'arrêté de convocation.

Sur la demande de plusieurs membres de l'assemblée,

M. le Gouverneur décide que la session sera prolongée jusqu'au 10 janvier inclusivement et prie M. l'Ordonnateur de préparer un arrêté dans ce sens.

M. le conseiller Hecquet, au nom de la commission chargée de préparer un projet de règlement intérieur dépose sur le bureau de l'assemblée son rapport. Le Conseil désirant prendre connaissance de ce travail avant de le discuter, décide que l'examen en aura lieu au début de la prochaine séance.

M. le Gouverneur dépose une pétition qui lui a été adressée :

N° 22. — Par le nommé Balakichenane.

Ce document est renvoyé à la commission des pétitions.

Continuation du budget des recettes du service local de Pondichéry.

La parole est donnée à M. l'Ordonnateur pour continuer la présentation du budget des recettes du service local de Pondichéry.

CHAPITRE II.

Art. 4.— Produit de la vente du sel. Droit sur l'importation, la culture et la vente du tabac, du bétel et autres denrées et marchandises.

Produit de la vente du sel..............	170,000 00
Produit de la ferme du ganja et du banguy (soit 55 fr. 20 c., en plus que l'année courante par suite des résultats de la dernière adjudication)................................	1,087 20
Droit de licence pour la culture du tabac...	*Mémoire.*
Droit à l'introduction du tabac (soit 10,000 fr. en plus que l'année courante)...........	66,000 00
Droit de licence pour la culture du bétel...	20,000 00
Droit à l'introduction du bétel..........	2,500 00
Droit de licences pour la vente du tabac à l'extérieur (soit une diminution de 107 fr. 60).	4,634 40
	264,221 60

Le Conseil colonial adopte à l'unanimité les prévisions ci-dessus.

5.— Droit sur les lettres et passe-ports.

Taxes des lettres et imprimés transportés par navires à voiles......................... Taxes des lettres et imprimés transportés par bateaux à vapeur (soit une augmentation de 900 francs.........................	11,000 00
Taxes sur les passe-ports délivrés par le service de la police.........................	150 00
	11,150 00

Les prévisions ci-dessus sont également adoptées.

Article 6. — Divers droits indirects.

Droit d'étalonnage des poids et mesures........	3,500[f]
Droit de mesurage des grains................	13,000

Sur l'invitation de M. le Gouverneur le secrétaire donne lecture des observations présentées par le Conseil local au sujet du droit de mesurage des grains et du vœu qu'il a émis pour que les grains importés par mer et destinés pour la réexportation, ne soient plus frappés de ce droit.

M. le Chef du service des contributions fournit ensuite les explications suivantes :

« Conformément à l'article 57 de l'arrêté du 14 novembre 1832, le fermier du mesurage des grains percevait le droit dû sur les grains de toute sorte, nelly, riz, blé, menus grains, etc., qu'ils fussent introduits par terre ou par mer.

« L'arrêté du 20 novembre 1856 ayant substitué la régie à la ferme, le mode d'assiette et de perception du droit de mesurage fut maintenu dans les mêmes conditions que par le passé, avec la seule différence que le droit une fois payé, le mesurage devient facultatif, tout nouveau mesurage fait en sus de celui qui doit être opéré gratuitement, devant seul donner lieu à un salaire de 3 fanons ou, 0.90 centimes par journée de mesureur (arrêté du 26 décembre 1856.)

« Plus tard des difficultés ayant surgi entre l'Administration et le commerce, il fut décidé que le droit de mesurage serait perçu sur tous les grains introduits en ville, sans distinction de ceux destinés à l'exportation ou de ceux réservés à la consommation intérieure. M. le Chef du service des contributions pense que la mesure doit être maintenue, l'importation, selon lui, pouvant être considérée en quelque sorte, comme motivée par une vente et les grains, qui en sont l'objet, devant acquitter, dès lors, le droit de mesurage. »

M. le Gouverneur demande si l'Administration, en établissant le droit de mesurage, n'a pas voulu prévenir les fraudes et prendre ainsi des garanties contre tout abus.

A reporter...	16,500

Report... 16,500

M le conseiller Cornet dit qu'on ne peut assimiler l'importation des grains par mer, pour la réexportation, à une vente sur le marché de Pondichéry pour la consommation, ainsi que le pense M. le Chef du service des contributions. S'il insiste pour l'abolition de ce droit, c'est que, par suite de l'arrêté qui prohibe l'exportation libre de tous les grains venant par terre, ceux que l'on est obligé de faire venir des ports voisins par mer, dans le cas où les bâtiments ne peuvent aller les prendre, comme les navires à émigrants, par exemple, sont grevés des frais de transport, de débarquement et de réembarquement, frais qui augmentent déjà sensiblement le prix de la marchandise. Ce droit de mesurage ne peut être considéré comme une garantie, car les grains qui sont débarqués pour la réexportation, ne sont même pas mesurés. C'est donc une simple mesure fiscale. La garantie que l'Administration veut avoir au sujet de la réexportation de ces mêmes grains existe déjà par une législation ancienne, par la constatation du bureau du port au débarquement comme au réembarquement et par les agents de la police qui s'assurent que les grains réembarqués ne proviennent pas du bazar. M. Cornet termine en faisant ressortir le préjudice qui finirait par résulter pour la colonie, si elle n'était pas dégagée de ces entraves qui, en réalité, ne produisent au Trésor que des revenus très-minimes, le droit de mesurage, en pareil cas, n'étant qu'une gêne pour le commerce.

M. le Chef du service des contributions expose que le mesurage est de sa nature une mesure de police. Vu les retards et les inconvénients qu'entraîne cette opération, lorsqu'il s'agit d'une quantité considérable de

A reporter... 16,500

Report... 16,300

grains, les négociants se contentent d'en faire la déclaration et se dispensent de la formalité, ainsi que l'arrêté du 20 novembre 1856 les y autorise. Mais s'ils la réquièrent, les agents du Domaine défèrent à leur demande.

M. le Procureur général fait observer que les grains n'étant pas mesurés, le commerce ne peut éprouver une grande gêne de la perception du droit dont il s'agit. Il ajoute qu'un faible impôt ne peut lui être bien onéreux, attendu qu'il ne paie ici aucune des taxes qui sont imposées aux négociants dans les autres colonies et en France.

M. le Gouverneur dit que son plus vif désir serait de développer le commerce local, si cela pouvait dépendre de lui ; mais que, ne connaissant pas les motifs qui ont pu conduire ses prédécesseurs à établir ce droit de mesurage, il propose de renvoyer à l'année prochaine l'étude de cette question.

M. le Chef de service de Karikal fait observer que le Conseil colonial a voté, dès le début de la session, le tarif général des taxes de 1874, dans lequel se trouve compris le droit de mesurage des grains à Pondichéry, Karikal, Mahé et Yanaon établi par l'arrêté du 24 novembre 1857 et qu'il ne pourrait, par suite, revenir sur son premier vote, ce tarif ayant été déjà publié. Il ajoute qu'il s'associera toujours aux mesures qui auront pour but de supprimer les entraves qui pourraient porter atteinte au commerce ; mais que la question de la suppression du droit de mesurage des grains importés dans la colonie et mis en entrepôt fictif pour une réexportation ultérieure, ne lui paraît pas élucidée. Il aurait besoin de connaître les motifs qui ont déterminé les administrations précédentes à établir ce droit et qu'en présence

A reporter... 16,300

Report... 16,300

du défaut d'explications suffisantes, il ne peut se faire une conviction.

M. le conseiller Hecquet pense que la suppression du droit sur le mesurage des grains destinés à la réexportation, n'aurait pas pour effet, d'invalider son vote au sujet du tarif général des taxes, attendu qu'il ne demande que la suppression de la taxe spéciale incombant au mesurage des grains réexportés.

M. le Chef de service de Karikal répond à cet argument, que l'article 28 de l'arrêté précité du 24 novembre 1857 est précis et ne fait aucune distinction des grains destinés à la réexportation ou réservés pour la consommation. Par tous ces motifs, il votera pour le maintien du droit, jusqu'à ce que cette question ait pu être élaborée avec le soin qu'elle comporte, en présence surtout de la modicité de la taxe dont il s'agit, laquelle ne saurait peser bien lourdement sur les opérations commerciales.

M. le conseiller Cornet demande que le Conseil colonial se prononce sur le vœu émis par le Conseil local, en décidant que l'application du principe de la suppression du droit de mesurage n'ait lieu qu'en 1875, pour que l'Administration puisse, dans l'intervalle, rapporter les arrêtés en vigueur ou y faire les modifications nécessaires.

M. le Gouverneur met aux voix cette proposition.

M. le conseiller Hecquet, par les motifs qu'il a exposés plus haut, vote pour la suppression pour 1874.

MM. Tambypoullé, Ponnoutambypoullé, Bandésaëb et Cornet votent pour la suppression du droit et l'application de ce principe en 1875 seulement.

M. le Gouverneur n'étant pas suffisam-

A reporter... 16,300

Report... 16,500

ment éclairé sur la question, réserve son vote jusqu'à l'année prochaine et ajoute qu'il s'empressera de donner satisfaction au vœu du Conseil local, s'il acquiert la conviction que la mesure projetée ne peut donner lieu à aucun abus.

M. l'Ordonnateur réserve également son vote, ayant besoin d'étudier la question, avant de se prononcer.

M. le Procureur général vote contre la mesure, en attendant que ce point soit complètement élucidé et en se référant aux observations qu'il a présentées au début de la discussion.

M. le Chef de service de Kârikal vote aussi contre, par les motifs et considérations qu'il a fait valoir dans le cours de la discussion.

En conséquence, le principe de l'abolition du droit de mesurage pour les grains importés par mer et destinés à la réexportation, est admis à la majorité, mais l'application est renvoyée au 1er janvier 1875.

M. l'Ordonnateur reprend la présentation du budget des recettes locales:

Droit de certificat d'origine sur les toileries de l'Inde française exportées (soit une diminution de 3,000 fr.)	*mémoire*
Droit de certificat d'origine sur les huiles et produits récoltés français (soit 2,100 fr. en plus que l'année courante)	5,600
Droit de certificat d'origine sur les produits de toute espèce fabriqués dans la colonie (soit une augmentation de 400 fr. sur la prévision de l'année courante)	4,500
Droit d'entrepôt	900
Droit de quai et de débarcadère (soit une augmentation de 3,000 fr.)	31,000
Loyer de la chelingue du Gouvernement	4,100

A reporter... 56,600

Report... 56,600

Droit pour la constatation des marchandises à l'embarquement et au débarquement (soit une augmentation de 1,000 fr. sur la prévision de l'année courante)........ 3,500

60,100

Le Conseil adopte, à l'unanimité, les prévisions ci-dessus.

CHAPITRE III. — DIVERS PRODUITS DU BUDGET.

Article 1er. — Locations et fermages.

Loyer de la maison et des magasins affectés au service des Messageries maritimes..................... 1,000 00

Loyer de la magnanerie et du terrain qui en dépend.................................. *mémoire*

La commission du budget du Conseil local de Pondichéry ayant, dans sa séance du 10 novembre dernier, exprimé le regret que le Conseil colonial n'eût pas été consulté, aux termes du § 5 de l'article 40 du décret du 13 juin 1872, avant l'action judiciaire intentée au locataire de l'ancienne magnanerie pour le paiement de ses loyers, **M. le Gouverneur** réclame la lecture de la discussion qui a eu lieu à ce sujet. Cette lecture faite, il prend la parole et dit :

« Il y a ici deux choses : le droit et le fait. Il me suffira de quelques mots pour expliquer la question de droit. Le 5e § de l'article 40 du décret constitutif est ainsi conçu :

« Le Conseil colonial statue.... sur les actions à intenter « ou à soutenir au nom de la colonie, sauf dans le cas d'urgence, « où le Gouverneur peut intenter toute action et y défendre *sans* « *délibération préalable du Conseil colonial* et faire tous actes « conservatoires. »

« Ce texte est clair et précis, il est indiscutable : le Gouverneur a le droit, en cas d'urgence, d'intenter toute action ou de faire tous actes conservatoires et il exerce ce droit *sans délibération préalable du Conseil colonial*. Or, à qui peut-il appartenir d'apprécier l'urgence ? Evidemment au Gouverneur seul, dans l'intervalle des sessions, car s'il en était autrement, si mes appréciations pouvaient ensuite être discutées et critiquées par les Conseils, ma position deviendrait bientôt insoutenable, mon autorité serait compromise et il faudrait alors que la constitution administrative fût modifiée. Cela est tellement vrai que dans la séance du 10 novembre, pour l'affaire Montclar, la commission du budget exprime le regret que le Conseil n'ait pas été préalablement consulté, tandis que, dans la séance du 14, pour les poursuites à diriger contre les détenteurs des chantiers aux bois, M. Guerre, membre de la même commission, me reproche, au contraire, d'avoir consulté le Conseil et m'accuse d'avoir porté préjudice au Trésor, en n'usant pas de mes pouvoirs ! Ces deux affaires sont connexes, elles portent sur l'application du même article du décret et je suis obligé de les traiter en même temps. Ainsi, c'est entendu, si je prononce l'urgence, j'ai tort; si je ne la prononce pas, j'ai tort et, quoique je fasse, des censures, sous forme de regrets, sont dirigées contre mes actes dans le sein du Conseil local. Je ne les accepte pas, car ce Conseil a excédé ses pouvoirs, et j'approuve M. l'Ordonnateur de n'avoir pas permis le vote sur la motion de la commission du budget. M. Hecquet a prétendu que l'autorité du Conseil colonial pourrait se trouver primée si l'appréciation seule du Gouverneur décidait l'urgence. Il se trompe : l'autorité du Conseil colonial et celle du Gouverneur sont séparées et indépendantes, aucune d'elles ne peut primer l'autre, mais il faut que toutes deux soient respectées.

« Cela dit sur la question de droit, je pourrais m'arrêter là, je le devrais peut-être ; mais, afin de prévenir autant que possible, entre les Conseils et d'Administration, le retour de ces malentendus et de ces dissentiments regrettables, qui finiraient par compromettre les intérêts de la colonie, je vais, pour cette fois, donner quelques explications sur les motifs qui ont dicté ma conduite dans les deux circonstances dont il s'agit.

« C'est au moment où il se proposait d'en réclamer la validation que M. l'Ordonnateur me rendit compte verbalement qu'il avait cru devoir faire pratiquer, à la date du 22 avril, une saisie-arrêt au Trésor sur les biens de M. Montclar, pour assurer le payement des loyers arriérés de l'ancienne magnanerie. Il ajouta que M. Montclar avait deux fois refusé ce paiement, qu'il avait quitté la colonie pour un temps indéterminé, sans indiquer son fondé de pouvoirs et que, dès lors, il y avait lieu d'autoriser le Receveur des contributions, ainsi qu'il l'avait demandé, à faire les actes conservatoires nécessaires pour mettre sa responsabilité à couvert contre toute éventualité. Ainsi, M. Montclar n'était pas seulement un débiteur en retard, mais il contestait la légitimité de sa dette et il était absent de Pondichéry. Les Chefs des administrations financières, chargés de la rentrée au Trésor des deniers publics, sont pécuniairement responsables, quand ils n'ont pas pris, en temps utile, toutes les mesures prescrites par la loi pour en assurer le recouvrement. Enfin, six mois nous séparaient encore de l'époque de convocation des Conseils et, dans cet état de choses, je pouvais d'autant moins écarter la proposition de M. l'Ordonnateur que, si la saisie-arrêt n'était pas légale, c'était aux tribunaux qu'il appartenait de l'invalider. L'affaire fut jugée le 23 juin. Loin de contester alors la régularité des poursuites et de soulever devant le tribunal l'exception qu'il a invoquée plus tard, M. Montclar accepta le procès et fit même une demande reconventionnelle en dommages-intérêts. Sa cause perdue en 1re instance, il m'écrivit, à la date du 26 juin, pour me prier de convoquer le Conseil colonial en session extraordinaire, à l'effet de décider s'il approuvait l'action judiciaire intentée par l'Administration et l'exécution du jugement rendu contre lui. Une telle demande n'était pas admissible dans ces termes et, sur les observations de l'Ordonnateur, je n'ai pas hésité à l'écarter. Telles sont les explications que j'avais à fournir sur l'affaire de M. Montclar et elles justifient pleinement l'autorisation d'urgence que j'ai donnée.

« En ce qui concerne les détenteurs des chantiers aux bois, ma réponse ne sera pas longue. Si M. Guerre, avant de présenter ses observations, avait pris soin de consulter le dossier, composé de quatre pièces, communiqué au Conseil, il aurait vu, en effet, que c'est seulement *le 31 octobre dernier* que M. l'Ordonnateur, qui, sans doute, n'a pas été en mesure de le faire plus tôt, m'a proposé d'intenter des poursuites contre les Indiens refusant de vider les lieux. Le Conseil local, appelé à donner son avis sur toutes les matières de la compétence du Conseil colonial, était convoqué *pour le 3 novembre* et devait, en conséquence, se réunir trois jours après. Pouvais-je, en vue d'éviter un si court délai, déclarer l'urgence et annuler son action? Je ne l'ai pas pensé et j'ai écarté la proposition de l'Ordonnateur. C'est lorsque je viens de faire acte de cette légitime déférence pour les Conseils que l'on m'accuse de n'avoir pas pris une résolution en temps opportun et d'avoir ainsi occasionné un préjudice au Trésor? Je me borne à constater le fait. Je n'ai rien à ajouter. »

M. le conseiller Hecquet obtient ensuite la parole et s'exprime en ces termes.

« Je reconnais que M. le Gouverneur, en déclarant l'urgence, a usé d'une faculté inscrite au § 5 de l'article 40 du décret constitutif du 13 juin 1872. Je reconnais, également, l'utilité et la sagesse de cette mesure, qui permet au Chef de la colonie d'agir sans retard toutes les fois que les intérêts de nos Etablissements doivent être sauvegardés. Cependant, Messieurs, pour recourir à cette faculté, il faut que l'urgence soit réelle, qu'il y ait une nécessité incontestable à prendre la résolution de poursuivre, au nom de la colonie, sans l'avis préalable des Conseils électifs; qu'il y ait péril en la demeure, ainsi que le veut la loi. Dans ces conditions, M. le Gouverneur a le devoir de reconnaître et de déclarer l'urgence. Mais si l'urgence, dont les caractères sont faciles à reconnaître, n'est pas évidente; si les mesures de rigueur à prendre ne doivent assurer aucune garantie sérieuse en faveur des intérêts de la colonie, si la réclamation est enfin contestable, l'action ne doit-elle pas être intentée qu'après la décision du Conseil colonial?

« Telle est mon opinion, au point de vue du principe. Permettez-moi de l'exposer au point de vue du fait relatif à la magnanerie. Cette propriété coloniale a été louée à un habitant de Pondichéry, notable par sa famille et sa position de fortune. Avant que son bail soit terminé survient l'inondation de novembre 1872. Le local donné à loyers éprouve des dégâts sérieux et menace même de s'écrouler. Le locataire est obligé de se réfugier en ville et demande au Gouvernement à résilier son bail, suivant la proposition que lui avait faite M. le Directeur de l'intérieur, avant le mois de novembre. Sa demande a été repoussée par l'Administration. Dans cette situation, le service des contributions avait à réclamer au locataire les loyers d'un bail en vigueur, et pour obtenir ces loyers, en retard de 5 mois environ, une action judiciaire a été intentée *d'urgence* au locataire, qui habite, avec sa famille, dans notre ville, et qui continue à jouir d'une position de fortune de nature à exempter le Gouvernement de toute inquiétude.

« Voyons maintenant le résultat de l'action judiciaire intentée en dehors de la décision du Conseil colonial. Des saisies-arrêts sont ordonnées contre les propriétés salinières des enfants mineurs du locataire, mais ces saisies-arrêts ne pouvaient légalement être maintenues et, par suite, les mesures conservatoires n'ont pu assurer depuis le début du procès *aucune garantie matérielle*. La situation est aujourd'hui la même qu'alors. De plus, la Cour d'appel a jugé que l'urgence de cette affaire était si peu prouvée, qu'elle a accordé à M. Montclar une remise à trois mois. Nous sommes ainsi en présence d'un locataire honorable et solvable, forcé de déguerpir par le mauvais état de la propriété coloniale lui servant de logement, qui est poursuivi d'urgence par l'Administration, qui obtient de la Cour d'appel un sursis de trois mois et qui demande à substituer la décision de notre Conseil à l'intervention de la justice.

« Ces considérations, Messieurs, méritent votre sérieuse attention, et tout en refusant de m'associer à l'opinion qui tendrait à établir que l'action judiciaire, en cette affaire, avait un but particulier et non d'intérêt colonial, je ne puis que maintenir mon opinion qu'il n'y avait dans les poursuites à exercer contre le locataire de la magnanerie, aucun des caractères qui indiquent l'urgence. »

M. le Gouverneur prend la parole et dit :

« Si j'avais sous la main le dossier dont je suis dessaisi, je pourrais certainement détruire les assertions de M. Hecquet ; mais pour terminer enfin ce débat, j'éviterai de le suivre dans tous les détails où il est entré et je ne prononcerai pas un seul mot sur le fond du procès aujourd'hui pendant devant la Cour d'appel. Toutefois, je ferai remarquer que l'Administration n'avait pas à examiner, comme l'a fait M. Hecquet, si M. Montclar est un habitant notable par sa famille et par sa position de fortune ou, en d'autres termes, s'il était solvable, ce qu'elle n'a jamais mis en doute. Il refusait de payer ses loyers et le receveur des contributions avait pour devoir de le poursuivre, attendu que la loi est faite pour tous, pour les notables comme pour les malheureux, nul ne pouvant avoir le privilège d'y échapper. Je ne saurais non plus admettre, avec M. Hecquet, que la Cour *ait jugé* qu'il n'y avait pas eu urgence aux poursuites de l'Administration, en accordant à notre adversaire une remise à trois mois. La Cour, au contraire, a voulu statuer sur l'appel dans le plus court délai possible et, à cet effet, elle a prié M. le Procureur général de vouloir bien la faire compléter sans retard. Il n'est pas d'ailleurs dans ses habitudes d'exprimer son opinion sur aucun point des affaires avant d'en avoir pris connaissance et de les avoir entendu plaider. C'est M. Montclar qui, désirant partir de nouveau pour Travancore, a demandé un renvoi à trois mois, que la Cour a cru devoir lui accorder, sans entendre dire par là que l'urgence n'existait pas au début de l'action. Rien ne permet d'interpréter ainsi sa décision.

« M. Hecquet a ajouté qu'il refuse de s'associer à l'opinion qui tendrait à établir que *l'action judiciaire en cette affaire, avait un but particulier et non d'intérêt colonial*. S'il ne s'associe pas à cette opinion, il ne néglige point de la constater. J'ignore à quelle adresse cette insinuation blessante veut aller ; mais, en l'absense de M. l'Ordonnateur Michaux, qui m'avait proposé la mesure que j'ai approuvée, je répondrai, pour lui et pour moi, en souhaitant que personne ici ne pense que M. Hecquet se laisse lui-même diriger par un sentiment particulier quand il défend avec tant d'insistance M. Montclar contre l'Administration de la colonie. »

M. Covindassamynaïker demande la parole pour répondre à M. Hecquet et s'exprime ainsi :

M. le Gouverneur ayant bien voulu, à titre gracieux, nous faire connaître les motifs qui l'avaient déterminé à faire poursuivre d'urgence le sieur Montclar locataire de l'ancienne magnanerie, je suis maintenant édifié sur cette affaire et convaincu qu'il a agi dans la plénitude de ses droits, attendu qu'aux termes du § 5 de l'article 40 du décret du 13 juin 1872, il est le souverain appréciateur des cas d'urgence et qu'en conséquence il n'est permis à personne de critiquer la procédure suivie à l'occasion des poursuites intentées contre ledit sieur Montclar, par cette considération surtout que ce dernier n'a pas soulevé l'exception de défaut d'autorisation préalable devant le Tribunal.

« Quant à la saisie-arrêt édictée par les articles 557 et suivants du Code de procédure civile, une fois la saisie-arrêt pratiquée, il y a enchaînement de procédure, ce qui a amené le saisissant à la demande en validité devant le Tribunal compétent ; il n'y avait donc pas lieu de retarder les poursuites pour attendre l'autorisation du Conseil colonial ».

M. le Procureur général demande à ajouter quelques mots à l'avis que vient d'exprimer M. le conseiller Covindassamynaïker et dit :

« Les dispositions du § 5 de l'article 40 du décret du 13 juin 1872 sont formelles et ne peuvent donner lieu à interprétation ; le Conseil colonial statue sur les actions à soutenir au nom de la colonie, mais dans les cas d'urgence le Gouverneur peut intenter toute action et y défendre sans délibération préalable de cette assemblée. Le Gouverneur est seul juge de l'urgence et il n'appartient à personne dans la colonie de revenir lui demander les motifs de sa détermination. Le Conseil colonial, pas plus que le Conseil local, n'a qualité pour soulever, relativement à ces autorisations, auxquelles il doit rester étranger, une discussion quelconque ; toute appréciation de sa part est entachée d'illégalité, il ne peut ni les approuver ni les blâmer dans ses réunions ; s'il en était autrement, l'autorité du Chef de la colonie deviendrait complètement illusoire et il devrait s'en rapporter exclusivement pour la direction du pays aux Conseils institués, ce que le législateur n'a pas voulu, puisqu'il a pris soin d'énumérer les affaires sur lesquelles l'Administration devait les appeler à délibérer et celles enfin sur lesquelles ils auraient à donner des avis.

« M. le Gouverneur, toujours bienveillant et animé du plus vif désir d'écarter les conflits si nuisibles à la bonne Administration d'une colonie, a bien voulu indiquer au Conseil les motifs pour lesquels il avait déclaré l'urgence dans l'affaire Montclar et le sursis dans celle relative aux chantiers aux bois, mais rien dans la constitution du pays ne l'obligeait à le faire. »

M. Tambypoullé demande, à son tour, la parole et s'exprime de la manière suivante :

« Il s'agit, dans l'espèce du recouvrement des deniers, publics. M. le Chef du service des contributions est tenu, sous sa responsabilité personnelle, de faire à temps tous actes conservatoires pour ladite perception. Le Gouverneur, d'après l'article 40 § 5 du décret du 13 juin 1872, devait consulter le Conseil colonial pour intenter une action devant la justice, sauf le cas d'urgence. M. le Gouverneur, assuré que, dans l'intérêt du prompt et sûr recouvrement des loyers de l'ancienne magnanerie, il y avait urgence, a jugé opportun de faire pratiquer une saisie-arrêt contre le locataire de cette propriété. Le Chef de la colonie usait-il de son droit ? Je pense que la disposition précitée du décret le fait souverain appréciateur de l'urgence. Le texte est formel et n'a point besoin de commentaire. Eût-il mal apprécié le cas d'urgence, il échappait encore à toute critique. L'urgence, dans l'espèce, n'existait pas aux yeux de la commission du budget, vu la solvabilité notoire du locataire. C'est son appréciation, qui ne peut diriger celle de M. le Gouverneur, investi par la loi du droit d'initiative dans ces sortes d'appréciation. Je pense que la commission, en faisant son observation, a cru, dans son zèle pour le bien public, que le Chef de la colonie, en prenant l'avis du Conseil colonial, serait mieux éclairé. Quant à moi, je crois que le Gouverneur usait de son droit. »

M. Hecquet déclare qu'il maintient son opinion et demande qu'elle soit consignée au procès-verbal.

M. le Gouverneur clôt l'incident en ces termes :

« Vous êtes libre de persister dans votre opinion et de la faire insérer au procès-verbal ; mais je répète que vous n'avez pas le droit, dans cette circonstance, de substituer vos appréciations aux miennes et que je n'accepte pas vos observations ».

Loyer des boutiques du bazar St-Laurent (diminution de 425 fr. 70 c. par suite de la dernière adjudication)	123f 30c
Ferme de la jouissance des cocotiers de l'État	5,396 40
Location du terrain servant de dépôt aux bois	1,317 60
Locations des arbres fruitiers	900 00
Prix du terrain loué à M. Testa	100 00
Location de divers terrains domaniaux	830 05
	9,667 35

Article 2. — Déshérences et épaves non maritimes.

Produit de successions en déshérence	105 »

Article 3. — Ventes de domaines.

Vente de terres domaniales avec l'obligation d'en payer l'impôt réglementaire	150 »

Le secrétaire donne lecture des observations présentées par le Conseil local au sujet de cet article du budget.

M. le Chef du service des contributions prend note de ces observations et déclare qu'il va s'occuper de faire le relevé demandé.

Article 4. — Divers droits et produits domaniaux.

Produit de la vente des bois d'élagage	3,500 »
Ventes de différents objets provenant du parc colonial et d'abres fruitiers (soit une augmentation de 200 fr. sur l'année 1873)	2,200 »
Produit du jardin d'acclimatation (augmentation de 100 fr)	1,100 »
	6,800 »

Article 5. — Amendes.

Amendes (augmentation de 500 fr.)	5,000 »

Article 6.— Recettes diverses.

Remboursement des frais de poursuites pour le recouvrement de l'impôt..............	2,500 "
Abonnement au *Bulletin des actes administratifs*........	30 "
Droit sur les alignements des rues......	500 "
Recettes à divers titres (y compris les 2,500 fr. remboursés par les colonies à émigrants pour allocations accordées aux commissaires d'émigration)	5,500 "
Produits de la vente des objets confisqués et délaissés..........................	150 "
Part afférente à la régie dans le montant des transactions.......................	700 "
Remboursement des avances faites à la culture............................	25,000 "

M. le conseiller Hecquet prie M. le Chef du service des contributions de lui faire connaître à quel chiffre se sont élevées les demandes de fonds faites par les agriculteurs.

M. le Chef du service des contributions répond qu'elles ont dépassé de 3,000 fr. le crédit alloué.

M. le conseiller Covindassamynaïker demande que M. le Chef du service des contributions prenne des mesures pour que les avances soient faites non seulement aux propriétaires des champs, mais aussi à ceux des cultivateurs qui offriraient des garanties suffisantes pour le remboursement des fonds prêtés.

M. le Chef du service des contributions expose qu'il n'a jusqu'à présent reçu aucune plainte sur la répartition qui est faite des avances. Il prend toutefois note de l'observation de M. Covindassamynaïker pour y faire droit dans la mesure du règlement.

A reporter... 34,380

Report...	34,380
Produit des intérêts de 3 p. o/o du capital de 200,000 fr. prêté au mont-de-piété....	6,000 »
Produit de l'imprimerie................	3,300 »
	43,680 »

Article 7.— Cessions de magasin à divers.

Cessions faites à divers par les magasins de la colonie et ventes de divers objets appartenant au service local..................	4,000 »

Article 8. — Recettes des exercices clos.

Recettes des exercices clos (augmentation de 4,000 fr.)........................	11,000 »

Article 9.— Inscriptions de rentes sur l'Etat au profit de la colonie.

Montant de quatre inscriptions de rentes 4 1/2 p. o/o appartenant à la colonie.....	31,260 »

Article 10. — Recettes en atténuation de dépenses.

Recettes en atténuation des dépenses du service local (pour ordre)..............	»

CHAPITRE IIII. — RECETTES EXTRAORDINAIRES.

Prélèvement sur la caisse de réserve.....	»

M. le conseiller Cornet expose que le ministre de la marine ayant, par sa dépêche relative aux réclamations des sauniers, déclaré que le capital de 270,326 fr 87 c. réservé pour l'éventualité du rétablissement des salines, est devenu une propriété coloniale; il serait utile de voir, en établissant d'une manière bien exacte la situation de la caisse de réserve et en se rendant compte des ressources disponibles, s'il n'y aurait pas lieu de faire un nouveau placement en rentes sur l'État, afin de ne pas laisser des capitaux improductifs.

Le Conseil partageant cette opinion établit comme suit le bilan de la caisse de réserve au 30 juin 1873:

L'avoir de la caisse de réserve, d'après l'exposé des motifs lu par M l'Ordonnateur au Conseil local, était, au 30 juin 1873, de..........................		1,051,945f 10c
Il faut y ajouter la créance du mont-de-piété dont la colonie ne peut disposer actuellement, soit............................		200,000 00
Avoir total de la caisse de réserve......		1,251,945 00
Dont il faut déduire :		
1° Le prélèvement à faire pour aligner le budget de 1873, soit......	71,000f 00c	
2° Le dépôt des fonds destinés au rétablissement des salines.................	270,326 87	
		341,326 87
Reste...		910,618 23
Représentés en partie par :		
1° La créance du mont-de-piété......................	200,000f	
2° Les chiffres du placement en rentes 4 1/2 0/0 représentant au cours de 90 fr. un capital de.	625,200	
		825,200 00
Montant des fonds disponibles de la caisse de réserve..............................		85,418 23
En y ajoutant les fonds des salines, soit...		270,326 87
Le numéraire en caisse au 30 juin 1873 devait être de......................		355,745 10

Quelque satisfaisante que soit cette situation, **M. le conseiller Cornet** pense qu'il serait prudent, avant d'émettre un vœu au sujet d'un nouveau placement, d'attendre que tous les budgets soient discutés et d'établir le bilan de la caisse de réserve au 31 décembre en tenant compte des divers besoins qui se feront sentir pour l'exercice 1874.

Le Conseil adopte, à l'unanimité, cette proposition.

La séance est levée à sept heures du soir. Le Conseil

s'ajourne au 29 décembre, lundi, à 2 heures de l'après-midi.

Le Secrétaire,

H. LIAUTAUD.

Vu : *Le Gouverneur*,

Président,

FARON.

Séance du 29 décembre 1873.

L'an mil huit cent soixante-treize, le lundi, vingt-neuf décembre, à trois heures et demie de l'après-midi, le Conseil colonial s'est réuni au lieu ordinaire de ses délibérations.

Etaient présents :

MM. Faron, Commissaire général de la marine, Gouverneur ; Delrieu, Commissaire de la marine, Ordonnateur ; Champestève, Procureur général, *p. i.* ; Liautaud, Commissaire adjoint de la marine, Chef de service de Karikal, *p. i.* ;

G. Cornet, négociant ;
E. Hecquet, négociant ;
Ponnoutambypoullé, conseil agréé ;
Tambypoullé, conseil agréé ;
Covindassamynaïker, conseil agréé ;
Bandésaëb, commerçant ;
} conseillers élus.

M. le conseiller Chanémougavélayoudamodéliar s'est excusé de ne pouvoir assister à la réunion pour cause de maladie.

Sur l'invitation de M. le Gouverneur, le secrétaire donne lecture des procès verbaux des séances des 22, 23 et 24 décembre qui sont adoptés sans observations.

M. le Président dépose ensuite sur le bureau de l'assemblée sept pétitions adressées au Conseil.

N° 23. — 1° Par le nommé Balakrisnen-Ramassamy ;
N° 24. — 2° Par le nommé Issoupousaëb ;
N° 25. — 3° Par le nommé Ponnoussamy ;
N° 26. — 4° Par le nommé Coupoussamy ;
N° 27. — 5° Par le nommé Amourdoupayen ;
N° 28. — 6° Par le nommé Parochetty ;
N° 29. — 7° Par le nommé William de Colize

Ces documents sont renvoyés à l'examen de la commission des pétitions.

M. le Gouverneur croit devoir faire observer qu'il est devenu urgent de voter les budgets des dépenses de Pondichéry et des Dépendances, qui doivent, dès le début de l'exercice, assurer la marche de tous les services. Le Chef de la colonie ajoute qu'un trop long retard dans la notification des crédits qui seront alloués, créerait une situation très-gênante, surtout aux Etablissements secondaires les plus éloignés du Chef-lieu. Prenant, en outre, en considération qu'il reste un grand nombre d'affaires importantes à traiter avant le 10 janvier, date du terme des travaux du Conseil, il émet l'avis de renvoyer à l'ouverture de la prochaine session la discussion du projet de règlement intérieur.

M. le Procureur général pense aussi que ce règlement ne pouvant recevoir son application dans cette session déjà avancée, il vaudrait mieux en renvoyer la discussion à l'année prochaine, afin de ne pas s'exposer à laisser en souffrance quelques-unes des affaires sur lesquelles il reste encore à statuer.

M. le Gouverneur met aux voix l'ajournement de l'examen du projet de règlement intérieur.

M. le conseiller Hecquet vote pour le maintien de l'ordre du jour qui a été adopté à la précédente séance.

MM. Pounoutambypoullé, Covindassamynaïk, Tambypoullé, Cornet, Bandesaëb votent pour que la discussion du règlement ait lieu après l'examen des budgets des dépenses.

M. le Gouverneur vote pour le renvoi à l'année prochaine

M. l'Ordonnateur vote pour le renvoi de la discussion à la fin de cette session.

M. le Procureur général et M. le Chef de service de Karikal votent pour le renvoi à l'année prochaine.

Il est décidé, à la majorité de six voix contre quatre, que le projet de règlement sera examiné après les budgets des dépenses.

M. le conseiller Hecquet demande que cet examen ait lieu immédiatement après le vote des budgets des dépenses des Etablissements secondaires.

M. le Gouverneur propose, au contraire, de faire passer avant cet examen tous les budgets des dépenses, y compris celui de Pondichéry, et met aux voix cette motion.

MM. Hecquet et Ponnoutambypoullé votent pour que la discussion du règlement intérieur, précède l'examen du budget des dépenses de Pondichéry.

MM. le Gouverneur, l'Ordonnateur, le Procureur général, le Chef de service de Karikal, Cornet, Tambypoullé, Covindassamynaïker, et Bandésaëb votent pour la proposition faite par M. le Président.

En conséquence, le Conseil décide, à la majorité de huit voix contre deux, que le règlement sera discuté après le vote de tous les budgets des dépenses.

La séance est levée à six heures et demie. Le Conseil s'ajourne au lendemain, mardi, 30 décembre, à deux heures de l'après-midi.

Le Secrétaire,
H. Liautaud.

Vu : *Le Gouverneur*,
Président,
FARON.

Séance du 30 décembre 1873.

L'an mil huit cent soixante-treize, le mardi, trente décembre, à deux heures de l'après-midi, le Conseil colonial s'est réuni au lieu ordinaire de ses délibérations.

Etaient présents :

MM. Faron, Commissaire général de la marine, Gouverneur ; Delrieu, Commissaire de la marine, Ordonnateur ; Champestève, Procureur général, *p. i.* ; Liautaud, Commissaire adjoint de la marine, Chef de service de Karikal, *p. i* ;

G. Cornet, négociant ;
E. Hecquet, négociant ;
Ponnoutambypoullé, conseil agréé ;
Tambypoullé, conseil agréé ;
Bandésaëb, commerçant ;
} conseillers élus.

MM. les conseillers Chanemougavélayoudamodéliar et Covindassamynaïker, se sont excusés, par écrit, de ne pouvoir assister à la réunion, pour cause de maladie.

Sur l'invitation de M. le Gouverneur, le secrétaire donne lecture du procès-verbal du 29 décembre, qui est adopté sans observations.

MM. Sicé, Chef du service des contributions et Carriol, Ingénieur colonial sont introduits dans la salle des délibérations et prennent séance avec voix consultative.

Budget des dépenses du service local de Chandernagor.

M. le Gouverneur donne la parole à M. l'Ordonnateur pour la présentation du budget des dépenses de Chandernagor, exercice 1874.

M. l'Ordonnateur énumère comme ci-après les dépenses prévues au budget dont il s'agit.

SECTION 1re. — DÉPENSES OBLIGATOIRES.

Article 3. — Solde.

§ 1er Gouvernement colonial (même prévision qu'en 1873....................	1,590 00
§ 2. Justice :	
Tribunal de première instance (même prévision qu'en 1873................	4,050 00
Tribunal de paix (même prévision qu'en 1873..........................	2,270 00

Article 2. Accessoires de la solde.

Frais de conduite, vacations, frais de passage et voyage, etc..............................

M. l'Ordonnateur fait observer que la prévision portée en 1873 était de 200 fr. et que le Conseil local, par la raison que le personnel de la première section avait rarement droit à des frais de transport, l'a diminuée de 100 fr. et a reporté cette différence au même chapitre et au même article de la deuxième section.

Le Conseil colonial considérant qu'il s'agit de modifier le chiffre d'une dépense obligatoire

A reporter. 7,910 00

Report... 7,910 00

qui a déjà été adoptée dans la dernière session, et qu'on ne saurait diminuer sans s'exposer à entraver la marche du service et attendu d'ailleurs que les motifs invoqués par le Conseil local ne lui paraissant pas suffisants, puisque la dépense pourrait être plus forte à l'avenir, maintient l'allocation prévue au budget de 1873 pour les frais de conduite, vacations, frais de passage, de voyage, etc. etc....... 200 00

Total du chapitre premier............... 8,110 00

CHAPITRE II. — MATÉRIEL.

Article 1er. — Dettes exigibles.

1. Rentes sur les terrains cédés au Gouvernement...........................	12,994 00
2. Rente viagère due à Noboranic Dachie....	178 14
Total de l'article premier..............	13,172 14

Article 2. — Travaux et Approvisionnements.

Travaux des ponts et chaussées, salaires d'ouvriers et approvisionnement, (augmentation de 2,637 fr. 41 c., sur les prévisions de 1873).... 3,750 54

M. le Chef du service des ponts et chaussées explique, que l'augmentation de 2,637 fr. 41 c., est justifiée par l'urgence qu'il a constatée lors de son voyage au Bengale, de certains travaux de réparation à effectuer aui Tribunal de première instance et à la prison générale qu menacent ruine.

Le Conseil colonial adopte, à l'unanimité, les prévisions ci-dessus.

Article 3. — Loyers d'établissements........ 4,361 00

Mêmes dépenses qu'en 1873 pour la location de l'hôtel du Chef de service et du parquet du Procureur de la République.

Article 4. — Entretien des mobiliers, matériel des bureaux

1. Ameublement des fonctionnaires logés et meublés en nature (hôtel du Chef de service) même prévision qu'en 1873....... 800 00
2. Entretien du mobilier du bureau du Chef de service et des tribunaux.

M. l'Ordonnateur expose que la prévision, en 1873, pour cet article, était de 520 fr. et que le Conseil local l'a augmentée de 1,200 fr. demandés pour le renouvellement du mobilier du Tribunal de 1re instance et de 150 fr. pour l'entretien du mobilier du Tribunal de paix, du cabinet du juge et du parquet du Procureur de la République (50 fr. pour chaque mobilier), soit une prévision totale de 1,870 fr.

M. le Procureur général dit qu'ayant habité Chandernagor, il a pu juger de l'état du mobilier du Tribunal de 1re instance qui n'a probablement pas été remplacé depuis son passage, époque à laquelle il était déjà fort délabré. Il pense ainsi qu'il y a lieu d'accorder les 1,200 fr. demandés pour son renouvellement.

Le Conseil colonial trouvant que les suppléments de 100 fr. inscrits aux budgets antérieurs pour l'entretien du mobilier du Tribunal de paix, du cabinet du juge et du parquet du Procureur de la République sont suffisants, repousse l'augmentation de 50 fr. demandée pour chaque mobilier, mais il vote, à l'unanimité, la prévision de 1,200 fr. pour le renouvellement du mobilier du Tribunal de 1re instance. En conséquence, cette partie du budget est arrêtée comme suit :

A reporter. 800 00

Report...	800 00
2. Entretien du mobilier du bureau du Chef de service et des tribunaux.........	520 00
3. Renouvellement du mobilier du Tribunal de 1re instance (à titre exceptionnel).	1,200 00
Total de l'article IV..............	2,520 00

Article 5. — Frais de justice et de procédure 400 00
Comme en 1873.

Article 6. — Achat de livres pour la Cour et les tribunaux, frais de reliure (même prévision qu'en 1873.) 600 00

Article 7. — Dépenses pour les élections.

Frais de publication et d'impression des listes électorales et dépenses relatives à la tenue des sessions du Conseil local (même prévision qu'en 1873)........................ 500 00

Récapitulation du chapitre II.

Article	1er.	Dettes exigibles.............	13,172 14
—	2.	Travaux et approvisionnements	3,750 54
—	3.	Loyers d'établissement.......	4,361 00
—	4.	Entretien des mobiliers.......	2,520 00
—	5.	Frais de justice.............	400 00
—	6.	Achat de livres de droit......	600 00
—	7.	Dépenses pour les élections....	500 00
		Total...	25,303 68

Récapitulation générale.

Chapitre Ier. — Personnel..............	8,110 00
Chapitre II. — Matériel...............	25,303 68
	33,413 68

DEUXIÈME SECTION. — DÉPENSES FACULTATIVES.

Chapitre 1er. — Personnel.

Article 1er. — Solde.

§ 1er. Gouvernement colonial (même prévision qu'en 1873........................ 1,120 00

§ 2. Administration générale (diminution

de 2,300 fr. sur la prévision de 1873....... 3,340 00

M. l'Ordonnateur explique que les prévisions pour 1874 ont été diminuées de 2,700 fr. qui représentaient la solde du commis de marine Garand, admis à la retraite et qu'elles ont été augmentées de 400 fr. pour établir celle de l'écrivain du Contrôle attaché, depuis la suppression de ce service, au bureau de l'Administration.

M. l'Ordonnateur ajoute, qu'aucune prévision n'a été faite en 1874, pour le Contrôle, qui est aujourd'hui supprimé.

Service de santé (augmentation de 60 fr. pour le garçon pharmacien vaccinateur)..... 1,440 00

Le Conseil adopte l'augmentation.

Administrations financières. Contributions et Domaine (augmention de 1,000 fr. pour la solde d'un surveillant et percepteur de la régie des spiritueux et celle de 3 pions surveillants de ladite régie)........................... 11,236 00

Le Conseil vote l'augmentation de 1,000 fr. à titre conditionnel, pour le cas où le nouveau mode de droit sur la distillation et la vente du rhum et de l'arrack à Chandernagor, adopté par le Conseil local, viendrait à donner des résultats satisfaisants.

Poste aux lettres........................ 500 00

Total du § 2... 16,516 00

§ 4. Police civile (même prévision qu'en 1873)................................. 16,080 00

§ 5. Ponts et chaussées (même prévision qu'en 1873)............................. 9,237 00

§ 6. Instruction publique (même prévision qu'en 1873)............................ 12,800 00

Services spéciaux (augmentation de 300 fr. dont 100 fr. pour le concierge de la prison et 100 fr. pour chacun des deux guichetiers)... 1,300 00

Supplément pour fonctions spéciales (comme en 1873).............................. 1,025 00

RÉCAPITULATION.

1. Gouvernement colonial..............	4,120 00
2. Administration générale.............	16,510 00
4. Police civile........................	10,080 00
5. Ponts et chaussées.................	9,257 00
6. Instruction publique................	12,800 00
7. Services spéciaux	1,300 00
9. Suppléments pour fonctions spéciales..	1,025 00
Total de l'article 1er : Solde, chapitre 1er, personnel, dépenses facultatives...............	58,098 00

Article 2. — Accessoires de la solde.

Frais de conduite, vacations, frais de passage, de voyage, indemnité de lit de bord........	300 00

Le Conseil local de Chandernagor avait porté cette prévision à 400 fr. mais le Conseil colonial, par suite du vote émis au sujet du même article du chapitre 1er de la 1re section, rétablit la prévision de 300 fr. faite en 1873.

RÉCAPITULATION.

Article 1er. Solde....................	58,098 00
Article 2. Accessoires................	300 00
Total du chapitre 1er. Personnel des dépenses facultatives.........................	58,398 00

CHAPITRE II. — MATÉRIEL.

Article 1er. Travaux et approvisionnements.

Le Conseil colonial déduisant de la prévision portée pour l'année dernière, soit fr.......	23,613 41
La somme prévue en moins pour l'année 1874, soit fr.....	4,363 95
	19,249 46
Et ajoutant à ce reste pour le mur de soutènement du chemin d'Hattecolla................	12,122 37

Fixe la prévision pour les travaux des ponts et chaussées, etc à..........................	31,371 83
Salaires d'ouvriers autres que ceux des ponts et chaussées..........................	150 00
Total de l'article 1er	31,521 83

Article 2.— Entretien des mobiliers, matériel des bureaux (même prévision qu'en 1873).............. 670 »

Article 3. — Achats de terrains et loyers d'établissements.

M. l'Ordonnateur expose que les prévisions pour 1874 ont été diminuées des 400 fr. affectés au loyer du bureau du Contrôle et augmenté par le Conseil local de 300 fr., pour le loyer de la pharmacie, ce qui reporterait la prévision à inscrire à 1,100 fr.

Le Conseil colonial estimant qu'une augmentation de 100 fr. au supplément de 200 fr. déjà accordé antérieurement pour le loyer de la pharmacie est suffisante, vote dans ce sens et fixe le chiffre pour :

Achats de terrains et loyers d'établissements. 900 »

Article 4.— Frais de transport par terre et par eau (comme en 1873)....................... 150 »

Article 5.—Matériel des prisons (comme en 1873).............................. 2,280 »

Article 7.— Secours, dotations, bourses, dépenses diverses, subventions.

1° Pensions et secours à divers........... 548 »

M. l'Ordonnateur expose que la prévision de l'année dernière à ce titre n'était que de 521 fr. 86 c. et que le Conseil local a augmenté de 26 fr. 14 c. le chiffre des

A reporter... 548

Report... 518 00

secours éventuels, pour le porter à 201 fr. qui est celui accordé aux autres Dépendances.

Cette augmentation est accordée.

2° Subvention au service municipal....... 11,459 13

M. l'Ordonnateur fait observer que conformément au vote émis par le Conseil colonial lors de la discussion du budget municipal, la subvention à accorder à ce service est de 11,459 fr. 13 c. pour les dépenses ci-aprè :

En représentation des loyers et de l'entretien du local des sœurs..........	1,200f »c
Secours au Comité de bienfaisance (chiffre de 1873 maintenu)....................	3,090 »
Dotation à la fabrique (prévision de 1873)...............	1,763 »
Somme nécessaire pour aligner le budget des dépenses...	5,406 13
Total égal......	11,459 13

Le Conseil adopte la prévision de 11,459f 13c.

Dépenses diverses :

Frais d'impression, de reliure, affiches, abonnements aux journaux, ports de lettres........ 1,200 »

M. l'Ordonnateur expose que cette prévision comprend une augmentation de 200 fr. en raison de l'insuffisance du crédit alloué les années précédentes pour les frais d'impression et de reliure.

Le Conseil colonial vote l'augmentation de 200 fr.

A reporter... 1,200 »

Report...	1,200 "	
Eclairage des établissements publics et des postes..........	600 "	
Frais relatifs au recouvrement, des impôts, dégrèvements.....	802 "	
Achat de médicaments et entretien d'une caisse de chirurgie.		
M. l'Ordonnateur expose que la prévision à ce titre pour 1873 n'était que de 700 fr. et que le Conseil local l'a portée à 1,200 fr.		
Le Conseil colonial pense qu'une augmentation de 150 fr. est suffisante et fixe, en conséquence, la somme destinée à l'achat des médicaments et à l'entretien d'une caisse de chirurgie à.......	850 "	
Achat et entretien du matériel de laboratoire..............	150 "	
Total des dépenses diverses............		3,602 "
Total de l'article 7 (secours, dotations, etc).		15,609 13
Dépenses éventuelles (même prévision qu'en 1873)...........................		1,200 "

RÉCAPITULATION.

Article 1.	Travaux et Approvisionnements..	31,521 83
2.	Entretien des mobiliers.........	670 "
3.	Achat de terrains et loyers d'établissements................	900 "
4.	Frais de transport.............	180 "
5.	Matériel des prisons............	2,250 "
7.	Secours, dotations, etc., etc.....	15,609 13
8.	Dépenses éventuelles...........	1,200 "
Total du chapitre 2 (matériel, dépenses facultatives)........................		52,300 96

RÉCAPITULATION GÉNÉRALE.

1° Dépenses obligatoires.

Chapitre Ier — Personnel..	8,110 "	
Chapitre II. — Matériel...	25,303 68	
		33,413 68

2° Dépenses facultatives.

Chapitre Ier. — Personnel..	58,398 "	
Chapitre II. — Matériel....	52,300 96	
		110,698 96
Total général du budget....		144,112 64

Le Conseil, à l'unanimité, arrête le budget général des dépenses de l'Etablissement de Chandernagor à la somme totale de *cent quarante-quatre mille cent douze francs soixante-quatre centimes.*

La séance est levée à 7 heures du soir.

Le Conseil s'ajourne au lendemain, mercredi, 31 décembre, à 2 heures de l'après-midi.

Le Secrétaire,
H. LIAUTAUD.

Vu : *Le Gouverneur*
Président,
FARON.

Séance du 31 décembre 1873.

L'an mil huit cent soixante-treize, le mercredi trente-et-un décembre, à deux heures de l'après-midi, le Conseil colonial s'est réuni au lieu ordinaire de ses délibérations.

Etaient présents :

MM. Faron, Commissaire général de la marine, Gouverneur ; Delrieu, Commissaire de la marine, Ordonnateur; Champestève, Procureur général, *p. i.* ; Liautaud, Commissaire adjoint de la marine, Chef de service de Karikal, *p. i.* ;

G. Cornet, négociant; E. Hecquet, négociant; Ponnoutambypoullé conseil agréé; Tambypoullé, conseil agréé; Covindassamynaïker, conseil agréé; Bandesaëb, commerçant;	conseillers élus

M. le conseiller Chanemougavélayoudamodélyar s'est excusé de ne pouvoir assister à la réunion pour cause de maladie.

Sur l'invitation de M. le Gouverneur, le secrétaire donne lecture du procès-verbal de la séance du trente décembre qui est adopté sans observations.

MM. Carriol, ingénieur colonial et Sicé, Chef du service des contributions sont introduits dans la salle des délibérations et prennent séance avec voix consultative.

Examen du budget des dépenses de Yanaon.

La parole est donnée à M. l'Ordonnateur pour la présentation du budget des dépenses du service local de Yanaon, exercice 1873. **M. l'Ordonnateur** indique successivement comme suit, les prévisions inscrites à ce budget.

PREMIÈRE SECTION. — DÉPENSES OBLIGATOIRES.

CHAPITRE 1er. — PERSONNEL.

Article 1er — Solde.

§ 1er.	Gouvernement colonial (même prévision qu'en 1873)	830 00
§ 2.	Justice (même prévision qu'en 1873)	1,520 00
	Total de l'article 1er : solde	2,350 00

Article 2. Accessoires de la solde (frais de conduite vacations, etc). 100 00

Ces chiffres sont adoptés sans observations.

CHAPITRE II. MATÉRIEL.

ART.	1er	Dettes et prestations...	//
—	2.	Travaux et approvisionnements...........	//
—	3.	Loyers d'établissements (comme en 1873)....	2,136 00
—	4.	Entretien des mobiliers, matériel des bureaux (sans modification)..	690 00
—	5.	Frais de justice et de procédure (sans modification)..........	100 00
—	6.	Achat de livres pour la Cour et les Tribunaux	*mémoire*
—	7.	Dépenses pour les élections (comme en 1873)	100 00

Le Conseil colonial adopte sans observations les diverses prévisions de dépenses détaillées ci-dessus.

RÉCAPITULATION : DÉPENSES OBLIGATOIRES.

CHAPITRE 1er. — PERSONNEL.

ART.	1er	Solde................	2,350 00
—	2.	Accessoires de la solde.	100 00
Total du chapitre 1er...........			2,450 00

CHAPITRE. II. — MATÉRIEL.

ART.	1er	Dettes et prestations...	//
—	2.	Travaux et approvisionnements...........	//

— 3.	Loyers d'établissements	2,136 00
— 4.	Entretien des mobiliers et matériel des bureaux.............	690 00
— 5.	Frais de justice et de procédure.........	
— 6.	Achat de livres pour la Cour et les tribunaux.	//
— 7.	Dépenses pour les élections..............	100 40
		3,026 00

RÉCAPITULATION

Chapitre 1er. — Personnel...........	2,450
Chapitre II. — Matériel..............	3,026
Total de la 1re Section : Dépenses obligatoires..........................	5,476

DEUXIÈME SECTION. — DÉPENSES FACULTATIVES.

CHAPITRE 1er. — PERSONNEL

Article 1er. — Solde.

§ 1er. Gouvernement colonial (même prévision qu'en 1873)................. 820

§ 2. Administration générale:

Commissariat de la marine (comme en 1873)............................ 220

Service de santé................... 1,145

Cette prévision comparée à celle de 1873 comprend une augmentation de 50 fr. destinée à porter la solde du mestry placé sous les ordres de l'officier de santé, de 200 à 250 fr.

Le Conseil colonial accepte cette augmentation

Administrations financières. Contributions et domaines.................. 5,905

A reporter... 8,090

Report... 8,090

Cette prévision comprend une augmentation de 50 fr. à répartir entre les cinq pions du domaine qui font un service très-actif

Le Conseil colonial vote cette augmentation.

Poste aux lettres (même prévision qu'en 1873)........................... 240

§ 4. Police civile.................... 3,790

Cette prévision comprend une augmentation de 170 fr. à accorder au chef pion dont la solde n'est que de 230 fr. et qui compte 27 ans de bons services.

Le Conseil adopte l'augmentation proposée.

§ 6. Instruction publique........... 7,265

Augmentation de 1,300 fr. sur le chiffre de 1873. Cette prévision est inscrite d'office et a été votée par le Conseil d'administration.

§ 7. Services spéciaux................ 630

Augmentation de 130 fr. répartie comme suit : 30 fr. pour le concierge de la prison dont la solde n'était que 220 fr. et 100 fr. pour l'officier de l'état-civil indien qui ne touchait que 250 fr.

L'augmentation de 130 fr. est accordée.

Total de l'article premier............. 20,015

Article 2. *Accessoires de la solde*.... 250

CHAPITRE II. — MATÉRIEL.

Article 1er. *Travaux et approvisionnements*............................ 6,000

Diminution de 5,608 fr. sur cette prévision de 6,000 fr., 400 fr. sont réservés pour les dépenses afférentes au culte et à l'instruction publique et 5,600 fr. pour celles du service local.

M. le Gouverneur fait observer que dans le plan de campagne soumis au Conseil local de Yanaon, avait été comprise à tort une prévision de 120 fr. pour les réparations du cimetière qui concernent le culte et que, par suite, il y a eu lieu de rectifier cette erreur.

M. l'Ingénieur colonial expose que dans le plan de campagne, il n'est prévu pour les travaux en faveur de l'agriculture qu'une somme de 100 fr. qui est tout à fait insuffisante et propose de l'augmenter de 200 fr. en diminuant d'autant la prévision inscrite pour l'empierrement des rues.

Le Conseil adopte cette proposition.

Entretien des mobiliers, matériel des divers bureaux........................ 455

Dans cette somme de 455 fr. se trouve compris un chiffre de 100 fr. pour l'instruction publique sur lequel le Conseil n'a pas eu à statuer.

Article 3. Achat de terrains et loyers d'établissements y compris 119 fr. pour l'instruction publique................ 564

Cette prévision comprend une augmentation de 51 fr. pour permettre à l'officier de santé d'affecter à la pharmacie un local plus vaste, ce qui porterait le loyer de cet établissement à 200 fr. au lieu de 149 fr. par an alloués en 1873.

Article 4. Frais de transport (comme en 1873)............... 100f

— *5. Matériel des prisons* (comme en 1873).............. 300

Article 7. — Secours, dotations, bourses, dépenses diverses, subventions, etc.

1. Pensions et secours (comme en 1873		962
2. Subventions et dotations aux cultes et à l'instruction publique, au bureau de bienfaisance		2,200
3. Dépenses diverses (comme en 1873)		550
Frais relatifs au recouvrement des impôts, dégrèvements :		
Dégrèvements de contributions et autres droits	1,000	
M. le Chef du service des contributions fait remarquer qu'il n'a été prévu jusqu'à présent à ce titre qu'une somme de 20 fr. mais que par suite des ventes de terres domaniales faites récemment, les dégrèvements pourraient prendre de l'importance.		
Le Conseil prenant en considération les motifs donnés par M. le Chef du service des contributions, inscrit au budget une somme de 1,000 francs.		
Restitutions d'amendes et de droits indûment perçus	5	
Frais de poursuites	20	
A reporter	1,025	3,712

Report..	1,025	3,712	
Valeur de 12 garses 1/2 de sel.........	324		
Frais de transport du sel.............	143		
Remise pour la vente des timbres-poste..............	2		
Acquisition d'uniformes pour les pions de police..........	"		
Cette prévision disparait, la première dépense ayant été faite en 1873............		1,494	
Maison de santé et achat de médicaments..............		396	5,602

Article 8.— *Dépenses éventuelles* (comme en 1873)........................... 700

RÉCAPITULATION : DÉPENSES FACULTATIVES.

Chapitre 1er. Article 1er : solde....	20,015
Chapitre II. Accessoires de la solde.	250
	20,265

CHAPITRE II. — MATÉRIEL.

Art. 1er. Travaux et approvisionnements................	6,000
— 2. Entretien des mobiliers et matériel de divers bureaux................	455
— 3. Achat de terrain et loyers d'établissements......	564
— 4. Frais de transport........	100
— 5. Matériel des prisons......	300
A reporter...	7,419

	Report...	7,419
— 7. Secours, dotations, bourses, dépenses diverses		5,602
— 8. Dépenses éventuelles......		700
		13,721

RÉCAPITULATION GÉNÉRALE.

1° Dépenses obligatoires.

Chapitre 1er. Personnel ..	2,450	
Chapitre 2. Matériel....	3,026	
		5,476

2. Dépenses facultatives.

Chapitre 1er. Personnel..	20,265	
Chapitre 2. Matériel...	13,721	
		33,986
Total général du budget		39,462

Le Conseil colonial arrête, en conséquence, au chiffre total de *trente-neuf mille quatre cent soixante-deux francs* le budget des dépenses de l'Etablissement de Yanaon, exercice 1874.

Examen du budget des dépenses de Mahé.

M. l'Ordonnateur soumet ensuite au Conseil le budget des dépenses du service local de Mahé, exercice 1874.

PREMIÈRE SECTION.— DÉPENSES OBLIGATOIRES

CHAPITRE 1er. — PERSONNEL.

Article 1er. — Solde.

§ 1er. Gouvernement colonial (comme en 1873)................	510
§ 2. Justice.......................	965
Total de l'article premier...	1,475
Article 2.— Accessoires de la solde	50

CHAPITRE II. — MATÉRIEL.

Article 1er. — Dettes exigibles....	*mémoire.*
Article 2. — Travaux et approvisionnements.......	928 82

Augmentation de 303 fr. 07 c. sur la prévision de l'année dernière, pour permettre de faire les réparations urgentes à la charpente de la galerie conduisant à la cuisine de l'hôtel du Chef de service.

L'augmentation est acceptée par le Conseil colonial.

Art. 3. Loyers d'établissements (comme en 1873).....	468 38
— 4. Entretien des mobiliers, matériel des bureaux..	850 00
— 5. Frais de justice et de procédure...............	100 00
— 6. Achat de livre pour la Cour et les tribunaux..	*mémoire*
— 7. Dépenses pour les élections...............	150 00

RÉCAPITULATION

CHAPITRE 1er. — PERSONNEL.

Article 1er. — Solde............	1,475 00
Article 2. — Accessoires de la solde..........	50 00
	1,525 00

CHAPITRE II. — MATÉREL.

Art. 1er Dettes exigibles........	//
— 2. Travaux et approvisionnements................	928 82
— 3. Loyers d'établisssements.	648 38
— 4. Entretien des mobiliers, etc	850 00
A reporter...	2,427 20

	Report...	2,427 20
— 5.	Frais de justice.........	100 00
— 6.	Achat de livres.........	〃
— 7.	Dépenses pour les élections	150 00
		2,677 20

DEUXIÈME SECTION: DÉPENSES FACULTATIVES.

CHAPITRE 1er. — PERSONNEL.

Article 1er. — Solde.

§ 1er. Gouvernement colonial... 820 00

Augmentation de 170 fr. pour le payement d'un pion allumeur devenu nécessaire pour soigner spécialement les lampes de l'hôtel du Chef de service.

Le Conseil vote l'augmentation proposée.

§ 2. Administration générale :

Commissariat de la marine (sans modification)................... 1,370 00

Service des ports.............. 1,310 00

Cette prévision comprend une augmentation de 100 fr. pour l'écrivain du port qui compte 23 ans de service et qui a été recommandé par tous les Chefs de service qui se sont succédé à Mahé.

Le Conseil colonial vote les 100 fr. d'augmentation.

Service de santé (sans modification) 1,090 00

Contribution et Domaine (sans modification..................... 6,180 00

Poste aux lettres (comme en 1873). 140 00

§ 4. Police civile (comme en 1873). 4,590 00

§ 6. Instruction publique....... 2,870 00

La prévision dont il s'agit a été votée en Conseil d'administration et est inscrite d'office au budget.

§ 7. Services spéciaux sans (augmentation)........................ 992 00

Art. 2. Accessoires de la solde (sans augmentation).............. 450 00

CHAPITRE II. — MATÉRIEL.

Art. 1er. Travaux et approvisionnements........ .... 7,268 21

Dans cette somme se trouve comprise pour les dépenses des travaux relatifs aux cultes et à l'instruction publique une somme de...........	916 76
plus une prévision de.... pour l'achat des matériaux et approvisionnements nécessaires pour recouvrir les divers établissements publics ce qui laisse pour les travaux ordinaires....	4,000 00
	2,351 45
Total égal....	7,268 21

Art. 2. Entretien des mobiliers, matériel des divers bureaux (comme en 1873).. 800 00

— 3. Achat de terrains et loyers d'établissement........ 788 38

— 4. Frais de transport par terre et par eau............ 100 00

— 5. Matériel des prisons...... 800 00

— 7. Secours, dotations, bourses, dépenses

diverses, pensions et secours........	734 00	

Cette prévision comprend une augmentation de 74 fr. provenant de l'inscription d'un nouveau pensionnaire.

Subvention et dotation aux cultes, à l'entretien publique, au bureau de bienfaisance (prévision inscrite d'office).	1,650f	
Dépenses diverses..........	5,038	
		7,422f
Article 8. — Dépenses éventuelles.....		200

RÉCAPITULATION.

Article 1er. — Solde.

Gouvernement colonial.....		820	
Administration générale:			
Commissariat de la marine..........	1,370		
Service des ports....	1,310		
Service de santé....	1,090		
Contributions et domaine...........	6,180		
Poste aux lettres....	140		
		10,090	
Police civile................		4,590	
Instruction publique........		2,870	
Services spéciaux..........		992	
Article 2. — Accessoires de la solde.			450
Total du chapitre 1er.			19,812

RÉCAPITULATION DU CHAPITRE II. — MATÉRIEL.

Art. 1er.	Travaux et approvisonnements	7,268f 21c
— 2.	Entretien des mobiliers et matériel des divers bureaux	500 00
— 3.	Achat de terrains et loyers d'établissements	788 38
— 4.	Frais de transport par terre et par eau	100 00
— 5.	Matériel des prisons	500 00
— 7.	Secours, dotations, bourses, dépenses diverses	7,422 00
— 8.	Dépenses éventuelles	200 00
		16,778 59

RÉCAPITULATION GÉNÉRALE.

1° Dépenses obligatoires.

Chapitre Ier. Personnel	1,525f 00c	
Chapitre II. Matériel.	2,677 20	
		4,202 20

2° Dépenses facultatives.

Chapitre Ier. Personnel	19,812 00	
Chapitre II. Matériel.	16,778 59	
		36,590 59
Total général du budget		40,792 79

Le Conseil colonial arrête, en conséquence, à la somme de *quarante mille sept cent quatre-vingt-douze francs, soixante-dix-neuf centimes* le budget des dépenses de l'Etablissement de Mahé, exercice 1874.

La séance est levée à 5 heures 1/2 du soir.
Le Conseil s'ajourne à vendredi 2 janvier 1874.

Le Secrétaire,
H. LIAUTAUD.

Vu : *Le Gouverneur,*
Président,
FARON.

Séance du 2 janvier 1874.

L'an mil huit cent soixante-quatorze, le deux janvier, à deux heures de l'après-midi, le Conseil colonial s'est réuni au lieu ordinaire de ses délibérations.

Etaient présents :

MM. Faron, Commissaire général de la marine, Gouverneur; Delrieu, Commissaire de la marine, Ordonnateur; Champestève, Procureur général, *p. i.*; Liautaud, Commissaire adjoint de la marine, Chef de service de Karikal, *p. i.*;

G. Cornet, négociant;	conseillers élus.
E. Hecquet, négociant;	
Ponnoutambypoullé, conseil agréé;	
Tambypoullé, conseil agréé;	
Covindassaminaïker, conseil agréé;	
Bandésaëb, commerçant;	

M. le conseiller Chanemougavélayoudamodélyar, s'est excusé de ne pouvoir assister à la réunion.

Sur l'invitation de M. le Président, le secrétaire donne lecture du procès-verbal de la séance du 31 décembre qui est adopté sans observations.

MM. Carriol, Chef du service des ponts et chaussées et Sicé, Chef du service des contributions, sont introduits dans la salle des délibérations et prennent séance avec voix consultative.

Examen du budget des dépenses de Karikal.

La parole est donnée à M. l'Ordonnateur pour la présentation du budget des dépenses du service local de l'Etablissement de Karikal, exercice 1874.

Lecture est donnée de l'exposé des motifs présenté par

le Chef de service de Karikal, au Conseil local, ainsi que des procès-verbaux des séances, dans lesquelles cette assemblée a examiné le budget des dépenses **M. l'Ordonnateur** en énumère ensuite, comme suit, les prévisions :

PREMIÈRE SECTION : DÉPENSES OBLIGATOIRES.

CHAPITRE Ier. — PERSONNEL.

Article 1er. — Solde.

§ 1er. Gouvernement colonial. 1,847

Cette prévision présente une augmentation de 100 fr. sur celle de l'année dernière pour porter à 1,200 fr. la solde de l'interprète du Chef de service, qui remplit en même temps les fonctions de secrétaire.

M. le Chef de service de Karikal insiste auprès du Conseil pour que cette augmentation soit accordée, au moins à titre d'encouragement, à un employé qui s'en rend digne à tous égards par son zèle et son travail.

Le Conseil, à l'unanimité, vote l'augmentation de 100 fr.

§ 2. Justice (sans modification.) 5,484

Art 2.—Accessoires de la solde. 150

Total du Chapitre 1er : Personnel, dépenses obligatoires......... 7,481

CHAPITRE II : MATÉRIEL.

Art. 1er. — Dettes exigibles........ *Mémoire.*

La prestation de 500 fr. inscrite, l'année dernière, en faveur de la famille Louis-Babou Prégassin, a été portée, suivant les prescriptions ministérielles, à la 2e section, dépenses facultatives.

Art. 2.— Travaux et Approvisionnements (comme en 1873)............... 550

Art. 3. — Loyers d'établissements... 1,594

Art. 4.— Entretien des mobiliers, matériel............................ 1,410

Art. 5.— Frais de justice et de procédure (comme en 1873).................... 600

M. le Procureur général fait observer que cette prévision a été dépassée, l'année dernière, de 200 à 300 fr. Il pense qu'il serait utile de l'augmenter.

Le Conseil, considérant que la prévision de 600 fr. a été inscrite d'après une moyenne quinquennale, la maintient, quant à présent, en se réservant de faire droit, s'il y a lieu, à la demande de M. le Procureur général, l'année prochaine, après renseignements pris.

Art. 6. — Achat de livres (même prévision qu'en 1873)...................... 600

Art. 7. — Dépenses pour les élections. 1,000

RÉCAPITULATION.

Article 1er.	— Dettes exigibles.......	"
— 2.	— Travaux et approvisionnements...........	550
— 3.	— Loyers d'établissements.	1,594
— 4.	— Entretien des mobiliers..	1,410
— 5.	— Frais de justice et de procédure.............	600
— 6.	— Achat de livres pour les Tribunaux..........	600
— 7.	— Dépenses pour les élections................	1,000
		5,754

DEUXIÈME SECTION : DÉPENSES FACULTATIVES.

CHAPITRE 1er. — PERSONNEL.

Article 1er. — Solde.

§ 1er. Gouvernement colonial (comme en 1873)............................ 1,025

§ 2. Administration générale :

Commissariat de la marine..	3,421

Cette prévision présente une augmentation de 75 fr. destinée à donner un supplément à un écrivain provenant du Contrôle et attaché aux détails administratifs en remplacement d'un écrivain de l'Administration parti pour Saïgon, qui ne jouissait que d'une solde de 425 fr.

Le Conseil colonial vote l'augmentation de 75 francs.

Service des ports (comme en 1873........................	3,900
Service de santé............	3,245

Augmentation de 60 fr. proposée en faveur du cuisinier qui ne touchait que 60 fr. par an.

L'augmentation de 60 fr. est accordée.

Administrations financières. Contributions et domaine......	13,635

Augmentation de 50 fr. pour le chef pion qui compte 28 ans de service.

Service des aldées..........	13,910

Augmentation de 500 fr. soit 50 fr. pour chacun des deux gomastas et de 20 fr. pour chacun des 20 taléarys.

Ces augmentations sont acceptées par le Conseil colonial.

Service des régies (comme en 1873)......................	10,529	
Frais de perception des droits de mesurage sur les grains destinés à l'exportation	600	
Poste aux lettres............	780	
		50,020

§ 4. Police civile.................. 19,620

Cette prévision comprend une augmentation de 100 fr. en faveur du commissaire de police.

Le Conseil colonial vote cette augmentation.

M. le Chef de service de Karikal rappelle le vœu émis par le Conseil local de l'Etablissement dans la précédente session, vœu qui avait pour but de faire porter de 71 à 80 l'effectif des gardes de police et de les faire armer de fusils et de sabres. Il ajoute qu'il a pu se convaincre combien le service dont il s'agit laissait à désirer, surtout par l'insuffisance du personnel, qui n'est en rapport ni avec le chiffre de la population ni avec l'étendue du territoire. Il fait observer que Chandernagor, dont le territoire n'est que de 1,000 hectares et la population de 25,000 âmes, possède un corps de police composé de 55 gardes, tandis que Karikal, n'en a que 71 pour une population d'environ 100,000 âmes répartie sur 14,000 hectares. Il résulte de la comparaison de ces chiffres, dit M. le Chef de service, que les agents de la force publique ne sont pas répartis proportionnellement à l'importance des localités. Il se joint aux élus du pays pour prier M. le Gouverneur et MM. les conseillers coloniaux, de vouloir bien accorder les fonds nécessaires pour réorganiser le service important de la police avec un personnel suffisant, afin de rassurer la population souvent en émoi, à la suite des nombreux vols qui restent le plus souvent impunis.

M. le Gouverneur fait observer que le vœu du Conseil local de Karikal nécessite une étude approfondie, puisqu'il s'agit de réorganiser un service important et de l'assurer pour l'avenir d'une manière complète. Aussi l'Administration ne peut-elle, quant à présent, que prendre acte de ce vœu. Il invitera d'ailleurs le nouveau Chef de service titulaire de Karikal qui doit arriver dans quelques jours, à y donner suite, dès cette année, et à lui adresser un rapport détaillé sur cette question.

Le Conseil colonial, en présence des déclarations de M. le Gouverneur, renvoie à l'année prochaine la discussion sur ce point.

§ 5. — Ponts et chaussées.......... 8,465

§ 6. — Instruction publique (comme en 1873)........................... 13,189

Augmentation de 1,688 fr. sur la prévision de l'année dernière. Le vote de cet article est réservé au Conseil d'administration.

§ 7. Services spéciaux............. 2,550

Cette prévision comprend une augmentation de 200 fr. pour solder un guichetier reconnu indispensable pour la prison de Karikal.

Le Conseil colonial vote l'augmentation.

§ 9. Supplément pour fonctions spéciales.

Supplément au commissaire d'émigration 1,000

Frais de bureau à l'officier chargé du service de la place... 40

——— 1,040

Cette prévision comprend une augmentation de 40 fr. représentant les frais de bureau de l'officier chargé du service de la place. Cette somme avait été omise au budget de 1873.

Le Conseil accepte l'augmentation de 40 francs.

Article. 2. — Accessoires de la solde (même prévision qu'en 1873)......... 2,850

RÉCAPITULATION DU CHAPITRE Ier : PERSONNEL.

§ 1er.	Gouvernement colonial.	1,025	
§ 2.	Administration générale	50,020	
§ 4.	Police civile..........	19,620	
§ 5.	Ponts et chaussées.....	8,465	
§ 6.	Instruction publique...	13,189	
§ 7.	Services spéciaux.....	2,550	
§ 9.	Supplément pour fonctions spéciales......	1,040	
	Total de l'art. 1er	——	95,909
Art. 2.— Accessoires de la solde......			2,850
	Total du Chapitre 1er : Personnel.		98,759

Chapitre II. — Matériel.

Article 1er. — Travaux et approvisionnements.

§ 1er. Travaux des ponts et chaussées, salaires d'ouvriers et approvisionnements.

M. l'Ordonnateur fait observer, que pour fixer la prévision à inscrire à l'article « Travaux et approvisionnements, » il serait nécessaire d'examiner préalablement le plan de campagne des travaux à exécuter à Karikal en 1874, plan pour lequel l'Administration avait demandé une somme de 60,213 fr. 21 c. que le Conseil local a portée à 70,068 fr. 21 c.

M. le Gouverneur croit utile de présenter, avant que le Conseil se livre à l'examen de ce plan de campagne, quelques considérations générales sur la nécessité d'apporter autant d'économie que possible dans les allocations à inscrire aux budgets. Les Etablissements secondaires ont une tendance bien naturelle à élever annuellement le chiffre des dépenses pour les divers travaux à exécuter. Tout en reconnaissant le but louable que se proposent les Conseils locaux, puisque certainement il y a encore un grand nombre d'améliorations désirables à apporter à l'état actuel des choses, le Gouverneur regarde comme un devoir de faire remarquer au Conseil colonial, qu'en accordant, chaque année, une augmentation notable de dépenses, on arriverait à créer pour la colonie une situation dangereuse, puisqu'on obligerait l'Administration à épuiser rapidement les ressources de la caisse de réserve, à laquelle il importerait de ne recourir que dans les circonstances extraordinaires.

M. le conseiller Cornet partage complètement l'opinion de M. le Gouverneur et fait observer que le chiffre du plan de campagne pour l'Etablissement de Karikal s'est sensiblement accru depuis quelque temps. Du taux de 40,000 fr. auquel on l'avait fixé pour 1871, il a été porté, en 1872, à 46,000 fr. et en 1873 à 61,000 fr. Si le Conseil accédait aux demandes qui lui sont faites actuellement, il faudrait l'élever à 70,000 fr. M. Cornet doute qu'il soit possible d'accepter ces augmentations successives et pense qu'il faudrait arriver à ne pas dépasser pour cette Dépendance une moyenne de 45,000 fr. Il ajoute que, toutefois, on pourrait pendant 3 ou 4 ans, échelonner les travaux les plus urgents et allouer 60,000 fr. environ pour permettre à l'Etablissement de réaliser toutes les améliorations utiles. En dépassant ces limites on s'exposerait à se trouver dans l'impossibilité, à un moment donné, de venir en aide aux Dépendances dans un cas extraordinaire.

M. le conseiller Hecquet tout en partageant l'opinion émise par M. le conseiller Cornet qu'il serait prudent de maintenir dans une juste mesure les travaux à exécuter à Karikal, croit devoir faire remarquer que ce Comptoir a une superficie territoriale presque aussi grande que Pondichéry, que sa population est d'environ 100,000 âmes et que ses recettes ont constamment dépassé ses dépenses de 125 à 150 mille fr.

Il ajoute que la route côtière de l'aldée de Pouvon à celle de Vanjiour qui traverse la ville de Karikal, de même que celle qui passe par Tirnoular, sont des voies très-importantes, par où passent de nombreux voyageurs et tous les transports de marchandises qui alimentent le commerce de ce port.

En dehors de l'empierrement de ces grandes artères et de leur entretien en bon état, il est indispensable de venir en aide aux agriculteurs de Karikal. Les travaux pour les irrigations ont été insuffisants jusqu'en 1872. Dans ce Comptoir, il n'y a ni réservoir ni sources pour faciliter la culture de riz comme à Pondichéry et le résultat des récoltes dépend entièrement de la régularité des inondations.

Les routes si nécessaires au commerce, les travaux d'irrigation indispensables à l'agriculture de Karikal, réclament de grands sacrifices de la colonie et M. le conseiller Hecquet aime à croire que le Conseil ne refusera pas les crédits nécessaires pour réparer l'insuffisance de fonds dont cet Etablissement a longtemps souffert.

Les fonds votés pour les travaux publics de Karikal durant les dernières années étaient, en moyenne, de 42,000 fr. par an. L'an passé le Conseil a voté avec raison une somme de 60,000 fr. M. Hecquet le prie de maintenir à peu près cette limite, jusqu'à ce que les travaux urgents de ce Comptoir soient achevés.

M. le Gouverneur répond que M. le conseiller Cornet, dont les observations lui paraissent très-sages, le Conseil colonial tout entier et lui-même, comme Chef de la colonie, ne portent pas un intérêt moins vif que M. Hecquet à l'Etablissement de Karikal. Tous ici, ajoute le Gouverneur, nous avons un égal désir de venir en aide aux Dépendances; nous leur en avons déjà donné la preuve l'année dernière et nous la leur donnerons encore dans cette session; mais nous avons aussi pour devoir impérieux de ne pas élever les budgets au delà des ressources disponibles et, quel qu'en soit notre regret, nous ne pouvons dès lors accueillir toutes les demandes qui nous sont faites. En ce qui concerne spécialement Karikal, je reconnais que cet Etablissement a beaucoup à faire pour améliorer l'état de ses routes et pour développer son commerce. Je suis donc disposé, non seulement à maintenir en 1874 le chiffre de 60,000 fr. voté en 1873, mais à l'élever même un peu, si le Conseil en reconnait la nécessité, après examen du plan de campagne.

Sur l'invitation de M. le Président, M. l'Ingénieur colonial donne ensuite lecture au Conseil du détail des travaux proposés par le conducteur chargé du service des ponts et chaussées de Karikal et qui se classe, ainsi qu'il suit, au plan de campagne de l'Etablissement pour 1874, savoir:

IIe SECTION. — DÉPENSES FACULTATIVES.

CHAPITRE 1er. — ENTRETIENS COURANTS.

Article 1er. — Edifices publics.. 2,975 00

M. l'Ordonnateur expose que les prévisions de dépenses qui précèdent, ont été acceptées par le Conseil local, qui a seulement demandé qu'au fur et à mesure que les carrelages des bâtiments publics seront à réparer, on les remplace par des carreaux de Singapore.

M. le Chef du service des ponts et chaussées ne voyant aucun inconvénient à cette substitution, le

Conseil colonial appuie le vœu du Conseil local de Karikal.

Article 2.

Travaux d'art, routes, rues et places de la ville, chaussées, ponts et ponceaux, terrassements des principaux cours d'eau de l'Etablissement, piquetages de l'estacade et des digues de l'Arselar, plantations, etc.

Entretiens courants et grosses réparations.

M. l'Ordonnateur expose que le chiffre prévisé par l'Administration pour cet article s'élevait à 28,663 fr. 21 c. et que le Conseil local y a apporté diverses modifications. Cette assemblée n'a pas vu la nécessité de reconstruire (nº 27 du plan de campagne) entièrement l'intérieur du second puits du jardin de l'Etat et de le creuser plus profondément, attendu qu'il en existe un autre dans le même jardin et que les eaux de ces deux puits servent suffisamment à l'usage de la population. Elle a, en conséquence, pensé qu'il y avait lieu de supprimer la prévision de 300 fr. portée au plan de campagne.

Le Conseil colonial, consulté sur ce vœu du Conseil local, décide la suppression.

M. l'Ordonnateur ajoute que le Conseil local a, en outre, demandé la consolidation de la digue sud, en amont du pont de la rivière Arselar, et a émis le vœu que la prévision de 950 fr. inscrite au plan de campagne soit augmentée de 1,200 fr.

M. le Chef de service de Karikal appuie la demande d'augmentation de crédit pour ce travail et expose que cette consolidation est de la dernière urgence.

M. l'Ingénieur colonial ne croit pas que le travail dont il s'agit ait une utilité aussi grande que semble le croire le Conseil local de Karikal, il pense que les travaux d'entretien ordinaire faits à la digue nord en aval et à la digue sud en amont pour lesquels il est prévisé une somme de 950 fr. sont suffisants pour sauvegarder tous les intérêts.

Le Conseil colonial à défaut d'explications suffisantes, sur l'urgence du travail demandé par le Conseil local de Karikal, renvoie l'étude de cette question à l'année prochaine et maintient, quant à présent, la prévision de 950 fr. proposée par l'Administration.

A cette occasion, **M. le conseiller Hecquet** demande où en est la question de l'asainissement de l'ancien lit de la rivière Arsclar, que le Conseil local de Karikal avait vivement réclamé l'an passé.

M. l'Ingénieur colonial répond que le conducteur délégué à Karikal a été chargé de préparer un travail à ce sujet, mais que ses nombreuses occupations ne lui ont pas permis de s'en occuper cette année.

M. le Gouverneur recommande à M. l'Ingénieur colonial de faire activer l'étude de cette question pour que les Conseils puissent en être saisis lors de la prochaine session.

Par suite des votes émis par le Conseil colonial, la prévision pour l'entretien et les grosses réparations des travaux d'art, routes, rues, etc., est définitivement fixée à la somme de 28,363 fr. 61 c.

Avant de passer à l'examen du chapitre II, **M. le conseiller Hecquet** émet le vœu que les routes de l'Etablissement de Karikal, au lieu d'être macadamisées avec des briques qui sont très-friables, soient rechargées avec des pierrailles de Tanjore qui, en assurant une plus grande solidité au sol, nécessiteraient des réparations moins fréquentes.

M. l'Ingénieur colonial expose que le service des ponts et chaussées à Karikal fait tous les efforts possibles pour obtenir une plus grande quantité de pierrailles de Tanjore, mais qu'il ne réussit pas toujours à s'en procurer, les entrepreneurs manquant souvent à leurs engagements.

M. le Gouverneur, en vue de faire droit, dans la mesure possible, à la demande de M. le conseiller Hecquet, recommande à M. l'ingénieur colonial de donner à son délégué à Karikal des instructions pour que toutes les facilités désirables soient accordées aux entrepreneurs chargés de la fourniture et du transport des pierrailles de Tanjore dont l'emploi sur les routes est reconnu préférable à celui des briques de la localité, qui ne paraissent offrir aucune condition de résistance et de durée.

CHAPITRE II. — TRAVAUX NEUFS.

Article 1er. — Edifices publics.

M. l'Ordonnateur expose que l'Administration n'avait prévu pour l'article 1er du chapitre III qu'une somme de 1,100 fr. et que le Conseil local y a ajouté un chiffre de 4,000 fr. pour la construction d'un bureau du port.

M. le Chef de service de Karikal expose que, dans la séance du 19 novembre 1872, le Conseil local avait émis le vœu que, dans la limite de 4,000 fr. un bureau de port composé de deux chambres, d'une varangue couverte, d'un cabinet et d'un magasin fut construit à côté du bureau actuel du batelage. Il ajoute que le Conseil colonial, dans sa séance du 7 janvier 1873, avait admis cette dépense en principe et que M. le Gouverneur avait décidé que l'étude du projet de la construction serait faite dans les conditions indiquées par le Conseil local; mais que cette étude n'ayant pas eu lieu en temps opportun, il avait cru devoir, en présence des demandes pressantes des élus du pays, prescrire au conducteur des ponts et chaussées de préparer un plan qui n'a pu être soumis à l'Administration supérieure avant l'ouverture de la session. Dans cet état de choses et pour ne pas ajourner indéfiniment l'édification d'un bâtiment d'une utilité incontestable, il prie M. le Gouverneur et les membres du Conseil de vouloir bien accorder les fonds nécessaires, c'est-à-dire 4,000 fr. sauf à soumettre ultérieurement le plan à la vérification du Chef du service des ponts et chaussées.

Par suite de ces explications, le Conseil colonial vote l'augmentation de 4,000 fr. proposée par le Conseil local pour la construction d'un bureau de port.

En conséquence, la prévision pour l'article 1er du chapitre III: — Travaux neufs est fixé à la somme de. 5,100

M. Hecquet demande si, après la construction du nouveau bureau de port, l'officier chargé de ce service sera tenu de s'y rendre aux heures réglementaires.

M. le Chef de service de Karikal répond qu'aujourd'hui, en l'absence d'un local convenable, le lieutenant de port s'est trouvé dans l'obligation d'installer son cabinet chez lui à une assez grande distance du batelage; mais qu'après l'achèvement du bureau projeté, il n'aura plus aucune raison pour se dispenser d'être à son poste et que l'autorité veillera à ce que ce service important ne soit pas laissé en souffrance.

Article 2. — Travaux d'art, rues, routes, ponceaux, chaussées, etc., etc. ouvrages neufs.

M. l'Ordonnateur fait observer que le plan de campagne prévoyait à cet article une somme de 19,110 fr. mais le Conseil local lui a fait subir diverses modifiations. Cette assemblée n'a pas reconnu la nécessité de construire cette année un ponceau en briques dans l'ancienne chaussée du port, cette partie de la ville étant peu fréquentée.

Le Conseil colonial, consulté sur l'ajournement, décide que la somme de 275 fr. prévue au plan de campagne pour la construction de ce ponceau en sera retranchée.

M. l'Ordonnateur ajoute que le Conseil local de Karikal a demandé outre les 5,100 fr. prévus par le plan de campagne, une augmentation de 2,500 fr. pour la continuation de l'empierrement neuf de la route de Nagour, l'épaisseur donnée à la crête ne lui paraissant pas suffisante. Cette assemblée a également demandé une augmentation de 2,715 fr. pour le prolongement du mur de soutènement en maçonnerie de la digue nord de l'Arselar, afin que le travail commencé depuis longtemps puisse être achevé aussitôt que possible. Le Conseil local a émis aussi le vœu que les 8,380 fr. prévus au plan de campagne pour les routes de Tirnoullar et de Nédouncadou, soient affectés exclusivement à l'empierrement de celle de Nédouncadou, dont l'état de dégradation est tel qu'il y a lieu de s'en préoccuper tout d'abord.

M. l'Ingénieur colonial fait observer que, d'après les instructions qui ont été données au délégué de son service, l'épaisseur de la crête des routes doit être de $0^{m}16^{c}$. Il pense que cette proportion est suffisante pour assurer aux chemins toute la solidité et la durée voulues et qu'il n'y a pas lieu de l'augmenter.

M. le Chef de service de Karikal expose que les

routes de cet Etablissement sont dans un état de dégradation tel que plusieurs deviennent impraticables pendant la saison des pluies; que ces routes mesurent 103 kilomètres, soit environ 63 milles anglais; que sur ces 103 kimètres, 20 seulement sont à peu près empierrés et que cet empierrement exige encore des réparations considérables. Il ajoute qu'il y a lieu de remédier sans retard à un état de choses contraire aux intérêts commerciaux du pays, en ce sens que le transport des marchandises devient presque impossible pendant l'époque des pluies, qui coïncide avec celle de la moisson. Il est d'avis que les crédits accordés pour les travaux dont il s'agit ne sont pas en rapport avec les exigences de la situation.

Passant en revue toutes les voies de communication. **M. le Chef de service de Karikal** pense que la prévision de 5,100 fr. pour l'empierrement neuf de la route de Nagour avec les pierrailles de Tanjore est insuffisante; il fait observer que les travaux d'empierrement exécutés, il y a quelques années, sur cette voie, n'ont pas eu de durée, par suite du peu d'épaisseur donnée à la couche de pierrailles qui n'était que de 11 à 12 centimètres au lieu de 16; il appuie, en conséquence, l'augmentation de crédit de 2,500 fr., demandée par le Conseil local. Quant à la route de Poréar, qui conduit de la frontière nord à la ville, elle mesure 10 1/2 kilomètres; elle est en très-mauvais état, deux kilomètres seulement ont pu être réparés avec du choukan en 1873; il faudrait 5 ans pour la mettre en état avec les ressources actuelles.

Quant aux routes de Nédouncadou et de Tirnoullar pour lesquelles un crédit de 8,380 fr. a été prévisé, le Chef de service de Karikal appuie le vœu qui a pour objet d'affecter tout le crédit à la première, qui est la plus importante des deux et qui est dans un état de dégradation tel qu'il y a lieu de s'en préoccuper tout d'abord. La route de Nédouncadou mesure 15 kilomètres; elle n'est empierrée avec les pierrailles du Tanjore, que sur une longueur de 800 m. Avec les crédits votés l'année dernière, il faudrait 14 ans pour l'achever et, à cette époque, la moitié serait à refaire ou tout au moins aurait besoin de subir d'importantes réparations.

La route de Tirnoullar mesure 15 kilomètres; elle n'est

empierrée à neuf avec du chounkan que sur une longueur de 216 mètres. Dans la situation actuelle des ressources de la colonie, il sera impossible de s'en occuper avant plusieurs années.

Les autres routes du territoire ne sont pas empierrées; la circulation y est difficile et souvent impossible.

En mettant tous ces détails sous les yeux du Conseil, il n'a qu'un seul but, ajoute le Chef de service de Karikal, c'est d'appeler la bienveillante attention de l'Administration supérieure et du Conseil colonial, sur les besoins réels de l'Etablissement de Karikal, le second par son importance et qui laisse, chaque année, un excédant de recettes et participe ainsi dans une large mesure aux charges de la colonie.

Ces explications entendues, le Conseil, tout en reconnaissant la nécessité de venir en aide à Karikal, ne croit pas qu'il y ait lieu, quant à présent, d'accorder les augmentations demandées pour l'empierrement de la route de Nagour et le prolongement du mur de soutènement de la digue nord de l'Arselar, les charges de la colonie étant déjà considérables et le plan de campagne devant d'ailleurs être proportionné aux moyens d'action de l'Etablissement.

Quant à l'affectation exclusive à faire à la route de Nédouncadou des 8,360 fr. prévus pour celles de Tirnoullar et de Nedouncadou, le Conseil colonial déclare s'en rapporter sur ce point à l'opinion des représentants de la localité et vote dans le même sens.

M. le Chef de service de Karikal expose que les routes de Karikal ne sont empierrées que sur une largeur de 3 m. et pense qu'il serait utile de porter cette largeur à 4 m.

M. l'Ingénieur colonial partageant sur ce point l'opinion du Chef du service de Karikal, **M. le Gouverneur** recommande au chef du service des ponts et chaussées de donner à son délégué des instructions dans ce sens, en l'autorisant à modifier ainsi les cahiers des charges.

Par suite des votes émis par le Conseil colonial, la prévision de l'article 2 du chapitre II (travaux d'art, routes, ponceaux, chaussées, et ouvrages neufs) est fixée à.................................. 18,835 00

CHAPITRE III. — SUBVENTION POUR TRAVAUX EN FAVEUR DE L'AGRICULTURE.

Ouvrages neufs et grosses réparations. 3,300 00

M. l'Ordonnateur expose que le Conseil local a demandé une augmentation de 15 fr. pour la réparation de l'écluse de Malacassacandy, la prévision de 35 fr. inscrite au plan de campagne lui paraissant insuffisante.

Le Conseil colonial, consulté sur cette augmentation, vote simplement le maintien de 35 fr. prévus par le service des ponts et chaussées.

CHAPITRE IV. — SERVICE GÉNÉRAL.

Frais généraux pour ouvrages divers:
Personnel et matériel............... 4,515 00

Toutes les prévisions des dépenses inscrites à ce chapitre ont été approuvées par le Conseil local et sont maintenues par le Conseil colonial.

M. le Chef de service de Karikal expose que le Conseil local a demandé, dans sa précédente session, le rétablissement de 6 cantonniers supprimés en 1871 du personnel des travaux, contrairement aux dispositions de l'arrêté du 10 janvier 1844 qui n'a pas été rapporté. La nécessité de ce rétablissement est démontrée, dit-il, si l'on considère que les cantonniers contribuent à l'entretien de 69 kilomètres de route à l'extérieur de la ville. Il ajoute que sur 9,103 arbres plantés actuellement sur les routes de Karikal, plus de 866 sont jeunes et exigent une surveillance toute spéciale; que contrairement à l'avis exprimé, l'année dernière, par M. le Chef du service des ponts et chaussées, les cantonniers, ne peuvent être remplacés utilement par des coolys qui n'ont pas la pratique des travaux de terrassements à exécuter et qui, de plus, ne peuvent, aux termes de la loi, verbaliser, comme les agents embrigadés, contre les contrevenants aux règlements sur la grande voirie. Le Chef de service de Karikal espère qu'il sera fait droit à un vœu des élus du pays, qui n'augmente ni le personnel, ni les dépenses des travaux.

M. l'Ingénieur colonial déclare qu'il ne voit d'autre inconvénient à accéder à la demande du Conseil local de Karikal, que celui de s'exposer à ce que les cantonniers embrigadés payés au mois, ne s'acquittent pas de leurs obligations avec le même zèle que ceux qui sont payés à la journée et dont on peut plus facilement constater la présence sur les travaux. C'est par ce seul motif qu'il avait réclamé, l'année dernière, le maintien du mode adopté, selon lui, dans l'intérêt du service.

Le vote du Conseil local, écarté à l'unanimité dans la session précédente, à défaut d'explications suffisantes, étant aujourd'hui appuyé par le Conseil colonial, **M. le Gouverneur** croit devoir y déférer et avec d'autant plus d'empressement qu'on ne fera ainsi que rentrer dans la stricte observation de l'arrêté de 1844, qui reste en vigueur. En conséquence, il ordonne le rétablissement immédiat des six cantonniers embrigadés remplacés par de simples journaliers et il invite M. l'Ingénieur colonial à recommander à son délégué de Karikal de faire des tournées fréquentes et de prendre toutes les mesures nécessaires pour s'assurer que ces agents font constamment leur service avec zèle et exactitude.

RÉCAPITULATION DE LA 11e SECTION DU PLAN DE CAMPAGNE.

DÉPENSES FACULTATIVES.

CHAPITRE 1er. — ENTRETIENS COURANTS

Article 1er. — Edifices publics....	2,975f 00c	
Article 2. — Routes rues, etc........	28,363 21	
		31,338 21

CHAPITRE II. — TRAVAUX NEUFS.

Article 1er — Edifices publics....	5,100 00	
A reporter...	5,100 00	31,338 21

Report...	5,100 00	31,338 21
Article 2. — Rues, routes, etc......	18,835 00	
		23,935 00

CHAPITRE III.

Travaux en faveur de l'agriculture....................	3,300 00

CHAPITRE IIII. — FRAIS GÉNÉRAUX

Personnel et matériel..........	4,515 00
Total égal au § 1er : Travaux et approvisionnements...........	63,088 21
§ 2.— Salaires d'ouvriers autres que ceux des ponts et chaussées	252 00
Total de l'article 1er...	63,340 21
Article 2. — Entretien des mobiliers et matériel des divers bureaux.............	2,208 00

Augmentation de 100 fr. sur la prévision de l'année dernière qui était erronée, l'allocation prévue pour le Domaine n'était que de 500 fr. tandis que l'ancien chiffre reconnu nécessaire s'élevait à 600 fr.

Le Conseil colonial vote l'augmentation de 100 fr.

Article. 3. — Achat de terrains et loyers d'établissements........................	7,010f85c

M. l'Ordonnateur fait connaître que la prévision de l'année dernière était de 3,710 fr. 85 c. et que l'Administration l'avait augmentée de 300 fr. pour la location d'une maison destinée à l'école des jeunes Indiennes, dont la création a été autorisée par M. le Gouverneur. Le Conseil local a ajouté à ce chiffre de 4,010 fr. 85 c. une somme de 3,000 fr. pour l'acquisition de terrains devant servir à l'agrandissement du cimetière des Blancs où il ne reste plus de place pour enterrer.

M. le Chef de service de Karikal expose à l'assemblée que, dans un rapport adressé à son prédécesseur par M. le chargé du service des ponts et chaussées, ce fonctionnaire faisait connaître l'impérieuse nécessité d'agrandir le cimetière des Blancs et descendants d'Européens; que s'étant transporté sur les lieux, il avait pu constater la justesse des observations de M. Fallofield; il est d'avis, en conséquence, que le cimetière doit être agrandi sans retard, car en cas d'épidémies, qui sont malheureusement trop fréquentes à Karikal, on se trouverait dans un grand embarras. Il demande que le crédit de 3,000 fr. prévisé par le Conseil local soit accordé pour l'acquisition des terrains limitrophes à l'est, qui seront vendus à l'Administration par les propriétaires, ainsi qu'il a pu s'en assurer.

Le Conseil colonial vote, à l'unanimité, un crédit de 3,000 fr. pour l'agrandissement du cimetière des Blancs à Karikal.

M. le Chef de service de Karikal fait ensuite observer que le Conseil de cette Dépendance a renouvelé le vœu émis, l'année dernière, pour la construction d'un palais de justice en élevant d'un étage le local affecté aujourd'hui au Tribunal de paix. Il fait connaître qu'il a visité dernièrement les deux salles où se tiennent les séances et qu'il a été frappé de leur exiguité, surtout de celle du Tribunal de première instance, qui ne peut contenir que l'estrade des juges et le banc des défenseurs, forçant ainsi le public à se tenir sur la galerie. Il a remarqué aussi que le local affecté au greffe était de la dernière insuffisance, que les archives très-considérables étaient exposées à être dévorées par les carias, par suite du défaut d'espace, du peu d'aération et de l'humidité de l'appartement où elles sont déposées. Il ajoute, que le Tribunal de paix se trouve dans une situation déplorable, par suite de la vétusté de la maison qui tombe en ruine. Il espère, en conséquence, ainsi qu'a bien voulu le promettre l'année dernière M. le Gouverneur, qu'il sera donné satisfaction au vœu dont il s'agit aussitôt que le permettra la situation budgétaire de la colonie.

Le Conseil colonial, en raison des charges considérables du budget de cette année, renvoie à la prochaine session la solution de cette question dont M. le Gouverneur recommande de nouveau l'étude.

Article 4. — Frais de transport par terre et par eau.........	200f 00c
Article 5. — Matériel des prisons (même chiffre qu'en 1873)....	3,600

Article 7. — Secours, dotations, bourses, dépenses diverses subventions.

§ 1er. Prestation en faveur de Louis Bahou-Prégassin.......	500 00
(Transport de la première section : Dépenses obligatoires).	
§ 2. Pensions et secours.......	2,325 00

Cette prévision comprend une augmentation de 177 fr. provenant de l'inscription de nouveaux pensionnaires précédemment domiciliés à Pondichéry et actuellement à Karikal.

Le Conseil adopte l'augmentation de 177 fr.

Subvention en faveur du Comité de bienfaisance.............	8,000 00

M. l'Ordonnateur fait connaître que l'Administration avait prévu, pour le Comité de bienfaisance, une allocation de 8,000 fr. et que le Conseil local, trouvant cette somme insuffisante, l'a augmentée de 2,000 fr.

M. le chef de service de Karikal appuie la demande du Conseil local, qui

A reporter... 10,825

Report. 10,825 00

sollicite une augmentation de subvention de 2,000 fr. pour le Comité de bienfaisance. Il fait connaître qu'il a été frappé du nombre de personnes sans ressources qui existent dans l'Etablissement et peiné de l'impuissance où se trouve l'Administration de leur venir en aide.

La subvention de 8,000 fr. lui paraît insuffisante et peu en rapport avec le chiffre de la population, si on la compare à celle des trois principaux Etablissements.

M. le Chef de service de Karikal espère que M. le Gouverneur et MM. les conseillers coloniaux voudront bien, le plustôt possible, prendre en considération le vœu du Conseil local.

Le Conseil colonial à défaut de renseignements précis sur les ressources et les obligations du Comité de bienfaisance, maintient, quant à présent, l'allocation de 8,000 fr. se réservant de l'augmenter, à la prochaine session, si la situation le comporte.

Achat de livres pour les écoles... 500 00

Subventions et allocations diverses:

Subvention pour l'entretien des enfants pauvres............. 600 00

Subvention au service municipal. 3,000 00

M. l'Ordonnateur rappelle que cette somme, qui est supérieure de 2,400 fr. à la prévision de l'année dernière, a déjà été votée par le Conseil, lors de la discussion du budget municipal. Cette augmentation est destinée à accroître de deux le nombre des charrettes de la petite voirie et à l'achat de reverbères pour l'éclairage de la ville.

Report. 11,023 00

Report....	14,925 06
Allocation pour le service des plantations....................	700 00
Prime pour la propagation de la vaccine..................	120 00
§ Dépenses diverses...........	25,310 00
Maison de santé et achat de médicaments..................	3,596 00

Le secrétaire donne lecture des observations présentées par le Conseil local au sujet des médicaments, dont l'approvisionnement est considéré comme insuffisant.

M. le Gouverneur expose qu'il n'a jusqu'à présent reçu aucune plainte à cet égard et qu'il a la conviction que la direction centrale du service pharmaceutique, assure d'une manière aussi complète que possible celui des Dépendances. S'il y a des observations à présenter sur ce point, il faut qu'elles soient faites d'abord par le médecin de Karikal à M. le Médecin en chef de la colonie.

Total de l'article 7.........	44,651 00
Article 8.— Dépenses éventuelles (même chiffre qu'en 1873)....	1,200 00

RÉCAPITULATION.

Art. 1er.	Travaux et approvisionnements.......	63,340 21
— 2.	Entretien des mobiliers et matériel de divers bureaux..........	2,208 00
— 3.	Achats de terrains et loyers d'établissements.............	7,010 85
	A reporter...	72,559 06

	Report...	72,559 06
— 4.	Frais de transport par terre et par eau...	200 00
— 5.	Matériel des prisons..	3,600 00
— 7.	Secours, dotations, bourses, dépenses diverses, etc......	44,651 00
— 8.	Dépenses éventuelles..	1,200 00

Total du Chapitre II. — Matériel
Dépenses facultatives. 122,210 06

RÉCAPITULATION GÉNÉRALE.

Dépenses obligatoires.

Chap. Ier. — Personnel.	7,481 00	
Chap. II. — Matériel..	5,754 00	
		13,235 00

Dépenses facultatives.

Chap. Ier. — Personnel.	98,759 00	
Chap. II. — Matériel..	122,210 06	
		220,969 06
Total général du budget...		234,204 06

En conséquence et à l'unanimité, le Conseil colonial arrête, le budget des dépenses du service local de l'Établissement de Karikal, exercice 1874, à la somme de *deux cent trente-quatre mille deux cent quatre francs, six centimes.*

La séance est levée à sept heures et demie et renvoyée au lendemain trois janvier, à deux heures de l'après-midi.

Le Secrétaire,
H. LIAUTAUD.

Vu: *Le Gouverneur,*
Président,
FARON.

Séance du 3 janvier 1874.

L'an mil huit cent soixante-quatorze, le trois janvier, à deux heures de l'après-midi, le Conseil colonial s'est réuni au lieu ordinaire de ses délibérations.

Etaient présents :

MM. Faron, Commissaire général de la marine, Gouverneur; Delrieu, Commissaire de la marine, Ordonnateur; Champestève, Procureur général, *p. i.*; Liautaud, Commissaire adjoint de la marine, Chef de service de Karikal, *p. i.*;

G. Cornet, négociant;
E. Hecquet, négociant;
Ponnoutambypoullé, conseil agréé;
Covindassamynaïker, conseil agréé;
Tambypoullé, conseil agréé;
Bandésaëb, commerçant.
} conseillers élus.

M. le conseiller Chanemougavélayoudamodély s'est excusé de ne pouvoir assister à la réunion, pour cause de maladie.

M. le Gouverneur invite M. l'Ordonnateur à soumettre au Conseil le budget des dépenses du service local de Pondichéry, exercice 1874.

Après avoir lu l'exposé des motifs fait au Conseil local, lors de la présentation du même budget, **M. l'Ordonnateur** en énumère, comme suit, les diverses prévisions

PREMIÈRE SECTION : DÉPENSES OBLIGATOIRES.

Chapitre 1er. — Personnel.

Article 1er. — Solde.

§ 1er. Gouvernement colonial (même prévision qu'en 1873)........................ 11,035

A cette occasion, il est donné lecture des observations présentées par le Conseil local au sujet du mode de délivrance des fournitures de bureau.

M. le Gouverneur expose que cette question a été longuement discutée à la dernière session du Conseil colonial et que l'on y a fait valoir les raisons majeures qui militent en faveur du système actuel. Ordonner la délivrance des fournitures de bureau en nature, serait, ajoute le Chef de la colonie, créer d'incessantes difficultés dans la pratique, s'exposer à des gaspillages, à des abus et produire un résultat tout-à-fait contraire à celui que les Conseils veulent obtenir. Une longue expérience a démontré tous les inconvénients qu'entraîne ce système, et il est encore moins possible de l'adopter dans l'Inde, que dans les ports de France et dans les autres colonies, où l'on a dû l'abandonner.

Le Chef de service de Karikal dit que les fournitures de bureau en nature, en dehors des inconvénients déjà signalés, auraient pour effet d'augmenter les dépenses, en ce sens qu'un employé spécial deviendrait nécessaire pour tenir la comptabilité des recettes et des délivrances des nombreux articles qui composent cette section du matériel. Il ajoute que la substitution de l'abonnement en argent a eu lieu sur les recommandations faites par la commission de la Chambre des députés qui fut chargée, en 1846, de faire une enquête parlementaire dans les ports; il pense, en conséquence, qu'il faut maintenir l'état actuel des choses et il est convaincu que les abus signalés sont des faits isolés qui ne peuvent motiver la mesure proposée.

Après un échange d'explications à ce sujet, **M. le Gouverneur** ajoute que le but du Conseil local ayant été d'obtenir une répartition plus équitable des fournitures de bureau entre les divers agents, il recommande à M. l'Ordonnateur d'adresser, à tous les Chefs de service, des instructions pour qu'ils surveillent, avec soin, à l'avenir, la distribution de ces fournitures, pour que chacun des employés subalternes puisse y prendre sa juste part, notamment dans les postes isolés, et pour qu'en un mot les besoins soient assurés partout d'une manière convenable et complète.

§ 2. Justice........................ 17,050

Augmentation de 450 fr. provenant du transport de la 2e section, article 1er: § 4, *Police*, à la 1re section article 1er, § *Justice*, de la solde de l'écrivain des dépôts et consignations du greffe du Tribunal de paix, laissée à tort, en 1873, au titre du premier service.

M. l'Ordonnateur rappelle que le Conseil local a émis le vœu de supprimer à l'interprète de la langue anglaise, près de la Cour et des Tribunaux, le traitement fixe dont il est titulaire pour ne lui allouer que des frais de vacation et de traduction, lorsque ses services sont requis.

M. le Procureur général expose que la place d'interprète de la langue anglaise a été créée, en 1862, tant sur la demande de la Cour que sur celle du Tribunal de 1re instance; les mêmes motifs qui ont été exposés, à cette époque, peuvent être invoqués aujourd'hui pour demander le maintien de la charge; ces raisons ont été longuement développées, l'année dernière, par M. le Procureur général Laude et sont consignées dans le procès-verbal de la séance du 30 décembre 1872.

Si, depuis le 1er avril de cette année, presque toutes les lettres du Collecteur de Goudelour ayant trait à des demandes d'extradition ou portant envoi de citations destinées à des individus domiciliés sur notre territoire, ont été traduites par l'interprète de l'Administration, c'est que ces lettres, adressées à M. le Gouverneur et relatives à des faits complètement étrangers à la Cour et aux Tribunaux de l'Etablissement, semblaient appartenir plutôt à l'Administration qu'à la justice; si M. le Gouverneur, avant de les transmettre au parquet général, avait voulu les faire traduire, elles auraient probablement été adressées à l'interprète de ses bureaux et non pas à celui de la justice. Dans tous les cas, le Procureur général n'a fait que suivre les anciens errements; en 1871, 7 lettres du Collecteur ont été traduites par M. Hecquet; en 1872, une seule a été traduite par M. O'Kelly, probablement parce que M. Hecquet, au moment où elle arrivait à Pondichéry, était appelé, par ses fonctions de commissaire de police, au dehors de la ville. Maintenant, M. le Procureur général sait que M. O'Kelly se chargera volontiers exclusivement de ces traductions, si l'Administration pense que M. Hecquet ne doive pas les faire; le parquet général n'a aucun motif pour préférer un interprète à l'autre; ils sont tous les deux très-exacts.

M. le Gouverneur pense qu'il serait préférable, à l'avenir, de réserver exclusivement à l'interprète attaché à la Cour et aux Tribunaux, les traductions de toutes les lettres et pièces adressées au parquet du Procureur général, puisqu'elles se rattachent surtout au service de la justice et de ne renvoyer à l'interprète de l'Administration que les lettres purement administratives adressées soit au Chef de la colonie, soit à l'Ordonnateur. M. le Gouverneur entre ensuite dans quelques détails et considérations qui démontrent combien il importe, pour le bien du service, de maintenir l'état actuel des choses pour le traitement alloué aux interprètes et il met aux voix cette proposition, qui est adoptée, à l'unanimité, par le Conseil colonial.

Le secrétaire donne lecture des observations présentées par le Conseil local au sujet du commis attaché au greffe du Tribunal de paix pour les dépôts et consignations.

M. le Procureur général déclare que l'employé dont le Conseil local a demandé la suppression, est indispensable pour tenir le registre relatif aux consignations de frais en matière de simple police imposées au greffe de la justice de paix par l'arrêté du 8 mai 1857.

Cet arrêté, qui a visé le décret du 18 juin 1811, la circulaire de S. Exc. le Garde des sceaux du 3 mai 1825 prescrivant la consignation des sommes dont il s'agit entre les mains des greffiers exclusivement et l'ordonnance royale du 28 juin 1832, réglant la comptabilité, l'application et le remboursement de ces dépôts versés jusque-là, dans l'Inde, au bureau des amendes, a mis à la charge du greffier un nouveau travail, travail soumis au contrôle du juge de paix et qui est d'autant plus long et et plus minutieux que chaque dépôt ne comprend ordinairement que quelques fanons, bien que l'ensemble des sommes versées s'élève, à la fin de chaque année, au chiffre de cinq ou six cents roupies. L'employé spécial qui est affecté à ce service touche seulement 450 fr. par an; le même est là depuis plus de 15 ans; le supprimer serait porter à lui d'abord et à son chef ensuite un grave préjudice.

M. le conseiller Ponnoutamby expose que la commission chargée par le Conseil local d'examiner les budgets, croyant qu'il n'y avait pas à la justice de paix une caisse de dépôts et consignations, a proposé d'émettre le vœu que l'emploi de commis porté dans le service de la justice fut supprimé. M. l'Ordonnateur a proposé de renvoyer la solution de cette question après les explications que pourrait fournir M. le Procureur général et M. le Conseiller Cornet a demandé qu'en attendant ces explications, la proposition de la commission fut votée. Comme membre de cette commission, dit-il, j'ai dû aller aux renseignements. J'ai reconnu qu'antérieurement à 1857, le bureau des amendes était chargé de recevoir la consignation des frais auxquels sont préalablement astreintes les parties renvoyées par le Ministère public à se pourvoir directement devant le Tribunal de police correctionnelle ou de simple police. Par un arrêté du 8 mai 1857, cette charge a été donnée aux greffiers des Tribunaux de 1re instance et de la justice de paix. Cette charge, qui n'est même pas rétribuée, étant très-lourde au greffier de la justice de paix, en raison du nombre des affaires de simple police jugées en une année, on lui a donné un commis qui a été délégué du bureau des amendes et au lieu de l'attacher au greffe du Tribunal de simple police, le commis a été donné au directeur de la police, les fonctions de juge de paix et de directeur de la police, étant réunies, à cette époque, en une seule main; de là le défaut d'explication suffisante pour la commission du budget du Conseil local. J'ai fait connaître à mes collègues le résultat de mes recherches et toutes les explications, fournies aujourd'hui par M. le Procureur général, le confirmant, je déclare qu'il y a lieu de maintenir l'emploi de commis préposé à la caisse des dépôts et consignations au greffe du Tribunal de paix et d'inscrire cet emploi dans les dépenses obligatoires.

Le Conseil colonial adoptant la proposition de M. Ponnoutamby, vote le maintien de l'employé chargé des dépôts et consignations de la justice de paix ainsi que la somme de 17,050 fr. prévisée par l'Administration pour le § *Justice*.

Art. 2.— *Accessoires de la solde*..	1,750
— 3. *Hôpitaux*.............	340

— 4. *Dépenses d'exercices clos.* 375

Ces prévisions égales à celles de 1873, sont adoptées par le Conseil colonial.

En conséquence, le chapitre Ier : Personnel, des dépenses obligatoires de Pondichéry, est arrêté comme suit :

Art. 1er		28,085
Savoir :		
§ 1er. Gouvernement colonial............	11,035	
§ 2. Justice............	17,050	
Total égal...	28,085	
Art. 2........................		1,750
— 3........................		340
— 4........................		375
		30,550

CHAPITRE II. — MATÉRIEL DE LA 1re SECTION.

Art. 1er. — Dettes exigibles.

Le secrétaire donne lecture de la délibération du Conseil local au sujet de cet article du budget.

Le Conseil colonial s'associe au vœu exprimé par le Conseil local et tendant à obtenir que le montant des legs Bastien, Conway et Desbassayns de Richemont, ainsi que les intérêts payés, figurent désormais séparément au budget pour chaque donation.

L'Administration n'a aucune observation à faire et donnera suite à ce vœu lors de l'établissement du prochain budget.

M. le conseiller Cornet expose qu'il aurait de longues observations à soumettre au sujet de l'emploi de ces legs, en ce qui concerne la léproserie ; mais que le temps faisant défaut pour la présente session, il se réserve de traiter cette question l'année prochaine.

A cette occasion **M. le Gouverneur** croit devoir faire remarquer que lorsque les membres des deux

Conseils jugent convenable d'user de leur initiative pour soulever une question importante pouvant donner lieu à un débat sérieux dans le sein de ces assemblées, il serait désirable qu'ils eussent soin de prendre préalablement auprès de l'Administration, sur la situation exacte des choses, des renseignements qu'ils trouveront l'Ordonnateur, le Procureur général et lui-même toujours disposés à leur donner. On éviterait ainsi des erreurs involontaires, de regrettables malentendus et parfois des discussions inutiles qui emploient beaucoup de temps sans aucun avantage pour les intérêts publics.

Les membres élus du Conseil colonial répondent qu'ils useront, à l'occasion, de cette latitude et remercient M. le Gouverneur d'avoir bien voulu la leur ouvrir.

Article 2. — Travaux et approvisionnements 2,820 00

Article 3. — Loyers d'établissements 1,020 00

M. l'Ordonnateur fait connaître que le Conseil local a émis le vœu que le Tribunal de paix soit installé à l'hôtel-de-ville et que l'état-civil indien soit transféré dans la ville Noire, en louant une maison à cet effet.

M. le Gouverneur dit que le Conseil local paraît avoir perdu de vue que les registres de l'état-civil doivent tous être déposés à l'hôtel-de-ville et ne sauraient être disséminés. Transporter ceux qui intéressent les Indiens dans la ville Noire, ce serait s'exposer à de graves dangers, à des cas d'incendie fréquents et à des altérations faciles des registres; ce serait violer la loi et il ne saurait, quant à lui, assumer une telle responsabilité. Il estime donc qu'il n'y a pas lieu, sous ce rapport, de modifier ce qui existe aujourd'hui et que le Conseil doit se borner à rechercher quels sont les meilleurs moyens à prendre pour assurer à la fois, d'une manière convenable, le service du Tribunal de paix et celui de la police.

M. le Procureur général partage entièrement l'opinion de M. le Gouverneur. Elle est, selon lui, d'autant plus indiscutable que pour les Européens, les doubles minutes des actes de l'état-civil sont déposés à Paris, ce qui présente des garanties contre toute éventualité, tandis que, pour les Indiens, ces actes n'existent que dans la colonie, d'où il résulte que s'ils venaient à être perdus ou altérés, l'état-civil de la plus grande partie de la population ne pourrait plus être constaté. M. le Procureur général ajoute que le Conseil local s'est trompé dans ses appréciations en pensant que la justice de paix et le service de la police pourraient fonctionner sans gêne dans le même local. Il s'est rendu sur les lieux et il a pu se convaincre que la chose [illegible] matériellement impossible. Le personnel du greffe comprend 32 employés, qu'il faut placer convenablement. Huit pièces, dont une assez vaste pour la salle d'audience, sont nécessaires pour le Tribunal de paix. M. le Procureur général fait remarquer, en outre, que les archives du greffe ont considérablement augmenté et qu'il faut pour leur classement une chambre spéciale.

Quant à la question de transférer ce Tribunal à l'hôtel-de-ville, elle n'est pas réalisable, la répartition des pièces de cet établissement ne pouvant s'adapter aux besoins de la justice de paix.

M. le Chef de service de Karikal trouve aussi qu'il serait fâcheux d'installer le Tribunal de paix à l'hôtel-de-ville, ce bâtiment devant être ainsi exposé à de nombreuses détériorations, par suite du grand nombre d'Indiens de toutes classes qui seraient appelés à s'y rendre; il fait ressortir, d'ailleurs, que les frais de réparations qui deviendraient nécessaires absorberaient probablement l'économie que veut faire le Conseil local en adoptant cette mesure.

M. le Gouverneur ajoute que l'hôtel-de-ville, tel que le plan en a été modifié, dans le temps, par le Conseil des travaux de la marine, suffit à peine aujourd'hui pour sa propre destination : pour la grande salle de réunion, pour la tenue des sessions du Conseil local, pour les commissions à réunir, etc.; et qu'il serait absolument impossible d'y installer, en outre, le Tribunal de paix, sans mettre en souffrance d'importants services publics.

M. le conseiller Cornet, en présence des inconvénients qui viennent d'être signalés, propose de reprendre un projet soumis par le Conseil local, c'est-à-dire celui d'élever sur le local occupé actuellement par la police, un étage qui puisse suffire à l'installation de la justice de paix Le prix de cette construction serait couvert en quelques années par l'économie réalisée sur le loyer du local actuel et donnerait une plus-value à un établissement appartenant à la colonie.

Le Conseil adopte, à l'unanimité, cette proposition et décide qu'une somme de 6,000 fr. sera inscrite pour la construction dont il s'agit au plan de campagne de 187.. Vu l'urgence, il donne, en outre, à M. le Gouverneur tout pouvoir pour augmenter un peu ce crédit, si la nécessité en est absolument reconnue par le Chef du service des ponts et chaussées après étude.

Article 4.— Entretien des mobiliers, matériel des bureaux........... 8,000

Article 5.— Frais de justice et de procédure............... 3,500

(Diminution de 500 fr.)

Art. 6.— Achat de livres...... 1,000 00

Art. 7.— Dépenses pour les élections.............. 4,000 00

Diminution de 1,000 francs.

Art. 8.— Subvention et contingent à fournir à la métropole......... 205,000 00

Art. 9.— Dépenses diverses..... 15,000 00

Augmentation de 3,000 francs.

Art. 10. — Dépenses d'exercices clos........................... 500 00

Diminution de 1,000 francs.

Ces diverses prévisions sont votées par le Conseil colonial.

En conséquence des votes ci-dessus, le Conseil colonial arrête, comme suit, le total des dépenses du chapitre

II, Matériel, de la première section du budget de Pondichéry, exercice 1874, savoir :

Article 1er.—	Dettes exigibles...	21,306	00
— 2.—	Travaux et Approvisionnements.....	3,020	00
— 3.—	Loyers d'établissements..........	1,929	96
— 4.—	Entretien des mobiliers, etc.........	8,000	00
— 5.—	Frais de justice et de procédure.....	3,500	00
— 6.—	Achat de livres...	1,000	00
— 7.—	Dépenses pour les élections........	4,000	00
— 8.—	Subvention et contingent.........	205,000	00
— 9.—	Dépenses diverses et imprévues......	15,000	00
— 10.—	Dépenses d'exercices clos non périmés.	500	00
		263,255	96

DEUXIÈME SECTION.—DÉPENSES FACULTATIVES.

Chapitre 1er.— Personnel.

Article 1er.— Solde.

§ 1er. Gouvernement colonial.... 6,000 00

Augmentation de 400 fr. provenant de l'affectation au cabinet particulier de M. le Gouverneur de l'ex-concierge du Contrôle.

Le secrétaire donne lecture des observations présentées par le Conseil local au sujet de cet article du budget.

M. le Gouverneur expose ensuite qu'il ne peut que confirmer ce qui a été dit par M. l'Ordonnateur Michaux dans le sein du Conseil local et qu'il se propose de réduire d'un pion le personnel attaché au service de son hôtel, dès qu'il en trouvera l'occasion ou qu'il se présentera une vacance.

Le Conseil colonial vote l'augmentation de 400 fr.

Administration générale: Commissariat de la marine...............	17,695 00

Augmentation de 1,660 fr. provenant du transfert de la solde d'un commis de marine, attaché autrefois à l'Etablissement de Chandernagor, et aujourd'hui employé à Pondichéry.

L'augmentation de 1,660 fr. est adoptée.

Service des ports................	13,260 00
Service du pier.................	4,910 00

Adopté sans observations.

Service de santé:

Sur la demande de M. l'Ordonnateur, M. le Médecin en chef est introduit dans la salle des délibérations et prend séance avec voix consultative.

M. l'Ordonnateur fait connaître que la prévision inscrite au budget par l'Administration était de 16,135 fr. et que le Conseil local l'a augmentée de 2,400 fr. en faisant droit à une réclamation adressée par M. le Médecin en chef au sujet des services médicaux ayant un caractère purement civil et non rétribués jusqu'à présent.

Il ajoute que cette assemblée a exprimé le vœu qu'une partie de ces services soit confiée à un médecin civil et qu'elle en a proposé la répartition suivante:

Pour le médecin civil chargé de....	Orphelinats........... Salle de refuge......... Prison...............	1,200 fr.
Pour les médecins de la marine chargés de..........	Dispensaire........... Maternité............. Consultations gratuites...	800 fr.

Sur l'invitation de M. le Gouverneur, le secrétaire donne lecture de la délibération du Conseil local sur cette question.

Après cette lecture, **M. le Gouverneur** expose que, dans son opinion, il convient, à tous égards, d'assurer la continuation des soins donnés par les médecins de la marine : 1° aux pensionnaires du collège colonial, auquel ils ont été concédés par arrêté de l'un de ses prédécesseurs ; 2° au pensionnat des Dames de Saint-Joseph, qui se consacrent avec tant de dévouement à l'éducation des jeunes filles du pays et qui ne possèdent que des ressources insuffisantes ; 3 aux indigents du bureau de bienfaisance, qui a déjà tant de peine à soulager toutes les misères et dont il importe de ne pas affaiblir les revenus.

M. le conseiller Cornet dit que l'Administration, dans son exposé des motifs, ayant elle-même écarté ces trois établissements, le Conseil local n'a pas cru pouvoir les comprendre dans sa répartition.

M. le Gouverneur reconnaît la justesse de l'observation ; mais il ajoute que, sur ce point, il ne partage pas, d'une manière absolue, la doctrine émise par M. l'Ordonnateur Michaux. Sans doute, en droit strict, les allocations ne sauraient être considérées comme obligatoires; mais l'Inde ne peut être assimilée aux autres colonies ; sa situation est exceptionnelle, et puisque ces concessions sont faites, depuis un grand nombre d'années, il convient, selon lui, de les maintenir, non seulement pour alléger les charges d'établissements qui rendent d'importants services, mais encore dans l'intérêt même des pensionnaires et de la population. M. le Gouverneur met, en conséquence, aux voix la proposition qu'il a faite.

MM. Covindassamynaïker, Bandésaëb, et Hecquet votent pour les conclusions du Conseil local.

M. Ponnoutambypoullé vote pour l'adjonction provisoire des trois établissements dont il s'agit.

MM. le Gouverneur, l'Ordonnateur, le Procureur général, le Chef de service de Karikal, Cornet et Tambypoullé votent pour la réunion de ces services à ceux qui ont été déjà admis.

A la majorité de 7 voix contre 3, le Conseil colonial décide donc que le collége colonial, le pensionnat des sœurs de St.-Joseph et le Comité de bienfaisance participeront à la mesure adoptée pour les autres services.

Passant à l'allocation à accorder au médecin civil qui

sera chargé des orphelinats, de la salle de refuge et des prisons, le Conseil colonial, à l'unanimité, croit devoir l'élever de 300 fr. sur le chiffre proposé par le Conseil local et la fixe, en conséquence, à 1,500 fr. par an.

M. le Gouverneur ajoute que les médecins de la marine restent, par suite de ces votes, chargés du dispensaire, de la maternité, des consultations gratuites à l'hôpital, des indigents de la ville, des pensionnaires du Comité de bienfaisance, du collége et du pensionnat des sœurs de St.-Joseph. Il propose de leur allouer, pour l'ensemble de ces services, une somme de 1,800 fr., le soin de la répartition de ce supplément lui paraissant devoir être laissé à l'Administration.

M. le conseiller Cornet dit qu'il ne faut pas perdre de vue que les médecins de la marine touchent déjà un traitement de grade et que le Conseil local leur a voté, en outre, une indemnité pour les cours de médecine. Il pense, par ces motifs, qu'il suffirait de voter une somme de 1,500 fr., égale à celle qui est allouée au médecin-civil.

M. le Gouverneur met aux voix la somme de 1,800 fr. qu'il a proposée et celle de 1,500 fr., indiquée par M. Cornet.

MM. Hecquet, Cornet, Tambypoullé, Ponnoutambypoullé, Covindassamynaiker et Bandéqach votent le chiffre de 1,500 fr.

MM. le Gouverneur, l'Ordonnateur, le Procureur général et le Chef de service de Karikal votent pour le chiffre de 1,800 fr.

A la majorité de 6 voix contre 4, il est décidé qu'une indemnité de 1,500 fr., sera allouée aux médecins de la marine.

Par suite de ces votes, la prévision à inscrire au budget, pour le service de santé, est fixée à..... 10,135 00

M. le conseiller Tambypoullé s'exprime ensuite en ces termes :

« Le Conseil vient de voter une somme 1,500 fr., pour supplément aux médecins de la marine, par suite de l'extension du service hospitalier. Je fais observer que le Conseil local n'a pas été saisi de la question d'augmentation des soldes des médecins natifs, infirmiers et autres agents. Un tableau des minima et des maxima de leur traitement a été préparé par M.

le Chef du service de santé et soumis à M. l'Ordonnateur occupé de la réorganisation de tous les services en général, en ce qui concerne surtout les employés natifs, dont quelques-uns ne touchent pas même le minimum, malgré leurs longs services. J'espère que l'Administration, ainsi qu'elle l'a promis, règlera leur situation dans le plus bref délai. Les employés natifs du service hospitalier m'inspirent un vif intérêt, puisque plusieurs d'entr'eux sont tenus de passer jour et nuit à l'hôpital au milieu de l'atmosphère insalubre des salles, aux risques de leur santé, et s'acquittent de fonctions pénibles et assujettissantes. J'espère que M. le Chef du service de santé, qui est témoin du dévouement de ses employés, présentera, à la prochaine session du Conseil local, les chiffres d'augmentation de solde de ceux qui le méritent, afin que le Conseil puisse y faire droit dans la mesure des ressources du budget local. »

M. le Médecin en chef répond qu'il a déjà adressé à l'Administration un rapport très-détaillé au sujet du personnel digne d'intérêt qu'il a sous ses ordres et fait observer que, dans toutes les circonstances où un travail extraordinaire est demandé aux employés, il leur est alloué une rémunération proportionnée à leurs services.

M. le Gouverneur dit que l'Administration, pour faire droit aux observations de M. le conseiller Tambypoullé, s'occupera, avec M. le Médecin en chef, de la réorganisation demandée pour le personnel de l'hôpital et qu'en attendant, il examinera avec sollicitude s'il ne serait pas possible de leur accorder des gratifications en fin d'année.

Administrations financières.— Contributions et domaine................ 109,833

Augmentation de 1,450 fr.

Sur l'avis conforme du Conseil local, le Conseil colonial vote l'augmentation de 1,450 fr.

M. le Chef du service des contributions demande la parole et s'exprime ainsi :

« La communication que j'ai à faire au Conseil est relative à une observation consignée au procès-verbal de la séance du Conseil local du 14 novembre 1873 et ainsi conçue :

« M. le conseiller Pounoutamby, appuyant la proposition « de M. le conseiller Hecquet, fait observer que les revenus du « conservateur des hypothèques ont augmenté. *Autrefois*, l'on

« ne payait qu'un droit de cinq fanons par *état d'inscription* :
« *aujourd'hui*, l'on acquitte ce même droit par nombre d'ins-
« criptions. »

« L'observation de M. le conseiller Ponnoutamby porte sur un salaire perçu par le conservateur des hypothèques, lors de la délivrance des états d'inscriptions, et dont la quotité serait augmentée, depuis peu. Voici les renseignements que j'ai à donner sur le point en discussion :

« En se reportant au tarif annexé à l'arrêté du 25 juillet 1845, organisant la conservation des hypothèques, à Pondichéry (*Bull.* de 1845, page 156), on voit que *dès l'origine*, l'on a payé 1 fr. 50 c. (5 fanons), pour chaque extrait ou copie d'inscription, et non par état d'inscription comme le dit M. Ponnoutamby.

« Il n'a jamais pu en être autrement. En effet, est-il juste, rationnel que le conservateur perçoive le même droit, soit que l'état qu'il délivre porte dix inscriptions, ou une seule : dans le premier cas, sa responsabilité est dix fois engagée et il fournit dix fois plus de travail et de papier que dans le second. La négative n'est pas douteuse et, d'ailleurs, le tarif de 1845 a été, ainsi que je puis l'affirmer, invariablement appliqué de la même manière, n'ayant jamais subi aucune modification. Je demande donc que mon explication soit insérée au procès-verbal de la séance, afin qu'elle puisse servir de rectification à l'opinion émise par le conseiller Ponnoutamby. »

A cette occasion, M. le conseiller **Covindassâmynaïk** dit qu'il lui est revenu que le bureau des hypothèques exigeait que l'on prît un état de toutes les inscriptions sur un grevé, alors qu'on n'avait besoin que d'un extrait de l'une ou de plusieurs d'entr'elles.

M. Sicé répond que, d'après les instructions sur l'enregistrement, le conservateur est tenu de délivrer toutes les inscriptions qui existent contre un grevé et sur ses biens, lorsque l'état est *individuel* ou toutes celles subsistantes, sur un immeuble, si l'état n'est demandé que pour cet *immeuble*. Si, par exemple, au lieu de requérir l'état sur un immeuble, les parties demandent celui des inscriptions contre un *individu*, on leur délivre, alors, toutes les inscriptions sur cet *individu*.

Quant aux *extraits* ou copies, tout particulier peut, en désignant une ou plusieurs inscriptions, en obtenir copie. M. Sicé assure qu'il est satisfait aux demandes des parties, telles qu'elles sont formulées.

Il est donc essentiel de tenir compte de cette distinction dans les demandes d'*état* ou de *copie* d'inscriptions adressées au conservateur. Si, par hasard, il n'est point satisfait aux volontés des parties clairement exprimées, rien n'empêche les dernières de se pourvoir auprès du Chef du service des contributions.

La séance est levée à 7 heures du soir et renvoyée au lundi 5 janvier, à 2 heures de l'après-midi.

Le Secrétaire,
H. LIAUTAUD

Vu : *Le Gouverneur,*
Président,
FARON.

Séance du 5 janvier 1874.

L'an mil huit cent soixante-quatorze, le cinq janvier, à deux heures de l'après-midi, le Conseil colonial s'est réuni au lieu ordinaire de ses délibérations.

Étaient présents :

MM. Faron, Commissaire général de la marine, Gouverneur; Delrieu, Commissaire de la marine, Ordonnateur; Champestève, Procureur général, *p. i.*; Liautaud, Commissaire adjoint de la marine, Chef de service de Karikal, *p. i.*;

G. Cornet, négociant;
E. Hecquet, négociant;
Ponnoutamby poullé, conseil agréé;
Tambypoullé, conseil agréé;
Covindassamynaïker, conseil agréé;
Chanemougavélayoudamodéliar, propriétaire;
} conseillers élus.

Bandésaeb, commerçant.

A l'ouverture de la séance, M. le Gouverneur dépose deux pétitions adressées au Conseil.

N° 30. — 1° Par le nommé Sechasalom;

N° 31. — 2° Par divers.

Ces documents sont renvoyés à l'examen de la commission des pétitions.

M. le Gouverneur communique ensuite au Conseil

une dépêche ministérielle qu'il a reçue dans la matinée et relative au chemin de fer de Pondichéry.

Après lecture de cette dépêche, le Chef de la colonie demande au Conseil, s'il entend que cette question, d'un intérêt général, soit immédiatement traitée par lui ou s'il est d'avis qu'elle soit préalablement soumise au Conseil local de Pondichéry. Le Conseil colonial pensant que, d'après les articles 20 et 22 du décret constitutif du 13 juin 1872, il y a lieu de consulter le Conseil local, qui doit délibérer sur toutes les matières de sa compétence. M. le Gouverneur charge M. l'Ordonnateur de préparer un arrêté convoquant cette assemblée en session extraordinaire pour le 12 janvier courant.

Sur l'invitation de M. le Gouverneur, **M. l'Ordonnateur** continue la présentation du budget des dépenses du service local de Pondichéry, exercice 1874.

§ 3. Officiers indigènes des cipahis (même chiffre qu'en 1873)................. 6,400

§ 4. Police civile................. 44,177

M. l'Ordonnateur fait connaître que l'Administration avait prévisé au budget pour la police une somme de 46,977 fr. et que le Conseil local l'a réduite à 44,177 fr. en ne votant pour le Chef de ce service qu'un supplément de 2,000 fr.

Lecture faite de la délibération du Conseil local relative à cette réduction, **M. le Gouverneur** s'exprime en ces termes :

« L'année dernière, le Conseil colonial avait émis l'avis que les fonctions de Maire, Directeur de la police et de juge de paix, réunis depuis longtemps dans les mêmes mains à Pondichéry, étaient incompatibles, et il avait vivement insisté pour que cet état de choses fut modifié. Le Ministre de la marine, allant au devant des propositions que je lui avais soumises, a bien voulu me faciliter les moyens de déférer à ce vœu, en nommant M. Ferrier, Chef de service à Yanaon, et par un arrêté du 18 août 1873, j'ai prononcé la séparation complète et définitive des deux services. Il ne restait dès lors qu'à pourvoir au remplacement de M. Ferrier. Le Ministre à qui j'avais exposé la situation, m'a fait connaître, par une dépêche du 22 septembre dernier, que rien ne lui paraissait s'opposer, quant à présent, à ce que je fisse choix d'un nouveau Directeur de la police, en ajoutant que, du moment où il avait été fait droit à la demande du Conseil colonial, le vote des dépenses de la police ne lui semblait plus devoir rencontrer les mêmes difficultés que par le passé. Dans cette situation, j'aurais pu faire venir de France ou d'une autre colonie le fonctionnaire dont j'avais besoin; mais pour trouver un homme à la hauteur de cette position pénible et difficile, il m'aurait fallu lui allouer un traitement de 8,000 fr. ou de 6,000 fr. au minimum. J'ai pensé qu'il était préférable de le prendre sur les lieux et j'ai nommé M Blum, Commissaire de la marine en retraite, qui, par son honorabilité, son esprit conciliant et sa longue expérience des affaires si exceptionnelles de ce pays, présentait toutes les garanties désirables. J'ai fixé son traitement à 3,600 fr. ses frais de transport et de bureau à 600 fr. en tout 4,200 fr. somme suffisante, puisqu'il jouissait déjà d'une pension sur la caisse des Invalides. J'avais cru pouvoir ainsi tout concilier, en procurant une économie notable à la colonie et en assurant convenablement la marche du service. Réduire aujourd'hui, comme le propose le Conseil local, le traitement du Chef de la police à la modique somme de 2,000 fr. inférieure même à la solde des commissaires de police placés sous ses ordres, ce serait désorganiser le service et enlever au Gouverneur le choix des agents supérieurs de la police, en le laissant responsable du maintien de l'ordre, ce qui est absolument inadmissible. Je compte, comme le Ministre, sur le bon esprit du Conseil colonial et j'insiste pour qu'il vote l'augmentation de crédit demandée pour porter le traitement dont il s'agit au chiffre modéré que j'ai indiqué par mon arrêté du 18 août 1873.

M. le Chef de service de Karikal expose qu'il se réservait de faire valoir aussi différentes considérations pour le maintien du traitement de 4,200 fr. fixé par l'arrêté du 18 août 1873, pour le Chef du service de la police; mais qu'en présence des développements que vient de donner à ce sujet le Chef de la colonie, il s'abstiendra, pour ne pas reproduire les mêmes arguments.

M. le conseiller Cornet dit que le Conseil local n'avait pas eu d'explications suffisantes et que, quant à lui, il n'aurait pas voté la réduction, s'il avait su que ce supplément de 2,000 fr. était inférieur à celui que touchent les commissaires de police.

M. le conseiller Hecquet fait observer que M. l'Ordonnateur, dans son exposé des motifs, signale que le projet de réorganisation soumis par une commission prévoit pour le personnel de la police, une somme de 59,000 fr. M. Hecquet dit qu'il faut remarquer que, d'après ce projet, les tchaoukidars attachés au Domaine et pour lesquels il est prévu une somme de 17,000 fr. seraient compris dans le service de la police, ce qui reporterait en réalité à 42,000 fr. le chiffre proposé par la commission tant pour la police rurale que pour la police urbaine.

M. le Gouverneur répond que la réorganisation de la police lui appartient et qu'elle n'est pas en question, mais que l'observation de M. Hecquet, dont il n'a pas à discuter la valeur pour le moment, sera consignée au procès-verbal. Revenant au service de la police, il déclare qu'il n'a rien à ajouter à ce qu'il a déjà dit et il met aux voix le crédit proposé par l'Administration.

MM. les conseillers Tambypoullé, Pounoutabypoullé, Hecquet, Covindassamynaïk Chanemougavelayoudamodéliar, et Bandesaïb votent pour les conclusions du Conseil local, c'est-à-dire pour la réduction par les motifs expliqués dans le sein de cette assemblée.

MM. le Gouverneur, l'Ordonnateur, le Procureur général, le Chef de service de Karikal et le conseiller Cornet votent pour les propositions de l'Administration.

En conséquence, à la majorité de 6 voix contre 5, la diminution proposée par le Conseil local est adoptée. Par suite, les prévisions pour la police sont arrêtées à la somme de 44,177 fr.

§. 5. Ponts et chaussées....... 63,285 »

Diminution de 200 fr. provenant d'une mutation entre un agent secondaire du service de Pondichéry qui reçoit une solde de 1,000 fr. et un employé du même grade à Karikal recevant un traitement de 800 fr.

Instruction publique........... 35,294 74

Conformément aux prescriptions du décret du 13 juin 1872, la dépense dont il s'agit a été votée par le Gouverneur en Conseil d'administration.

§ 7. Services spéciaux:

Jardin colonial et jardin d'acclimatation (même chiffre qu'en 1873)............... 6,490 "

Imprimerie.................... 13,345 "

M. l'Ordonnateur expose que cette prévision comprend sur celle de l'année dernière, une augmentation de 700 fr. que le Conseil local a refusé de ratifier.

M. le Gouverneur expose que, déjà l'année dernière, le Conseil a refusé toute augmentation pour les employés de l'Imprimerie et qu'il serait bien rigoureux de repousser de nouveau les propositions qui sont faites en faveur d'un personnel méritant, auquel incombe un surcroît de travail considérable, par suite de l'impression des travaux des Conseils élus.

Le Conseil colonial, en présence de ces considérations, vote à l'unanimité les 700 fr. d'augmentation.

Bibliothèque publique.......... 2,050 "

En réponse aux observations présentées par le Conseil local, au sujet de cet article et dont le secrétaire donne lecture, M. le Gouverneur expose qu'il n'est pas possible de contrevenir aux dispositions d'un arrêté qui n'a pas été rapporté. Quant à la rétribution qu'il conviendrait de donner à l'employé de la Bibliothèque, dont l'Administration apprécie le zèle, il y sera pourvu, s'il y a lieu, au moyen d'une gratification en fin d'année; mais l'on ne saurait augmenter un traitement qui a déjà atteint le maximum.

Etat-civil................... 7,025 "

Augmentation de 730 fr.

Le Conseil colonial, conformément au vote du Conseil local, accepte l'augmentation demandée.

Prison générale............... 4,880 "

M. l'Ordonnateur expose que le Conseil local a repoussé une augmentation de 100 fr. proposée en faveur du régisseur de la prison générale.

M. le Chef de service de Karikal pense qu'il faudrait récompenser les services d'un agent, qui, par sa bonne direction, a apporté le plus grand ordre dans la gestion du matériel et dans la tenue de la comptabilité, d'où il est résulté une économie de 4,000 fr. sur les dépenses des exercices antérieurs.

M. le Gouverneur appuie également l'augmentation de 100 fr. et la met au voix.

MM. Cornet, Hecquet, Tambypoullé, Ponnoutambypoullé Covindassamynaïk, Chanemougavélayoudamodély repoussent l'augmentation.

MM. le Gouverneur, l'Ordonnateur, le Procureur général, le Chef de service de Karikal, et le conseiller Dandésaëb votent pour l'augmentation.

A la majorité de 6 voix contre 5, l'augmentation de 100 fr. est repousée.

Prison des blancs..................	1,400
Maison de correction...............	1,230
Chambre de commerce.............	1,080

Ces diverses prévisions sont adoptées.

Salle d'asile et école d'apprentissage.

Après lecture des observations présentées par le Conseil local au sujet de ces établissements, **M. le Gouverneur** s'exprime ainsi :

« Dans l'intérêt de la paix qu'il importe de maintenir entre les différentes classes de la population, il me parait sage d'éviter que les projets relatifs à l'asile des vieillards et à l'école professionnelle servent de texte à la discussion publique des questions religieuses et des questions de caste, qui doivent être réservées, d'après la constitution du pays. D'un autre côté, des charges extraordinaires s'imposent à nous pour 1874 et quelques nouvelles dépenses d'une utilité incontestable nous ont été, en outre, recommandées par le Conseil local : c'est à peine si nous pourrons aligner les budgets et il importe autant de ne pas augmenter les impôts que de ménager les ressources immédiatement disponibles de la caisse de réserve, pour faire face aux nécessités qui résulteraient d'une mauvaise récolte ou de toute autre calamité. Par ces considérations, je retire mes propositions pour cette année et j'invite M. Carriol à retrancher ces deux projets de son plan de campagne. »

M. le conseiller Hecquet demande la parole pour développer sa pensée sur ces questions.

M. le Gouverneur répond que ces projets étant retirés, il n'y rien en délibération, et que c'est justement pour éviter, à ce sujet, une discussion publique qui pourrait conduire fort loin, qu'il a pris la résolution qu'il maintient et dont il accepte toute la responsabilité.

§ 8. Divers agents............... 5,925f

Diminution de 1,100 fr. provenant de la suppression du Contrôle.

Le Conseil adopte le chiffre de 5,925 fr.

§ 9. Suppléments pour fonctions spéciales......................... 3,225

M. l'Ordonnateur expose qu'il est demandé pour le secrétaire du Conseil d'hygiène et de salubrité publique une indemnité de 300 fr. pour frais de bureau et d'écrivain. Il fait également connaître que le commandant d'armes réclame une augmentation de 100 pour frais de bureau, cette allocation ayant été réduite l'année dernière et des charges nouvelles lui incombant, par suite de l'établissement de quatre postes de cipahis dans les aldées.

M. le Gouverneur et **M. l'Ordonnateur** appuient ces demandes et les deux augmentations sont votées, à l'unanimité, par le Conseil.

Article 2.— Accessoires de la solde. 13,000

Article 3.— Hôpitaux.......... 21,448

Augmentation de 2,688 fr. provenant de la création d'un dispensaire à l'hôpital.

M. l'ordonnateur expose que, sur la demande du Chef du service de santé, le Conseil local a autorisé l'affectation d'une partie des fonds destinés aux consultations gratuites, à la création de nouveaux lits à l'hôpital pour les indigents.

Après lecture de la délibération du Conseil local sur ce sujet, le Conseil colonial adopte les propositions de M. le Médecin en chef, appuyées par l'Administration.

Il est également donné lecture des vœux émis par le Conseil local au sujet de la pharmacie.

M. le Gouverneur, en réponse aux observations de cette assemblée expose qu'il verrait avec plaisir la création d'une pharmacie civile à Pondichéry dans les conditions réglementaires. Quant à réduire le prix des médicaments, l'Administration ne peut le faire, étant obligée d'établir ses tarifs conformément aux règlements et de manière à assurer à la métropole le remboursement complet de ses avances. Le Chef de la colonie ajoute qu'il autorise M. l'Ordonnateur à examiner s'il serait possible, au moyen d'une subvention du budget local, couvrant la différence en fin d'année, d'alléger un peu les charges de la population pour l'achat des médicaments fournis par la pharmacie de la marine.

M. le conseiller Cornet émet le vœu que l'Administration autorise, dans une sage limite, la tenue de pharmacies civiles par des personnes en état de subir devant une commission spéciale, un examen sérieux de pratique. Il demeurerait, d'ailleurs, entendu que dans ces établissements spéciaux, il ne pourrait être délivré au public que les médicaments dont la vente n'exposerait à aucun danger.

M. le conseiller Hecquet fait observer que dans les Dépendances les préparations pharmaceutiques sont faites par les élèves indiens qui ne sont presque jamais surveillés par les médecins et que la population ne s'en est jamais plainte. M. Hecquet ne voit pas pourquoi on serait plus rigoureux pour des débitants munis de certificats de capacité de pratique.

M. le Gouverneur répond que, si dans les Dépendances, on fait mal, parce qu'on ne peut pas faire autrement, ce n'est pas une raison pour agir de même à Pondichéry. Il ajoute que le vœu émis par M. Cornet engage des questions de légalité et de responsabilité très-graves ; mais que néanmoins l'Administration l'étudiera avec intérêt et y fera droit, s'il est possible.

Article 4.— Dépenses d'exercices clos. 7,000

Diminution de 2,000 fr.

Le Conseil s'étant prononcé sur toutes les prévisions de dépenses inscrites au chapitre Ier : Personnel, de la section facultative du budget, **M. le Gouverneur** les résume comme suit pour arrêter le total de ce chapitre.

Article 1er Solde.

Crédits votés dans la séance du 3 du courant :

§ 1er. — Gouvernement colonial	6,000f	00c
§ 2. — Administration générale	164,833	00
§ 3. — Officiers indigènes des cipahis	6,400	00
Crédits votés dans la séance de ce jour		
§ 4. — Police civile	44,177	00
§ 5. — Ponts et chaussées	63,285	00
§ 6. — Instruction publique	35,294	74
§ 7. — Services spéciaux	37,500	00
§ 8. — Divers agents	5,925	00
9. — Suppléments pour fonctions spéciales	3,225	00
Total de l'article Ier	366,639	74
Art. 2.— Accessoires de la solde	13,000	00
— 3.— Hôpitaux	21,448	00
— 4.— Dépenses d'exercices clos	7,000	00
Total du chapitre Ier	408,087	74

Le Conseil colonial approuve à l'unanimité.

La séance est levée à six heures et demie du soir et renvoyée au lendemain, six janvier, à deux heures de l'après-midi.

Le Secrétaire,
H. Liautaud.

Vu : *Le Gouverneur,*
Président,
FARON.

Séance du 6 janvier 1874.

L'an mil huit cent soixante-quatorze, le mardi six janvier, à deux heures de l'après-midi, le Conseil colonial s'est réuni au lieu ordinaire de ses délibérations.

Etaient présents :

MM. Faron, Commissaire général de la marine, Gouverneur ; Delrieu, Commissaire de la marine, Ordonnateur; Champestève, Procureur général, *p. i.* ; Liautaud, Commissaire adjoint de la marine, Chef de service de Karikal, *p. i.* ;

G. Cornet, négociant;	conseillers élus
E. Hecquet, négociant;	
Ponnoutambypoullé conseil agréé ;	
Tambypoullé, conseil agréé ;	
Covindassamynaïker, conseil agréé ;	
Chanemougavélayoudamodély, propriétaire	
Bandésaëb, commerçant ;	

A l'ouverture de la séance, **M. le Gouverneur** dépose sur le bureau de l'assemblée deux pétitions adressées au Conseil, l'une par les habitants de Peroungalour et l'autre par le nommé Rangamanaïk.

Ces documents sont renvoyés à la commission des pétitions.

La parole est donnée à M. l'Ordonnateur pour continuer la présentation du budget des dépenses de Pondichéry.

M. l'Ingénieur colonial et M. le Chef du service des contributions sont introduits dans la salle des délibérations, et prennent séance avec voix consultative.

CHAPITRE II. — MATÉRIEL.

Travaux et Approvisionnements.		147,612 90
§ 1er. Travaux des ponts et chausssées.	146,812 90	
§ 2. Salaires d'ouvriers autres que ceux des ponts et chaussées.........	800 00	
Total égal...	147,612 90	

Examen du plan de campagne des travaux à Pondichéry.

M. l'Ordonnateur invite M. le Chef du service des ponts et chaussées à donner lecture au Conseil du projet des travaux prévus au plan de campagne, exercice 1874.

PREMIÈRE SECTION.

CHAPITRE 1er. — EDIFICES PUBLICS, GROSSES RÉPARATIONS ET ENTRETIENS COURANTS.

Article 1er. — Edifices publics... 3,220 00

Projets nos 1 à 6 inclus.

Au n° 2: *Cour d'appel*, le secrétaire donne lecture des observations présentées par le Conseil local au sujet de la prévision de 800 fr. inscrite pour cet établissement.

M. l'Ingénieur colonial expose que sur la demande du Conseil local, il s'est rendu compte des dépenses qui ont été faites, l'année dernière, pour l'entretien de la Cour d'appel. De grandes réparations ayant eu lieu en décembre, M. Carriol estime que l'on pourrait, sans inconvénient, réduire de 200 fr. la prévision inscrite pour 1874.

En conséquence, le Conseil colonial réduit à 600 fr. le chiffre du projet n° 2.

Par suite de ce vote, la somme à inscrire au budget à la section: *Dépenses obligatoires*, est fixé à 2,820 fr.

DEUXIÈME SECTION: DÉPENSES FACULTATIVES.

CHAPITRE 1er. — ENTRETIENS COURANTS.

Article 1er. — Edifices publics. 14,908 63

Projets n° 7 à 41 inclus.

Au n° 2 : *Bureau des Messageries maritimes*, **M. l'Ordonnateur** rappelle que le Conseil local a exprimé le désir de voir régulariser le bail passé pour cet établissement dans le plus bref délai possible.

M. le Gouverneur invite M. l'Ordonnateur à faire auprès de l'agent des Messageries maritimes une nouvelle démarche, en le priant de provoquer de la Direction centrale une ratification définitive du bail dont il s'agit.

Au no 19 : *Police*, **M. l'Ingénieur colonial** expose qu'à la prévision de 650 fr. inscrite pour les réparations de cet établissement, il y a lieu d'ajouter la somme de 6,000 fr. votée par le Conseil, dans la séance du 3 janvier, pour la construction d'un étage sur le bâtiment affecté au service de la police.

Au no 20 : *Bazar central*, **M. l'Ordonnateur** fait connaître que le Conseil local a exprimé le vœu que le carrelage du bazar soit remplacé par une couche d'asphalte et qu'un essai soit préalablement tenté sous l'une des arcades de ce marché.

M. l'Ingénieur colonial demande que la prévision de 500 fr. inscrite pour l'entretien du bazar central, soit portée à 800 fr. pour lui permettre de faire l'essai demandé par le Conseil local.

Le Conseil colonial, à l'unanimité, vote l'augmentation.

Par suite de ces votes, le total de l'article 1er du chapitre II de la 2e section du plan de campagne, est porté à la somme de........................ 21,148 63

Article 2.— Travaux d'art, routes, rues, places de la ville, canaux, torrents, etc... 58,783 23

Projets nos 42 à 52 inclus.

Au no 42 : *Routes du territoire*, le secrétaire donne lecture des observations présentées par le Conseil local sur l'emploi des pierrites de fer et sur la largeur des routes.

M. l'Ingénieur colonial expose qu'il étudie la question d'augmenter la largeur des routes. Quant aux pierrites de fer, ainsi qu'il l'a dit au Conseil local, il n'en existe plus sur notre territoire, mais le service des ponts et chaussées s'en approvisionne sur le territoire anglais et l'emploie exclusivement pour les rues de la ville.

Au no 43, **M. l'Ordonnateur** fait connaître que le Conseil local, sur l'avis conforme de la commission du budget municipal, a émis le vœu que certains caniveaux, dont la profondeur est trop grande, soient drainés au moyen de tubes en fonte, de manière à rétablir le niveau des rues.

M. l'Ingénieur colonial expose que, conformément

au vœu du Conseil local, il a étudié cette question et a reconnu qu'au lieu d'employer des tubes en fonte, il serait plus économique de se servir du béton. Il ajoute qu'il se propose de faire un essai des deux systèmes et demande que le Conseil augmente à cet effet de 600 fr. la prévision de 18,000 fr., inscrite au plan de campagne pour l'entretien des rues et places de la ville.

Le Conseil colonial vote l'augmentation de 600 fr.

Au no 45: *Plantations des routes, rues, places etc.*, le secrétaire donne lecture de la délibération du Conseil local, qui, à cette occasion, a demandé qu'une commission soit nommée pour étudier le développement à donner aux plantations.

M. le Gouverneur ne voit aucun inconvénient à faire droit au vœu du Conseil local et il invite M. l'Ordonnateur à lui proposer la nomination d'une commission composée d'hommes compétents, pour étudier qu'elles sont les mesures à prendre dans le but d'obtenir les meilleurs résultats possibles des plantations, notamment sur les hauteurs de Perimbé.

Au no 46: *Square Dupleix*, **M. l'Ordonnateur** rappelle que le Conseil local a demandé que l'entretien de ce jardin soit confié au botaniste agriculteur et que la prévision de 1,000 fr., inscrite au plan de campagne, soit réduite à 750 fr. M. l'Ordonnateur ajoute que M. l'Ingénieur colonial trouve, au contraire, la prévision de 1,000 fr., insuffisante et avait proposé une augmentation de 200 fr.

M. le Gouverneur fait connaître que des circonstances indépendantes de l'Administration, ne lui ont pas encore permis de faire droit sur le premier point au vœu émis, l'année dernière, par les Conseils; mais qu'aucun obstacle ne paraît exister aujourd'hui et qu'il invitera le nouveau botaniste agriculteur à se charger désormais du square Dupleix. Il craint, d'ailleurs, que la réduction de 250 fr., proposée par le Conseil local, sur un crédit déjà réduit de 200 fr. en 1873, ne soit nuisible au bon entretien de ce square, qu'il convient de ne pas négliger.

M. l'Ingénieur colonial dit qu'il serait heureux de voir le square Dupleix confié au botaniste agriculteur et il insiste pour que la prévision soit plutôt augmentée que diminuée.

M. le conseiller Cornet pense que le chef jardinier attaché au square est aujourd'hui inutile, d'autant plus que les plantations ont acquis tout le développement voulu et que le botaniste agriculteur pourrait, au besoin, employer aux greffes des jardiniers attachés au parc colonial ou au jardin d'acclimatation.

M. le Gouverneur met aux voix l'allocation destinée à l'entretien du square Dupleix.

MM. Cornet, Hecquet, Tambypoullé, Poullé-tambypoullé, Covindassamynaïker, Chanemougavélayoudamodélyar et Bandésach votent une prévision de 800 fr.

MM. le Gouverneur, l'Ordonnateur et le Chef de service de Karikal votent une somme de 1,000 fr.

M. le Procureur général demande qu'il soit fait droit à la réclamation de M. l'Ingénieur colonial et vote une somme de 1,200 fr.

A la majorité de 7 voix contre 4, la prévision pour l'entretien du square Dupleix est fixée à 800 fr.

Au no 48 : *Pont débarcadère*, **M. l'Ingénieur colonial** expose qu'il a dû faire changer, depuis la réunion du Conseil local, l'engrenage de la grue, servant, au pier, à l'embarquement et au débarquement des marchandises. Cette dépense qui avait été prévisée pour 1874, ayant été faite en 1873, il propose de réduire de 952 fr. 10 c., le chiffre inscrit pour l'entretien du pont débarcadère et de le fixer, par suite, à 3,000 fr.

Le Conseil colonial, à l'unanimité, accepte la diminution proposée.

Au no 49 : *Pont d'Ariancoupom et ouverture de l'embouchure de la rivière*, **M. l'Ordonnateur** fait connaître que le Conseil local, conformément à une note inscrite par M. l'Ingénieur colonial au plan de campagne, a recommandé l'étude d'un barrage en maçonnerie destiné à remplacer celui en terre, afin d'éviter des entretiens annuels qui, à la longue, deviennent très-coûteux. M. l'Ordonnateur ajoute que cette assemblée a demandé également, qu'avant de faire l'étude en question, il soit ouvert une enquête *de commodo et incommodo* en lui donnant la plus grande publicité possible, pour éviter plus tard les réclamations des riverains.

Le Conseil colonial s'associant au vœu du Conseil local **M. le Gouverneur** dit que l'Administration fera étudier le barrage en maçonnerie et que ce travail sera inscrit au plan de campagne de l'année prochaine, si les ressources du budget le permettent. Quant à l'enquête demandée, il sera examiné si la loi la prescrit, en pareil cas, alors qu'il s'agit de la substitution d'un barrage à un autre qui existe déjà et, dans cette hypothèse, la plus grande publicité devra lui être donnée.

Par suite des votes qui précèdent, le total de l'art. 2. est fixé à.......................... 58,231 13

CHAPITRE II. — TRAVAUX NEUFS.

Art 1er. — Édifices publics.

Nos 53 à 57 inclus.

Dépense prévue au projet........ 30,400 00

Par suite de la décision qu'il a prise dans la séance du 5 janvier, **M. le Gouverneur** prescrit de retrancher les projets nos 54 et 55 relatifs à l'asile des vieillards et à l'école professionnelle et figurant au plan de campagne pour les sommes de 23,000 fr. et 5,500 fr., le vote de ces crédits ayant été, d'ailleurs, ajourné par le Conseil local, qui a, en outre, proposé de les affecter, cette année, à la construction d'un bâtiment destiné à la capitainerie du port et au commerce, ou même au commerce seul, selon le vœu exprimé par ledit Conseil.

TRAVAUX NEUFS.

Art. 2.— Routes, rues et ponceaux. 12,628 60

Au sujet des travaux neufs, le secrétaire donne lecture des observations présentées par le Conseil local.

M. le Gouverneur fait remarquer que cette assemblée, en discutant les conditions des cahiers des charges adoptés pour les travaux à l'entreprise, a traité une question purement administrative. Le Chef de la colonie ajoute que la plupart de ces conditions sont imposées, dans l'intérêt du service public, par les règlements ou par les instructions ministérielles, et que l'on ne pourrait s'en écarter, dans une trop grande mesure, sans s'exposer à de nombreux mécomptes où à d'incessantes difficultés avec les fournisseurs ou les entrepreneurs. L'Administration s'est efforcée et elle continuera à s'efforcer de faire réussir autant que possible le système de l'entreprise, quoiqu'il rencontre ici de sérieux obstacles dans les habitudes et dans le manque de ressources locales. Le Gouverneur le désire aussi vivement que les Conseils et pour atteindre ce but, il renouvelle, de la manière la plus instante, toutes les recommandations qu'il a déjà faites, l'année dernière, à M. l'Ingénieur colonial et à M. l'Ordonnateur.

M. le conseiller Hecquet fait remarquer que l'unique but du Conseil local, a été de signaler à l'Administration les clauses des cahiers des charges qui lui ont paru inutiles ou excessives pour les entrepreneurs et qui pourraient faire échouer le nouveau mode proposé. Il a seulement cru devoir appeler sur ce point l'attention du Chef de la colonie.

M. le Gouverneur répond qu'il pense bien aussi que le Conseil local n'a pas eu l'intention de substituer son action à celle de l'Administration responsable. Les observations faites par cette assemblée seront, d'ailleurs, examinées avec soin et l'Administration s'attachera, comme il le lui recommande encore, à faire disparaître, pour l'avenir, des cahiers des charges, toutes les clauses qu'elle en pourra retrancher, sans compromettre la bonne exécution des travaux, l'exact accomplissement des engagements contractés et les intérêts de la colonie.

M. le conseiller Hecquet demande qu'en outre tous les renseignements nécessaires aux entrepreneurs pour les éclairer sur l'étendue de leurs obligations, leur soient fournis par le service des ponts et chaussées toutes les fois qu'ils le demandent.

M. l'Ingénieur colonial répond que, comme il l'a déclaré au Conseil local, il s'est empressé de fournir aux entrepreneurs qui sont venus le trouver, toutes les informations qu'ils désiraient.

CHAPITRE III. — SUBVENTION AUX TRAVAUX EN FAVEUR DE L'AGRICULTURE.

Projets nos 62 à 70 inclus.

Au n° 63 : *Grand étang d'Oussoudou*, **M. l'Ordonnateur** fait connaître que le Conseil local a demandé qu'une prévision de 4,000 fr. fut inscrite au plan de campagne pour le curage du grand étang.

M. l'Ingénieur colonial dit qu'il ne peut que répéter ce qu'il a déclaré dans le sein du Conseil local, c'est-à-dire que le travail proposé lui semble urgent et qu'il ne s'est abstenu de préviser une somme à cet effet que faute de ressources suffisantes.

L'urgence du curage du grand étang étant reconnue, le Conseil colonial, à l'unanimité, vote la prévision de 4,000 fr.

N° 66 : *Rivière de Gengy* (entretien annuel du barrage de Pouléarcoupom.)

La parole est donnée à M. l'Ingénieur colonial, qui expose que, depuis la clôture de la session du Conseil local, les crues de l'hivernage ont emporté une partie du barrage en terre de Pouléarcoupon et que la somme de 1,500 fr. prévue au plan de campagne des travaux ne comprenait que les entretiens annuels. Par suite de dégâts de force majeure qui se sont produits, il demande au Conseil de vouloir bien porter cette prévision à 3,000 fr.

Le Conseil colonial adopte, a l'unanimité, cette proposition.

Au n° 69 : *Rivière de Gengy* (barrage de Souttoukény), le secrétaire donne lecture de la délibération du Conseil local relative à la construction du barrage de Souttoukény.

Après cette lecture, la parole est donnée de nouveau à M. l'Ingénieur colonial qui s'exprime ainsi :

« Les observations présentées au Conseil local par M. Chatelier sont la reproduction de celles émises par le Conseil des travaux de la marine, dans les pièces qui composent le dossier de l'affaire. Je ne rappelerai pas les avantages que présente le projet que nous avons élaboré, en prenant pour type le barrage de Tircouvelour, sur celui envoyé par la Métropole, puisque le Conseil local l'a adopté et que M. Chatelier lui-même se range à cet avis, en présence des difficultés d'exécution inhérentes à la localité. Mais le Conseil local ayant approuvé la modification de la largeur du radier, qui serait portée de 4^m 50 à 6^m 50, j'ai à demander au Conseil colonial une deuxième modification dans la longueur du barrage. Ce changement donnera satisfaction aux observations judicieuses du Conseil des travaux de la marine, en ce sens qu'il augmentera le débouché de ce travail d'art, sans avoir besoin de le déplacer comme l'a proposé M. Chatelier.

« Les crues qui sont survenues depuis l'étude du projet en 1871 et surtout l'inondation de 1872, ont corrodé les berges de la rivière de 50^m environ. Si nous exécutions le projet tel qu'il avait été présenté, les culées se trouveraient par ce fait placées en plein dans le nouveau lit; les terres pleines des culées qui viendraient se raccorder aux berges seraient exposées à être attaquées et pourraient être contournées par les eaux. Ce serait, là, en cas dinondation, extraordinaire, un danger pour l'avenir qui compromettrait la durée de ce barrage, bien que son développement de 300 mètres présente un débouché suffisant aux plus hautes crues observées. Néanmoins, j'ai l'honneur de proposer au Conseil de m'autoriser à porter ce débouché à 350 mètres au lieu de 300 mètres prévus au projet. Ces modifications augmenteront les prévisions de dépenses générales d'environ 20,000 francs; mais j'espère ne pas atteindre ce chiffre, par suite des économies que nous procurera l'emploi des pierres que je fais extraire, en ce moment, à Poulléarcoupom, Je compte employer tout ce que je pourrai me procurer de moëllons, pour l'intérieur des maçonneries et aux enrochements, au lieu de fabriquer des blocs artificiels en béton dont la différence de prix, par mètre cube, est considérable. »

Ces explications entendues, **M. le Gouverneur** pose au Conseil les deux questions suivantes:

1° Le Conseil colonial est-il d'avis d'appuyer le vœu du Conseil local, qui demande que la préférence soit donnée au plan préparé par le service des ponts et chaussées sur celui du Conseil des travaux de la marine, sous la réserve que la largeur du radier soit portée de 4 mètres à 6 mètres, 50 cent. ?

2° Le Conseil consent-il à ce que le barrage de Souttoukény, conformément à la proposition que vient d'en faire M. l'Ingénieur colonial, soit porté à 350 mètres de débouché au lieu de 300, en raison des corrodations qu'ont subies les berges depuis l'étude du premier projet ?

Le Conseil colonial, à l'unanimité, répond affirmativement aux deux questions posées par le Chef de la colonie.

Par suite des votes qui précèdent, le total du chapitre III est fixé à........................ [illegible] 12

Dans le cas où la prévision de 40,000 fr. inscrite au budget de 1874 pour le barrage de Souttoukény ne serait pas suffisante, le Conseil colonial exprime, en outre, le vœu que les travaux ne soient pas suspendus et que M. le Gouverneur veuille bien, en cours d'exercice, accorder le crédit supplémentaire qui pourrait être utilement employé avant la saison des pluies, afin d'activer, par tous les moyens, l'achèvement de cet important ouvrage.

M. le Gouverneur déclare qu'il usera, s'il y a lieu, de la faculté qui lui est ouverte par le Conseil.

CHAPITRE IV. — SERVICE GÉNÉRAL.

Frais généraux pour ouvrages divers, matériel, etc.

Le projet prévoit la dépense totale de ce chapitre à.. 9,430

Le Conseil adopte cette prévision :

M. l'Ingénieur colonial donne ensuite la récapitulation générale, d'après le projet du plan de campagne, et fait connaître qu'il y a été inscrit d'office par M. le Gouverneur, une somme de 6,000 fr. pour les dépenses d'instruction publique.

M. l'Ordonnateur expose que pour les travaux imprévus il a été prévisé aux dépenses facultatives une somme de 4,079 fr. 42 cent. et à la partie inscrite d'office, un chiffre de 447 fr. M. l'Ordonnateur ajoute que le Conseil local a présenté une observation à ce sujet et a trouvé que ces deux sommes n'étaient pas dans la même proportion, eu égard au chiffre total des travaux.

M. l'Ingénieur colonial répond que, comme il l'a exposé au Conseil local, les instructions ministérielles prescrivent de préviser pour les dépenses imprévues 1/5 à 1/20 du montant total du plan de campagne. Il ajoute que si les ressources ne lui avaient pas fait défaut, il aurait augmenté le chiffre de 4,079 fr. 42 cent. inscrit à la section facultative et qui est bien au-dessus des besoins réels.

M. le conseiller Hecquet demande si les prescriptions ministérielles, antérieures au décret du 13 juin 1873, lient le Conseil colonial qui, d'après la constitution, décide en dernier ressort des travaux à exécuter dans la colonie. M. Hecquet ajoute qu'il ne le croit pas.

M. le Gouverneur répond qu'il ne peut pas empêcher le Chef du service des ponts et chaussées de se conformer aux instructions ministérielles et qu'il l'engage même à les respecter, à moins d'une impossibilité absolue, comme dans la circonstance; mais qu'il n'a pas, non plus l'intention de contester au Conseil le droit de modifier, comme il le juge convenable, les crédits proposés par l'Administration pour les travaux, même pour les dépenses imprévues, quoiqu'elles soient soumises à des règles particulières.

M. l'Ordonnateur rappelle que le Conseil local a émis le vœu qu'il soit donné suite au projet de la construction d'un bureau du port en demandant qu'il soit exclusivement consacré aux besoins du commerce.

M. le Gouverneur pense que l'urgence de cette construction n'est pas telle qu'il y ait lieu d'en faire supporter la dépense de 18,000 fr. à un exercice déjà surchargé. Néanmoins, il ne s'oppose point à la réalisation immédiate du vœu du Conseil local sur ce point. Il croit devoir seulement faire remarquer qu'en France les bâtiments qui dépendent des Chambres de commerce ne sont jamais mis au compte du budget général, ni même du budget départemental, mais construits et entretenus au moyen de taxes spéciales uniquement supportées par les commerçants. Prendre ici une décision contraire, ce serait priver un service public des bureaux qui lui sont nécessaires, s'écarter de tous les principes et s'exposer peut-être aux réclamations d'une partie des contribuables. D'un autre côté, si telle était la décision du Conseil colonial, il est évident que l'Administration ne pourrait rester chargée de la garde, de l'entretien et de la responsabilité du bâtiment, qui devrait être alors livré à l'entière disposition de la Chambre de commerce.

Par ces considérations, M. le Gouverneur estime qu'il convient de s'en tenir à ce qui avait été projeté, c'est-à-dire de le construire pour le service de la direction du port et d'y réserver un vaste magasin pour les besoins du commerce local. Dans ce cas, l'Administration consulterait préalablement la Chambre de commerce et s'empresserait de faire droit, dans toute la mesure possible, aux observations ou demandes qu'elle aurait à présenter.

M. le conseiller Hecquet expose que le commerce est peu favorisé dans notre ville et demande que, conformément au vœu du Conseil local, le bâtiment en question soit exclusivement affecté à ses besoins.

M. le Gouverneur met aux voix sa proposition tendant à ce qu'une partie du bâtiment projeté soit affecté aux bureaux du capitaine de port et un grand magasin, dans le genre de celui des Messageries maritimes, réservé au commerce pour le dépôt provisoire des marchandises débarquées ou à embarquer.

MM. les conseillers Cornet, Tambypoullé, Ponnoutambypoullé, Covindassamynaïker, Chanemougavélayoudamodélyar et Bandésaëb considérant qu'il doit y avoir, au sujet de ce bâtiment, entente préalable avec la Chambre de commerce, votent pour la proposition du Chef de la colonie, avec M. l'Ordonnateur, le Procureur général et le Chef de service de Karikal.

M. le conseiller Hecquet seul vote pour que ce bâtiment soit exclusivement réservé au commerce.

Par suite de ce vote une prévision nouvelle de 18,500 fr. est inscrite au chapitre II : article 1er, *Edifices publics*.

M. l'Ordonnateur récapitule ensuite les divers votes qui précèdent.

PLAN DE CAMPAGNE.

PREMIÈRE SECTION. — DÉPENSES OBLIGATOIRES.

Edifices publics (prévision inscrite à la partie obligatoire du budget................	2,820f00c
A reporter...	2,820 00

Report...		2,820 00
Dépenses pour l'instruction publique inscrites d'office......		6,000 00
		8,820 00
2e Section. — Dépenses facultatives.		
Chap. Ier. — Entretiens courants		
Art. 1er. — Edifices publics........	21,148 63	
Art. 2. — Travaux d'arts, rues, routes, etc.....	58,231 13	
Total du chap. Ier...		79,379 76
CHAP. II. — TRAVAUX NEUFS.		
Art. 1er. — Edifices publics (bureaux du port compris.	20,400 00	
Art. 2. — Routes, rues, ponceaux, etc...........	12,628 60	
Total du chap. II...		33,028 60
Chap. 3. — Travaux en faveur de l'agriculture...........		54,265 12
Chap. 4. — Frais généraux...		9,430 00
Dépenses imprévues.........		4,709 42
Montant total du plan de campagne...................		189,632 90
A déduire :		
Dépenses obligatoires.	2,820	
A reporter...	2,820	189,632 90

Report....	2,820	189,632 90
Barrage de Souttoukény (travail extraordinaire)........	40,000	
		42,820 00
Reste égal à la prévision inscrite au § 1er de l'article 1er du chapitre II des dépenses facultatives		146,812 90

Le Conseil colonial approuve à l'unanimité.

La séance est levée à sept heures et demie du soir et renvoyée au lendemain 7 janvier, à 2 heures de l'après-midi.

Le Secrétaire,
H. LIAUTAUD.

Vu : *Le Gouverneur, Président,*
FARON.

Séance du 7 janvier 1874.

L'an mil huit cent soixante-quatorze, le sept janvier, à deux heures de l'après-midi, le Conseil colonial s'est réuni au lieu ordinaire de ses délibérations.

Etaient présents :

MM. Faron, Commissaire général de la marine, Gouverneur; Delrieu, Commissaire de la marine, Ordonnateur; Champestève, Procureur général, *p. i.*; Liautaud, Commissaire adjoint de la marine, Chef de service de Karikal, *p. i.*;

G. Cornet, négociant;
E. Hecquet, négociant;
Ponnoutambypoullé, conseil agréé;
Tambypoullé, conseil agréé;
Covindassaminaïker, conseil agréé;
Chanemougavelayoudamodélyar, propriétaire;
Bandésaëb, commerçant;
} conseillers élus.

Sur l'invitation de M. le Gouverneur, le secrétaire donne lecture du procès-verbal de la séance du 3 janvier, qui est adopté sans observations.

M. le Gouverneur dépose ensuite sur le bureau de l'assemblée deux pétitions adressées au Conseil, l'une, n° 34, par le nommé Arounapamodéliar, et l'autre n° 35, par Madame Bulliard.

Ces documents sont renvoyés à l'examen de la commission des pétitions.

La parole est donnée à **M. l'Ordonnateur** pour continuer la présentation au Conseil du budget des dépenses de Pondichéry, exercice 1874, Chapitre II, Matériel, 2e section.

Article 2.— Entretien des mobiliers et matériel des bureaux.................. 11,725 00

Diminution de 925 fr. provenant de la suppression du service du Contrôle.— Adopté sans observations.

Article 3.— Achat de terrains et loyers d'établissements..................... 25,751 16

M. l'Ordonnateur expose que la prévision inscrite au projet de budget était de 3,008 fr. 46 cent., ce qui, avec les 792 fr. 70 cent. afférents à l'instruction publique, formait un total de 3,801 fr. 16 cent. Le Conseil local a émis le vœu que les 650 fr. prévisés pour le loyer d'un terrain occupé par l'hôpital et appartenant au Comité de bienfaisance, soit transféré au chapitre II, article 1er, de la première section : *Dettes exigibles*. Cette assemblée a, de plus, proposé le vote d'une somme de 20,000 fr. pour l'achat d'un terrain appartenant aux héritiers de M. Godefroy, destiné à l'agrandissement de l'hôpital, à l'installation de la pharmacie et à la création d'un hospice pour les aliénés.

M. le Gouverneur expose, qu'en raison des charges déjà assez lourdes incombant au budget de 1874, il aurait été d'avis d'ajourner l'achat de cette propriété, bien qu'elle soit des plus utiles pour assurer d'une manière complète les divers services de l'hôpital ; mais que, dans la crainte que les propriétaires ne viennent à s'en dessaisir et qu'il ne soit plus possible, l'année prochaine, d'en faire l'acquisition aux mêmes conditions, il propose de sanctionner le vœu du Conseil local, dont il partage également les vues au sujet du transport de la somme de 650 fr. à l'article des *Dettes exigibles*.

Le Conseil colonial vote, à l'unanimité, les 25,751 fr. 16 cent. prévisés par le Conseil local pour les achats de terrains et loyers d'établissements.

Article 4. — Frais de transport par terre et par eau.................... 2,000 00

Diminution de 500 fr. sur la prévision de 1873.

Article 5. — Matériel des prisons. 12,000 00

Diminution de 3,000 fr. provenant de l'ordre et de l'économie apportés dans ce service.

Article 6. — Matériel du service de l'Imprimerie.................... 13,000 00

Sans modification.

Article 7. — Secours, dotations, bourses, subventions, dépenses diverses.

1. Prestations.................. 5,500 00

M. l'Ordonnateur fait remarquer que, conformément à l'avis émis par le Département de la marine, le montant des prestations, dont jouissent les descendants des quatre familles indiennes, qui ont rendu des services au pays, a dû être transféré à cette partie du budget.

M. le secrétaire donne lecture de la délibération du Conseil local relative à la question.

M. le Gouverneur dit que, d'après les termes de la dépêche du 21 juillet 1873 dont

A reporter... 5,500 00

Report... 5,500 00

il donne lecture, il espère que le Conseil colonial reconnaîtra, avec le ministre de la marine et avec lui, la convenance de maintenir à leur taux actuel, les quatre prestations dont il s'agit. Il ajoute que, dans son opinion, il serait sage de ne pas discuter, dès aujourd'hui, la question de principe soulevée par le Conseil local pour la suppression de l'une de ces pensions lors du décès du titulaire; il fait remarquer, en effet, que ce transfert de la concession à une génération nouvelle ne pouvant avoir lieu qu'avec l'assentiment du Conseil colonial, il est préférable de ne pas engager ainsi l'avenir et la décision de l'assemblée.

M. le conseiller Covindassamy-naïker pense comme M. le Gouverneur, qu'il serait prématuré de traiter cette question. Le Conseil n'ayant à voter les prestations que pour 1874, il est d'avis d'accepter le chiffre de 5,500 fr. prévu au budget, sauf à statuer sur les autres points à l'extinction des titulaires actuels.

Le Conseil adopte la proposition de M. le Gouverneur, appuyée par M. Covindassamy-naïker et vote le crédit demandé, à la majorité de dix voix, M. le conseiller Ponnoutamby s'étant seul abstenu.

2. Pensions aux officiers indiens, à leurs veuves et aux veuves des sous-officiers et cipahis morts avant d'avoir des droits à pension sur la caisse des Invalides........................ 3,320 00

M. le secrétaire donne lecture des observations présentées par le Conseil local au sujet de ces pensions.

A reporter... 8,820 00

Report... 8,820 00

M. le Gouverneur dit que sa sollicitude s'est depuis longtemps étendue aux veuves des cipahis et qu'il n'a pas manqué de les comprendre dans un arrêté spécial pour des secours renouvelables sur les fonds de la colonie, lorsque d'ailleurs les services de leurs maris ne leur ont pas ouvert des droits suffisants à une pension sur la caisse des Invalides de la marine. Cet arrêté se rattachant à l'organisation d'un corps militaire, il a dû le soumettre d'abord à l'approbation du Ministre, qui n'a pas encore fait connaître sa décision : mais il se propose de renouveler les démarches qu'il a déjà faites dans le but de hâter la solution de cette question et il charge M. l'Ordonnateur d'en prendre note. En attendant, l'Administration fera tout ce qui dépendra d'elle en faveur des veuves des cipahis et continuera à leur accorder, à l'occasion, des secours éventuels. Le Gouverneur fait, en outre, remarquer que ces veuves ne sont pas moins dignes d'intérêt que celles des employés ou agents de tous les autres services et qu'elles lui paraissent devoir être placées pour l'avenir dans les mêmes conditions, puisque le Département de la marine ne peut leur accorder des pensions que dans les limites de la loi.

Secours annuels et temporaires.... 12,863 64

Il est donné lecture de la délibération du Conseil local relative aux secours annuels renouvelables et du procès-verbal constatant les résultats de la dernière révision de la liste des personnes qui reçoivent une pension du Comité de bienfaisance, lequel n'a pas cru pouvoir, quant à présent, apporter aucune réduction

A reporter... 21,683 64

Report... 21,683 64

importante aux concessions déjà faites. **M. le Gouverneur** prend ensuite la parole et exprime l'avis qu'il convient d'agir de même et de ne pas revenir sur le passé. Les familles depuis longtemps en jouissance des secours annuels qui leur ont été accordés sur le budget de la colonie sont, en général, dignes d'intérêt par leur position malheureuse et il serait difficile d'en écarter quelques-unes sans s'exposer à de regrettables erreurs, attendu que tous les éléments d'appréciation, les ressources, les charges et la conduite, manqueraient souvent pour éclairer d'une manière sûre la religion de chacun des membres du Conseil. D'un autre côté, aucun abus n'est plus possible pour l'avenir, puisque des règles précises ont été tracées pour ces concessions par un arrêté local du 6 mai 1872. Par ces considérations, le Chef de la colonie propose d'accepter, sans révision, pour 1874, la liste de secours qui est présentée et sur laquelle, d'ailleurs, le Conseil local ne s'est pas trouvé en mesure de faire connaître son avis.

M. le conseiller Hecquet pense que les personnes qui ont des propriétés et qui touchent déjà une pension de la caisse des Invalides ne devraient pas obtenir de secours de la caisse coloniale.

M. le Procureur général fait remarquer que les personnes qui ont des propriétés, peuvent parfois se trouver dans une position plus précaire que celles qui n'en ont pas, si leurs biens sont hypothéqués et si elles ont de grandes charges de famille.

M. le Gouverneur ajoute que si l'on examine quelques situations particulières, il faudra réviser toute la liste, sans aucune ex-

A reporter... 21,683 64

Report... 21,683 64

ception, et que c'est là justement ce qu'il serait peut-être sage d'éviter.

M. le conseiller Cornet dit que, comme l'a exposé M. le Gouverneur, il serait regrettable de toucher en quelque sorte à des droits acquis et propose le maintien des pensions déjà concédées.

Le Conseil se ralliant à cette opinion, **M. l'Ordonnateur** expose que des 20,000 fr. fixés par l'arrêté pour la répartition des secours entre les cinq Etablissements, il ne reste de disponible qu'une somme de 163 fr. 64 c. Pondichéry est compris dans ce crédit de 20,000 fr. pour un chiffre de 12,000 fr., d'après le projet de budget. Les prévisions accordées l'an passé s'élevaient à 11,157 00

Celles concédées depuis lors et que M. l'Ordonnateur soumet à l'approbation du Conseil, sont de........................	1,021 20
	12,178 20
Ce qui laisserait sur les.....	12,700 00
Un disponible de.........	521 80
Soit avec les.............	163 64
Un total disponible de.....	685 44

Cette situation établie, M. l'Ordonnateur ajoute que le Conseil local a émis le vœu qu'un secours annuel et temporaire de 300 fr. soit accordé au cazi Baboudinesaëb et que l'Administration a reçu de Madame veuve Davia, dont la position de fortune est très-précaire, la demande d'une pension pour lui permettre de subvenir aux frais d'éducation de son fils.

M. le Gouverneur propose d'accorder à Madame Davia, dont la requête a été ap-

A reporter... 21,683 64

Report... 21,683 64

puyée par le Chef de service de Chandernagor, un secours de 300 fr. et de sanctionner le vœu émis par le Conseil local en faveur du cazi Badourdinesaëb, qui a rendu gratuitement de longs et utiles services à la population musulmane et à la colonie.

Le Conseil, à l'unanimité, adopte ces deux propositions.

M. le conseiller Covindassamy-naïker expose que le président du comité de jurisprudence indienne, dont les services ont pu être appréciés par l'Administration en plusieurs circonstances, ne touche qu'une pension de 60 fr. et demande qu'elle soit portée à 100 fr.

Le Conseil colonial vote a l'unanimité, l'augmentation.

Par suite de ces votes, le chiffre des secours annuels et temporaires est arrêté comme suit :

Pensions accordées primitivement et concédées en 1873 par l'Administration....................		12,178 20	
Pension au cazi Badourdinesaëb...............	300 00		
Pension à Madame veuve Davia pour l'éducation de son fils...	300 00		
Augmentation pour le Président du comité de jurisprudence indienne.............	40 00		
Reste disponible...	45 44		
		685 44	
Total des secours annuels et temporaires...................		12,863 64	
Secours éventuels................			5,000 00

A reporter... 26,683 64

Report.. 26,683 64

M. le Gouverneur expose que le chiffre des secours éventuels mis à sa disposition, l'année dernière, était de 4,560 fr. mais que la faible somme de 45 fr. 44 c. qui reste seule disponible pour les secours annuels et temporaires, ne permettra pas à l'Administration de concéder de nouvelles pensions, en 1874, aux personnes qui pourraient y avoir des titres, d'après l'arrêté de 1872. Le Chef de la colonie propose donc de porter à 5,000 fr. le montant des secours éventuels, pour venir en aide aux familles qui seraient atteintes par un malheur, en attendant que leur position puisse être régularisée.

Le Conseil colonial, à l'unanimité, vote le chiffre de 5,000 fr.

26,683 64

2. Subventions et dotations aux cultes, à l'instruction publique, au bureau de bienfaisance, bourses........................ 66,085 00

M. l'Ordonnateur expose que ce crédit a été voté par M. le Gouverneur en Conseil d'administration.

3. Subventions et allocations diverses, primes.

A l'occasion de ce paragraphe **M. le Gouverneur** fait connaître que trois des meilleurs élèves du Collége colonial, ayant subi leurs examens d'une manière satisfaisante, viennent d'obtenir les brevets de capacité qu'ils sont autorisés à échanger, sans déplacement, sous certaines conditions, contre les diplômes de bachelier, d'après les dispositions libérales du décret du 26 octobre 1871. Cet heureux résultat est dû au zèle éclairé du R. P. Vacant, Principal du Collége, et à celui des professeurs de mérite qui le secondent avec un égal dévouement. Le Chef de la colonie se fait un devoir de leur en exprimer ici toute sa reconnaissance. Il reste maintenant à faciliter à ces jeunes gens les moyens de se rendre en France et d'y compléter leur éducation. A cet effet, M. le Gouverneur propose de porter au budget la prévision de quatre subsides spéciaux pour les Européens ou descendants d'Européens; mais il pense qu'il faut aussi songer à la population indigène et il demande que la même faveur soit étendue aux Indiens qui, dans un avenir prochain peut-être, obtiendraient également des brevets de capacité.

Ces propositions reçoivent de l'assemblée l'accueil le plus favorable et, après en avoir délibéré, le Conseil colonial décide à l'unanimité :

1° Que quatre subsides seront immédiatement inscrits au budget pour venir en aide aux familles du pays et aux fonctionnaires de la colonie qui, n'ayant pas de ressources suffisantes, voudraient envoyer en France leurs enfants, pourvus du diplôme de bachelier ès-lettres ou ès-sciences, pour y compléter leur éducation, pour suivre les cours de droit ou de médecine ou pour se préparer aux écoles spéciales du Gouvernement ;

2° Que quatre autres subsides semblables sont également votés, dès aujourd'hui, en principe, pour les familles indiennes qui désireraient en profiter, lorsque leurs enfants rempliront les mêmes conditions, deux de ces derniers subsides pouvant seuls, jusque-là, être provisoirement concédés aux Européens ou à la classe mixte, à défaut de candidats indiens;

3° Que ces subsides, assimilés aux pensions de munificence ou aux secours annuels, seront votés par le Conseil colonial, après avis des Conseils locaux, et que les personnes qui voudront les obtenir devront, par conséquent, en faire la demande en temps utile, c'est-à-dire avant l'ouverture de chaque session ordinaire;

4° Qu'ils seront de 600 fr. au minimum et de 1,500 fr. au maximum; qu'ils ne pourront être accordés pour plus de trois années et que le paiement en sera fait par semestre, à l'avance ;

5° Qu'ils ne pourront jamais être concédés que pour les jeunes gens qui, avant leur départ de la colonie, auront obtenu l'échange de leur brevet de capacité contre un diplôme de bachelier ;

6° Enfin, qu'un passage de 2e classe par les steamers sera accordé, sur les fonds du budget local, à ces jeunes gens lorsque, le subside étant concédé, ils se rendront en France pour y terminer leur éducation.

M. le conseiller Hecquet expose qu'il a aussi une proposition à faire, celle de voter une certaine somme qui serait spécialement affectée à l'envoi en France des jeunes enfants de 10 à 14 ans, dont un Européen ou descendant d'Européens et deux indigènes, pour y faire leur éducation complète.

M. le conseiller Cornet rappelle que, l'année dernière, il avait, dans le sein du Conseil local, émis un vœu analogue à la proposition de M. Hecquet, qu'il appuie vivement, attendu que cette mesure ne peut manquer, selon lui, de produire, avec le temps, les résultats les plus favorables.

M. le Gouverneur dit que ce projet lui paraît de nature à être pris en considération et qu'il s'y associe avec empressement. Il met ensuite aux voix la proposition, et le Conseil, à l'unanimité, vote un crédit de 3,000 fr. pour les trois subsides à accorder aux enfants de 10 à 14 ans, dans les conditions indiquées par MM. Hecquet et Cornet. Il est, en outre, arrêté :

En premier lieu, que ces subsides particuliers ne seront accordés par le Conseil qu'après avis préalable de la Commission de surveillance de l'instruction publique et après un examen d'aptitude subi, avec succès, par les enfants qui devront en être l'objet.

Secondement, qu'à défaut de candidats dans l'une ou l'autre des deux catégories admises, ils pourront être indistinctement employés soit en faveur des Européens ou de la classe mixte, soit en faveur de la population indigène.

Il demeure entendu, en outre, qu'un passage de 2e classe pour France sera accordé à ces enfants sur les paquebots à vapeur et que le payement des subsides concédés n'aura lieu que lorsqu'ils auront été placés dans un établissement d'instruction publique, sous la surveillance de l'université, ou dans un établissement religieux au choix des parents.

Ces règles tracées, **M. le Gouverneur** annonce qu'il est déjà saisi de quatre demandes de pensions ou subsides pour permettre aux jeunes gens du pays ayant terminé leurs premières études de compléter leur éducation en France et il prie le Conseil de statuer sur la suite qu'elles comportent.

1° Demande de M. Sicé, Chef du service des contributions. — Le Conseil local ayant déjà émis un avis favorable pour la concession d'un subside de 1,200 francs par an, **M. le Gouverneur** met aux voix ce chiffre, qui est voté, à l'unanimité, par le Conseil colonial;

2° Demande de M. Delaselle, Receveur des contributions. — **M. le Gouverneur** fait remarquer que M. Delaselle est un fonctionnaire honorable qui compte de longs services dans la colonie, qu'il a deux filles veuves, de jeunes enfants ou petits enfants, en tout 14 personnes à sa charge, et qu il n'est pas dans une position moins digne d'intérêt que celle de M. Sicé. Le Gouverneur propose donc de voter le même chiffre de 1,200 fr. et il insiste vivement pour l'obtenir. Selon lui, il convient ou d'écarter les deux demandes ou de les placer l'une et l'autre sur la même ligne.

M. Hecquet répond que les revenus et la position de fortune ne sont pas les mêmes et justifient une différence entre les deux concessions.

M. le Gouverneur réplique qu'il n'en a pas la certitude, qu'il serait fort délicat de traiter ces questions, que les ressources de M. Delaselle lui paraissent avoir été exagérées et que, d'ailleurs, ses charges sont excessives.

La proposition mise aux voix, **MM. Hecquet, Ponnoutambypoullé, Tambypoullé, Chanemougavélayoudamodélyar, Covindassamynaiker et Bandésaëb** votent un subside de 800 fr.

MM. le Gouverneur, l'Ordonnateur, le Procureur général, le Chef du service de Karikal et M. le Conseiller Cornet votent le chiffre de 1,200 fr.

En conséquence, à la majorité de six voix contre cinq, un subside de 800 fr. est accordé à M. Delaselle;

3° Demande de Mme veuve Bayoud. — Le Conseil, à

l'unanimité, vote un subside de 1,500 fr., la position de cette dame étant des plus malheureuses;

4° Demande de M. de Nanteuil, conseil agréé. — Le Conseil vote, à l'unanimité, un subside de 1,200 fr.

Par suite, une prévision de 2,950 fr. est inscrite au budget pour assurer le paiement de ces subsides en 1874, le premier seul à compter du 1er janvier, les trois autres ne devant être concédés qu'après l'obtention de diplômes de bachelier, en échange des brevets de capacité.

M. le Gouverneur est, de plus, autorisé à ouvrir, au besoin, un crédit extraordinaire en cours d'exercice, dans le but de pourvoir aux frais de passage.

M. le Conseiller Hecquet rappelle que M. Guyot a adressé au Conseil local une pétition, par laquelle il demande un subside pour subvenir aux frais que lui impose l'éducation de son fils qu'il a récemment envoyé à Bordeaux. M. Hecquet pense que cette demande doit être classée dans la seconde catégorie de subsides que le Conseil vient de voter.

Lecture est donnée par le secrétaire de la délibération du Conseil local au sujet de cette question.

M. le Gouverneur fait ressortir que M. Guyot demande une bourse au lycée de Bordeaux et que cette dépense rentre dans celles de l'instruction publique, sur lesquelles les Conseils n'ont pas à délibérer. Le Chef de la colonie ajoute qu'il est, d'ailleurs, disposé à accueillir favorablement la pétition de M. Guyot et qu'on peut aussi avoir une entière confiance dans les sentiments d'équité du Conseil d'administration à l'égard d'un habitant de Pondichéry, dont les titres ne paraissent pas douteux.

M. le Conseiller Hecquet dit que M. Guyot ne demande en réalité qu'un subside et que la colonie, en faisant droit à sa demande, sera exonérée des frais du passage de son fils, puisque ce dernier est déjà placé dans un lycée et remplit toutes les conditions voulues.

M. le Gouverneur fait remarquer que le jeune Guyot ne saurait être classé dans la catégorie des subsides particuliers votés pour les enfants du pays de 10 à 14 ans : d'abord, parce que son âge n'est pas connu et pourrait dépasser la limite fixée ; ensuite, parce qu'il n'a pu, avant son départ pour France, remplir les conditions tracées par le Conseil colonial lui-même pour l'examen d'aptitude et pour l'avis préalable du Comité d'instruction publique, enfin, parce que la décision prise dans cette séance ne peut recevoir régulièrement un effet rétroactif. Il persiste donc dans sa manière de voir et consulte le Conseil à ce sujet.

MM. Hecquet, Tambypoullé, Ponnoutambypoullé, Chanemougavélayoudamodélyar et Baudésaëb pensent que la demande de M. Guyot doit être placée dans la 2ᵉ catégorie de subsides votés par le Conseil.

MM. le Gouverneur, l'Ordonnateur, le Procureur général, le Chef de service de Karikal et M. le conseiller Covindassamynaïker sont d'avis qu'il faut la comprendre dans les dépenses d'instruction publique.

M. le conseiller Cornet s'abstient de voter.

A la majorité de 5 voix contre 5, celle du Président étant prépondérante, il est décidé que la bourse demandée par M. Guyot sera considérée comme dépense d'instruction publique.

M. le Gouverneur ajoute après ce vote que, comme il l'a déjà déclaré, il examinera avec intérêt la demande de M. Guyot lorsqu'il l'aura présentée. Il n'a eu d'autre but, par ses observations, que de faire appliquer la règle et les principes.

La séance est levée à 8 heures du soir et renvoyée au lendemain, 8 janvier, à 2 heures de l'après-midi.

Le Secrétaire,
H. Liautaud.

Vu : *Le Gouverneur,*
Président,
FARON.

Séance du 8 janvier 1874.

L'an mil huit cent soixante-quatorze, le jeudi huit janvier, à deux heures de l'après-midi, le Conseil colonial s'est réuni au lieu ordinaire de ses délibérations.

Etaient présents :

MM. Faron, Commissaire général de la marine, Gouverneur ; Delrieu, Commissaire de la marine, Ordonnateur ; Champestève, Procureur général, *p. i.* ; Liautaud, Commissaire adjoint de la marine, Chef de service de Karikal, *p. i.* ;

E. Hecquet, négociant ;	conseillers élus.
Ponnoutambypoullé, conseil agréé ;	
Tambypoullé, conseil agréé ;	
Bandésaëb, commerçant ;	

MM. les conseillers Cornet, Chanemougavélayoudamodélyar et Covindassamynaïker, se sont excusés, par écrit, de ne pouvoir assister à la réunion, pour cause de maladie.

Sur l'invitation de M. le Gouverneur, le secrétaire donne lecture du procès-verbal du 5 janvier.

M. le Procureur général demande si la majorité du Conseil colonial, en votant dans la séance du 6, le chiffre de 44,177 fr. pour la police, au lieu de la prévision de 46,977 fr. inscrite au projet de budget, a entendu faire porter cette réduction sur le traitement du Chef de service ou bien sur l'ensemble du paragraphe *Police*. A son avis, le Conseil ne peut imposer à l'Administration la condition de n'allouer que tel ou tel traitement aux fonctionnaires ou employés. Son seul droit est de diminuer ou d'augmenter les prévisions par chapitre ou par article, sans en régler les détails, ainsi que l'a fait observer M. le Chef de service de Karikal dès le début des travaux de la session.

M. le Gouverneur partage complètement sur ce point l'opinion de M. le Procureur général et c'est ainsi qu'il a compris le vote relatif au personnel de la police. Le Chef de la colonie a déterminé, par un arrêté, le traitement du Chef de ce service et c'est à lui seul qu'il appartient de fixer la solde des fonctionnaires à sa nomination. Le Conseil colonial, dont le droit d'examiner et de discuter tous les détails du budget est incontestable, ne pouvait et n'a pu vouloir que réduire l'ensemble des crédits demandés pour la police. Agir différemment, ce serait intervertir les rôles, annuler l'action administrative et s'exposer à désorganiser les services publics, ce que la Constitution n'a pas voulu.

M. le Chef du service de Karikal dit que les

Conseils généraux de France et de nos grandes colonies, ne peuvent voter les budgets que par article, que dès lors, le Conseil colonial des Etablissements français dans l'Inde, qui a les mêmes attributions que ces dernières assemblées, en matière financière, ne saurait avoir plus de prérogatives; qu'il maintient, en conséquence, l'avis qu'il a déjà exprimé, que les crédits doivent être votés par article.

M. le conseiller Hecquet déclare qu'en votant, comme l'année dernière, le chiffre de 44,177 fr. pour la police, la majorité du Conseil n'a fait qu'établir une prévision générale pour ce service, sans vouloir faire porter spécialement la réduction sur le nouveau traitement du Chef du service de la police.

M. le Gouverneur prend acte de la déclaration faite par la majorité du Conseil.

M. le Gouverneur dépose sur le bureau de l'assemblée deux pétitions:

N° 36— 1° de M. Blin, juge de paix;

N° 37— 2° de MM. H. de Montplanqua et Fribour.

Ces documents sont renvoyés à l'examen de la commission des pétitions.

La parole est donnée à M. l'Ordonnateur pour continuer la présentation du budget des dépenses de Pondichéry, exercice 1874.

SUITE DU CHAPITRE II.—MATÉRIEL, 2° SECTION.

§ 2. Subventions et allocations diverses, primes.

M. l'Ordonnateur expose que, conformément au vote émis par le Conseil colonial, dans sa dernière séance, il a inscrit à ce paragraphe du budget une somme de 5,050

Se subdivisant comme suit:

Subsides aux familles pour assurer en France le complément d'éducation des jeunes gens munis du diplôme de bachelier		2,950	
Soit pour M. Sicé	1,200		
— Mme Bayoud..	750		
A Reporter,.	1,950	2,950	5,950

Report...	1,950	2,950	5,950
— M. Delaselle...	400		
— M. de Nanteuil.	600		
Le chiffre de ces trois dernières prévisions ne forme que la moitié du subside voté, qui ne pourrait être totalement payé, cette année, attendu que les titulaires ne sont pas encore en mesure d'en profiter.			
	2,950		
Subsides aux familles pour assurer en France la complète éducation des jeunes gens de la colonie âgés de 10 à 14 ans........................		3,000	
Total.....		5,950	
Subvention en faveur de la maison d'asile.			1,200
— — des filles pauvres du pensionnat......			1,200
— — de l'orphelinat des garçons et pour l'entretien des enfants pauvres de l'école des gens à chapeau........			1,800
— pour la commission d'exposition à Paris......			3,000
— pour l'entretien de la musique des cipahis.....			4,000

M. l'Ordonnateur expose que la prévision inscrite au projet de budget, pour la musique des cipahis n'était que de 3,500 et que le Conseil local a été d'avis qu'elle fut rétablie à l'ancien chiffre de 4,000 fr.

M. le secrétaire donne lecture de la délibération du Conseil local.

A reporter... 17,150

Report... 17,150

M. le conseiller Hecquet appuie la proposition du Conseil local. Il pense qu'il ne faut attribuer le mauvais résultat obtenu, depuis un an, pour la fanfare, qu'à l'insuffisance du nombre des musiciens, par suite de quelques licenciements.

M. le Gouverneur dit que cela dépend aussi de la direction du professeur et de la difficulté de trouver ici des sujets pour le recrutement de la musique; mais qu'il appellera sur ce point l'attention de M. le Commandant d'armes.

Subvention	au fonds commun des districts	52,000
—	à la léproserie	700
—	au service municipal de Pondichéry pour les travaux de la petite voirie	6,915
Allocation	pour la culture et l'exploitation du jardin d'acclimatation	3,000
—	pour l'entretien du parc colonial	3,000

M. l'Ordonnateur fait connaître que le Conseil local a renouvelé le vœu émis, l'année dernière, pour qu'une commission soit nommée pour être adjointe au botaniste agriculteur.

M. le Gouverneur expose qu'il n'a pas dépendu de l'Administration de réaliser plus tôt ce vœu, par des motifs qui sont connus du Conseil colonial, mais qu'il espère que l'Ordonnateur pourra lui proposer d'y faire droit très-prochainement.

A reporter... 82,765

Report..	82,765
Prime pour la propagation de la vaccine........................	800
Avances à la culture..............	25,000
Total du § 3....	108,565
§ 4. Dépenses diverses............	69,873

M. l'Ordonnateur fait connaître qu'aucune des prévisions inscrites sous le titre de dépenses diverses n'a donné lieu à des observations de la part du Conseil local, sauf la remise faite au Trésorier-payeur sur les recettes du service local.

Après lecture de la délibération du Conseil local sur ce point, M. le conseiller Ponnoutambypoullé demande la parole et s'exprime en ces termes :

« L'arrêté du 28 mai 1860 avait alloué au Trésorier-payeur de nos Etablissements une remise de 3/4 p. o/o pour la centralisation des recettes locales; 3/4 p. o/o pour la centralisation des opérations du fonds commun des districts; 1 p. o/o pour la perception et la centralisation des produits du Comité de bienfaisance et 2 p. o/o pour la centralisation des opérations du Mont-de-piété. Moyennant ces remises, il était obligé d'entretenir un personnel déterminé.

« Ces taxations ayant été reconnues insuffisantes pour solder convenablement le personnel du Trésor, les remises allouées au Trésorier pour la centralisation des revenus afférents au service local et recouvrés au Chef-lieu ont été fixées à 1 fr. 10 c. p. o/o par arrêté du 26 décembre 1867, à charge par le Trésorier d'allouer annuellement au personnel de ses bureaux, au Chef-lieu, un minimum de traitement de 9,140 fr. et de rendre compte à l'Ordonnateur de l'emploi de cette somme au moyen d'états d'émargement.

« Ces diverses remises sont prévisées au budget à la somme de 13,850 fr. En retranchant de ce chiffre celui 9,140 fr. dont il est parlé ci-dessus, il reste seulement une différence de 4,710 fr. qui profite au Trésorier et qui, certes, n'est pas élevé en raison de la responsabilité incombant à ce fonctionnaire comptable.

« La commission chargée par le Conseil local de l'examen du budget et ce Conseil même n'ayant pu se rendre exactement compte de cette situation, diverses considérations ont été présentées et alors j'ai proposé de réduire d'un quart les remises allouées au Trésorier.

Comme membre de la commission du budget et ayant moi-même proposé la réduction, j'ai dû étudier à fond la question et je suis arrivé au résultat que je viens d'avoir l'honneur d'exposer. En conséquence, je propose de rétablir au budget, comme prévision, la somme de 13,850 fr. pour remise allouée au Trésorier.

M. le conseiller Hecquet appuie la motion de M. Ponnoutambypoullé et dit que le Conseil local n'a voté la réduction de la remise au Trésorier-payeur que faute de renseignements suffisants et de temps, pour s'éclairer sur ce point.

Le Conseil, à l'unanimité, vote le maintien de la remise au Trésorier-payeur à 13,850 fr.

Article 8. — Dépenses éventuelles 10,298 37

Soit une différence en moins de 2,092 fr. 67 c. sur la même prévision pour 1873, différence résultant de la nécessité d'aligner le chiffre total du budget.

Article 9. — Dépenses d'exercices clos (diminution de 4,000 fr.) 14,000 00

Approuvé sans observations.

CHAPITRE III. — TRAVAUX EXTRAORDINAIRES.

Barrage en maçonnerie du canal de Souttoukény 40,000 00

M. le Gouverneur expose que, d'après le relevé qu'il a fait de la situation budgétaire, il ressort qu'il faudrait, pour aligner les dépenses, en 1874, opérer sur la caisse de réserve, un prélèvement de 63,500 fr. en dehors du crédit extraordinaire de 30,000 fr. ouvert à l'Etablissement de Chandernagor. Le Chef de la colonie pense que les ressources disponibles se trouveraient ainsi réduites dans une proportion trop considérable et il propose d'ajourner, jusqu'à l'année prochaine, la construction du bâtiment destiné au service du port et au commerce, votée dans la séance du 6 janvier, ce qui réduirait à 45,000 fr. la somme à prélever sur la réserve.

Le Conseil colonial adopte, à l'unanimité, cette proposition.

M. l'Ordonnateur récapitule ensuite, comme suit, les divers articles composant le chapitre II de la deuxième section du budget et qui ont été votés tant dans les deux précédentes séances que dans celle de ce jour :

Art. 1er.	Travaux et approvisionnements (bureau du port déduit)...	129,112 90
— 2.	Entretien des mobiliers, matériel de divers bureaux..........	11,725 00
— 3.	Achats de terrains et loyers d'établissements.............	25,751 16
— 4.	Frais de transport par terre et par eau...	2,000 00
— 5.	Matériel des prisons..	12,000 00
— 6.	Matériel du service de l'imprimerie......	13,000 00
— 7.	Secours, dotations, bourses, dépenses diverses, subventions............	271,206 64
— 8.	Dépenses éventuelles..	10,298 37
— 9.	Dépenses d'exercices clos.............	14,000 00
Total du Chapitre II..........		489,094 07
Chapitre III.—Travaux extraordinaires...................		40,000 00

RÉCAPITULATION GÉNÉRALE.

1re Section.— Dépenses obligatoires.

Chap. Ier.—Personnel.	30,550 00
A reporter...	30,550 00

	Report...	30,550 00
Chap. II. — Matériel..	263,105 96	
Total de la 1re section:	———————	293,655 96

2e. *Section.—Dépenses facultatives.*

Chap. Ier. — Personnel	408,087 74	
Chap. II. — Matériel..	489,094 07	
Chap. III — Travaux extraordinaires.....	40,000 00	
Total de la 2e section:	———————	937,181 81
Total du budget des dépenses de Pondichéry.................		1,230,837 77

Le Conseil colonial adopte.

M. l'Ordonnateur fait ensuite la récapitulation générale des recettes et des dépenses votées pour les cinq Etablissements par le Conseil colonial dans le cours de la session, savoir :

RECETTES.

Pondichéry (y compris un prélèvement de 45,000 fr. sur la caisse de réserve).........	1,036,810 90	
Chandernagor.	199,211 80	
Karikal......	355,499 20	
Mahé........	41,211 00	
Yanaon......	56,676 36	
Total général.	———————	1,689,409 26

DÉPENSES (1re ET 2e SECTIONS).

Pondichéry...	1,230,837 77	
Karikal......	234,204 06	
Chandernagor.	144,112 64	
Mahé........	40,792 79	
Yanaon......	39,462 00	
Total général.	———————	1,689,409 26

A l'unanimité, le Conseil colonial arrête le budget général des cinq Etablissements, en recettes et en dépenses, à la somme totale *de un million six cent quatre-vingt-neuf mille quatre cent neuf francs vingt-six centimes.*

Le budget arrêté, les affaires ci-après sont successivement soumises à l'appréciation du Conseil par M. l'Ordonnateur :

1°. — **M. l'Ordonnateur** donne lecture de l'exposé des motifs de la demande de l'acquisition de terrains nécessaires pour la construction d'un bangalow à Souttoukény et le redressement du chemin qui y conduit. L'étendue totale des parcelles à acheter est de 87 coujis 15/16 taxées à 2 roupies 6 fanons 17 caches et d'une valeur de 65 roupies 7 fanons 15 caches. Le Conseil local, consulté sur l'opportunité de cet achat, a exprimé un avis favorable dans la séance du 11 novembre dernier ; mais il appartient au Conseil colonial, aux termes de l'article 40 du décret constitutif du 13 juin 1872, de statuer désormais sur les acquisitions de l'espèce, au compte de la colonie. M. l'Ordonnateur propose, par suite, au Conseil, d'approuver cette acquisition qui est nécessaire pour la construction d'un bangalow devant servir de logement au conducteur chargé des travaux de Souttoukény.

Le Conseil colonial approuve à l'unanimité.

2°. — **M. l'Ordonnateur** donne lecture de l'exposé des motifs de la location d'un terrain de l'Etat dépendant de la magnanerie du Gouvernement et situé à Cottamodou. Cette parcelle, qui longe le canal d'Oupar, présente une étendue de 1 cany 95 1/16 coujis et a été adjugée pour six ans au nommé Souprayacramany, fils de feu Pajanicramany, au prix annuel de 28 roupies, du 15 août 1873 au 14 août 1879, sous réserve de sanction par l'autorité compétente. Le Conseil local, consulté dans sa séance du 11 novembre, a émis un avis favorable à cette location. Le Conseil colonial étant appelé à statuer sur les affectations à donner aux dépendances du domaine colonial, M. l'Ordonnateur lui soumet le procès-verbal d'adjudication de la location du terrain dont il s'agit.

Le Conseil colonial approuve à l'unanimité.

3°. — **M. l'Ordonnateur** donne lecture de l'exposé des motifs de l'échange des terres comprises dans les routes de Madourépacom et de Maïlom : les portions de terres concédées par les aldées françaises de Codatour, Counitchampeth, Tiroucanour, Tétampacom, Coupom, et Souttoukény au Gouvernement anglais pour la création de ces routes, présentent une étendue de 17 canys 08 coujis 12/16 d'une valeur de 1,539 roupies 4 fanons 1 cache et payent un impôt de 45 r. 3 f. 10 c. ; celles que l'Administration est en mesure de donner en échange aux concessionnaires ont une superficie de 62 canys 82 coujis 13/16 d'une valeur de 1,609 r. 4 f. 18. c., et doivent acquitter un impôt de 140 r. 1 f. 3.

M. l'Ordonnateur ajoute que le Conseil local, dans sa séance du 21 novembre, a émis un avis favorable à cet échange, qui remonte à une époque antérieure à la publication de la nouvelle Constitution et qui n'a pu être réglé plutôt, par suite des retords que les concessionnaires ont apportés dans la production de leurs demandes. Le Conseil colonial étant appelé à statuer sur cette question, aux termes de l'article 40 du décret du 13 juin 1872, M. l'Ordonnateur propose au Conseil de sanctionner l'échange.

Le Conseil colonial approuve à l'unanimité.

4°. — **M. l'Ordonnateur** donne lecture de l'exposé des motifs d'une proposition d'échange des terres comprises dans la route de Maïlom, dont le redressement, entrepris en 1872 par le Gouvernement anglais, avait nécessité une concession de terrain de 9 canys 44 coujis, qui fut faite d'abord par le nommé Ananda-Rangapoullé, sans demande d'indemnité. L'exécution des travaux ayant traîné en longueur et l'entreprise n'étant terminée qu'en 1873, l'intéressé mit l'Administration en demeure de le dédommager de la perte que lui faisait éprouver la cession à laquelle il avait consenti.

M. l'Ordonnateur fait connaître qu'il peut être donné satisfaction au propriétaire, en lui livrant dans l'aldée de Carassour 9 parcelles d'une étendue de 19 canys 8 coujis soumis à un impôt de 17 r. 6 f. 11 c., et d'une valeur cadastrale de 119 r. 2 f. 11 c. Le terrain cédé payait

17 r. 4 f. 23 c., d'impôt et avait une valeur de 118 r. M. l'Ordonnateur ajoute que le Conseil local, consulté sur cet échange, a présenté diverses observations. Il a, en outre, à cette occasion, émis le vœu que l'arrêté relatif aux échanges soit modifié et qu'à l'avenir toute concession de terre soit réglée par une indemnité en argent.

Sur l'invitation de M. le Gouverneur, le secrétaire donne lecture de la délibération du Conseil local.

M. le Gouverneur expose ensuite que depuis l'époque où le Conseil local a exprimé son avis, il a reçu de nombreuses pétitions protestant contre l'obligation qui serait faite aux concessionnaires de terrains d'accepter une indemnité en argent. Cette question, ajoute le Chef de la colonie, est très-importante et ne semble pas pouvoir être résolue dès cette année. Le Comité du fonds commun a commencé une étude sérieuse sur le pacage et le service des domaines a reçu l'ordre de faire le relevé des terres appartenant à l'Etat. En attendant que tous ces renseignements viennent éclairer le Conseil et lui permettent de mieux juger de la situation, M. le Gouverneur propose d'ajourner le vote sur le principe absolu posé par le Conseil local et de statuer isolément sur chacun des échanges proposés par l'Administration. Il prie, en outre, le Conseil de ne pas perdre de vue, en examinant ces affaires, sur lesquelles son droit de rejet ou d'approbation demeure réservé, que les concessions faites en 1873 ont eu lieu sous l'empire d'un arrêté qui laisse aux propriétaires le choix entre les indemnités en argent ou en nature et qu'il y a, en quelque sorte, un engagement moral contracté envers les concessionnaires.

M. le Chef du service des contributions présente ensuite quelques observations dans le même sens et fait ressortir qu'il sera extrêmement difficile pour l'Administration d'obtenir des cultivateurs des cessions de terrains, s'il n'est pas permis de leur en donner d'autres équivalents en échange. Il craint, par suite, que les besoins du service ne puissent être toujours assurés.

Plusieurs membres et notamment **M. le conseiller Ponnoutambypoullé** font remarquer qu'il faudrait au moins que les terrains dont se dessaisit le Domaine fussent d'une valeur équivalente et non pas de beaucoup supérieure à celle des terrains cédés par les propriétaires. Ils ajoutent que si la nécessité en était reconnue, il vaudrait mieux alors recourir à la voie de l'expropriation pour cause d'utilité publique.

Après un échange d'explications, le Conseil colonial, à l'unanimité, décide que, conformément à la proposition de M. le Gouverneur, il ne sera pas statué, quant à présent, sur la question de principe posée par le Conseil local, une étude plus approfondie paraissant nécessaire.

M. l'Ordonnateur rappelle qu'il reste à sanctionner l'échange des terres comprises dans la route de Maïlom.

M. le conseiller Hecquet propose d'ajourner purement et simplement cet échange.

M. le Procureur général dit qu'il ne s'explique pas que le propriétaire, qui a concédé les terrains dont il s'agit en 1854, n'ait pas réclamé depuis cette époque. Il trouve là quelque chose d'anormal et propose également d'ajourner cet échange.

MM. Hecquet, Tambypoullé, Ponnoutambypoullé et Bandésaëb votent pour l'ajournement pur et simple, en attendant que la question de principe puisse être tranchée.

MM. le Gouverneur, l'Ordonnateur, le Procureur général et le Chef de service de Karikal votent aussi pour l'ajournement, l'urgence de cet échange, qui remonte à plus de vingt ans, n'étant pas démontrée.

5°. — **M. l'Ordonnateur** donne lecture de l'exposé des motifs d'une proposition d'échange de terres comprises dans la route de Valdaour. La portion de terre, concédée à la colonie, a une étendue de 44 coujis et acquitte un impôt de 7 f. 7 c., tandis que celle donnée en échange est de 2 canys 3 coujis et acquittera un impôt de 3 r. 2 f. 1 c. Pour la première, la valeur est de 55 r. 5 f.; pour la seconde, elle est de 57 r. 7 f. 12 c. Le Conseil local a émis le vœu que cette concession soit réglée par une indemnité en argent.

M. le conseiller Hecquet propose d'ajourner la décision sur cet échange; l'étendue des terres donnée en compensation (soit 203 coujis contre 44 cédés) lui semble trop forte et de nature à léser les intérêts de la colonie.

M. le Gouverneur verrait quelques inconvénients à

renvoyer a la session prochaine la régularisation de cet échange. Il convient de ne pas tenir compte uniquement de l'étendue des terres, mais aussi de leur valeur. D'autre part, il ne serait pas équitable de priver encore pendant toute une année les concessionnaires du bénéfice qu'ils auraient pu retirer de leurs terres, s'ils ne les avaient pas livrées dans un but d'utilité publique. Enfin, il ne faut pas oublier, non plus, comme l'observation en a été déjà faite, que l'arrêté laissant aux propriétaires la faculté de choisir le mode d'indemnité qui leur convient, n'a pas été rapporté et que pour les échanges réalisés dans le passé, l'Administration a agi régulièrement et se trouve liée, jusqu'à un certain point, par un engagement moral.

M. le Procureur général ajoute que l'engagement est non seulement moral, mais même légal, puisque la législation reste en vigueur.

M. le conseiller Hecquet dit que cette législation n'engage pas le Conseil colonial, puisqu'aux termes de la Constitution, ce Conseil a seul le pouvoir de régler le mode d'échange et de se prononcer sur l'aliénation des terres appartenant à la colonie. Il persiste, du reste, à croire que la proportion de terres offertes en compensation au concessionnaire est trop forte.

M. le Chef du service des contributions dit que cette proportion a été établie par la commission spéciale nommée pour régler les échanges; il ajoute que la valeur des terres est à peu près égale.

M. le Gouverneur met aux voix la ratification de l'échange.

MM. Hecquet, Tambypoullé, Ponnoutambypoullé et Bandésaëb votent pour l'ajournement.

MM. le Gouverneur, l'Ordonnateur, le Procureur général et le Chef de service de Karikal votent pour l'échange.

A la majorité de quatre voix contre quatre, celle du Président étant prépondérante, le Conseil ratifie l'échange en nature proposé par l'Administration.

6° .—**M. l'Ordonnateur** donne lecture de l'exposé des motifs de la résiliation du bail de 9 ans souscrit par le sieur Çomarin, en ce qui concerne la portion de 30 1/16 coujis à prendre sur le terrain de deux canys 8 10/16 coujis qui lui est loué et dont la réunion au Domaine est jugée nécessaire pour la fourrière des chiens, l'emplacement actuel donnant lieu à de nombreuses réclamations. M. l'Ordonnateur ajoute que l'endroit désigné par l'exposé des motifs, a été trouvé trop rapproché de la ville par le Conseil local, qui a émis le vœu qu'un autre terrain vague situé le long du canal, à côté du pont des Musulmans, fut choisi de préférence.

Le Conseil colonial partageant unanimement l'avis du Conseil local, **M. le Gouverneur** recommande à M. l'Ordonnateur de faire des démarches auprès du propriétaire du nouveau terrain désigné, pour en obtenir la cession et de recourir à l'expropriation, pour cause d'utilité publique, dans le cas où un arrangement amiable serait impossible.

La séance est levée à 7 heures du soir et renvoyée au lendemain, 9 janvier, à 2 heures de l'après-midi.

Le Secrétaire,
H. LIAUTAUD.

Vu : *Le Gouverneur,*
Président,
FARON.

Séance du 9 janvier 1874.

L'an mil huit cent soixante-quatorze, le neuf janvier, à deux heures de l'après-midi, le Conseil colonial s'est réuni au lieu ordinaire de ses délibérations.

Etaient présents :

MM. Faron, Commissaire général de la marine, Gouverneur; Delrieu, Commissaire de la marine, Ordonnateur; Champestève, Procureur général, *p. i.*; Liautaud, Commissaire adjoint de la marine, Chef de service de Karikal, *p. i.*;

G. Cornet, négociant;
E. Hecquet, négociant;
Ponnoutambypoullé, conseil agréé;
Tambypoullé, conseil agréé;
Covindassamynaïker, conseil agréé;
Bandésaëb, commerçant.
} conseillers élus.

M. le conseiller Chanemougavélayoudamodélyar s'est excusé, par écrit, de ne pouvoir assister à la réunion, pour cause de maladie.

Sur l'invitation de M. le Gouverneur, le secrétaire donne lecture du procès-verbal du 6 janvier qui est adopté sans observations.

M. le Gouverneur prend ensuite la parole et dit que le moment est venu de délibérer sur la question de savoir si l'on doit placer en rentes sur l'Etat une partie des fonds de la caisse de réserve, ainsi que l'avaient proposé, dans une autre séance, MM. les conseillers Cornet et Hecquet. Il donne à ce sujet la parole à M. l'Ordonnateur.

M. l'Ordonnateur expose que, d'après la situation budgétaire arrêtée dans la dernière séance, le disponible de la caisse de réserve qui, au 30 juin 1873, était de. 355,000

Va se trouver, déductions faites des....	45,000	
Nécessaires pour aligner le budget de 1874 et des....................	30,000	
Montant du crédit ouvert à Chandernagor,..............................		75,000
ramené à...		280,000

M. le conseiller Cornet pense qu'une somme de 230,000 francs doit être suffisante pour assurer la marche du service local pendant les premiers mois de l'année et pour faire face à toutes les éventualités. Il propose, par suite, de faire un placement de 50,000 francs en rentes sur l'État. Il fait ressortir, en outre, que ce placement ne pourra occasionner aucune gêne à l'Administration, puisqu'elle a toujours la faculté de demander au Gouvernement anglais le payement de la moitié de la rente trimestrielle à valoir sur les quatre lacks et que, vers le mois d'avril, les recettes locales commencent à rentrer au Trésor.

M. le conseiller Hecquet appuie la motion de M. Cornet.

M. le Gouverneur demande au Conseil son avis sur le placement de 50,000 fr. proposé.

MM. Hecquet, Cornet, Ponnoutambypoullé, Tambypoullé, Covindassamynaïker et Bandé-saëb votent pour le placement.

M. l'Ordonnateur dit que, nouvellement arrivé, il n'a pu se rendre compte encore des ressources et des besoins réels de la colonie. Il craint qu'elle ne se trouve dans une situation fâcheuse si un prélèvement sur la caisse de réserve devenait nécessaire par suite d'un évènement inattendu. En conséquence, il vote contre le placement.

MM. le Gouverneur, le Procureur général et le Chef de service de Karikal, tout en appréciant la valeur des observations de M. Cornet, craignent aussi que l'Administration n'éprouve quelqu'embarras, cette année ou l'année prochaine, et votent également contre un placement immédiat, avec M. l'Ordonnateur, chargé et responsable de la direction des services financiers.

En conséquence, le placement immédiat de la somme de 50,000 fr. est décidé à la majorité de six voix contre quatre.

La parole est à M. l'Ordonnateur pour continuer la présentation des divers rapports spéciaux.

M. l'Ordonnateur donne lecture de l'exposé des motifs du déplacement de quelques-uns des cimetières et bûchers des trois districts et prie le Conseil colonial de statuer sur l'affectation à donner aux terrains du Domaine désignés dans l'état joint à son rapport comme lieux de sépultures et d'incinération pour deux aldées du district de Pondichéry, une aldée du district de Villenour et onze aldées du district de Bahour, comportant ensemble vingt-et-un bûchers et cimetières.

M. le conseiller Cornet, au nom de la commission des pétitions, expose que le Conseil colonial a reçu plusieurs réclamations contre l'installation projetée d'un bûcher à Tingatittou et pense qu'il y a lieu de prendre ces plaintes en sérieuse considération.

M. le Chef du service des contributions dit que l'Administration a fait tout son possible pour obtenir ailleurs qu'à Tingatittou un emplacement convenable pour la création du bûcher et que c'est après un grand nombre de démarches infructueuses qu'elle s'est décidée à choisir l'endroit qui est proposé et qui appartient au fonds commun.

Le Conseil colonial, après en avoir délibéré, approuve, à l'unanimité, la création des bûchers et cimetières dans les terrains désignés par le service du Domaine, sauf celui de Tingatittou, qui a donné lieu à des réclamations dont il paraît convenable de tenir compte.

M. le Gouverneur recommande à M. le Chef du service des contributions de faire de nouvelles recherches pour trouver un autre emplacement et de recommencer l'enquête *de commodo et incommodo*, en lui donnant une grande publicité et en précisant bien l'endroit choisi pour le nouveau bûcher. Il lui signale, à cette occasion, la nécessité de choisir, pour les bûchers et cimetières, des endroits aussi éloignés que possible des villages et des habitations, quand le déplacement des bûchers, qui sont tolérés depuis longtemps, devient indispensable. Le Chef de la colonie ajoute que le Domaine ne doit pas hésiter, dans l'intérêt de la salubrité générale, à recourir à l'expropriation, pour cause d'utilité publique, lorsque les propriétaires d'un terrain reconnu convenable ne consentent pas à le céder à l'amiable.

M. l'Ordonnateur donne lecture de l'exposé des motifs de la ratification des crédits supplémentaires suivants, ouverts par M. le Gouverneur, au compte du budget local, exercice 1873, dans les termes prévus par l'article 45 du décret financier du 26 septembre 1855 :

1° Crédit de 5,800 francs pour la continuation des travaux de restauration du pont d'Ariancoupom ;

2 Crédit de 25,000 francs pour avances à faire à l'agriculture ;

3° Crédit de 16,000 francs pour faire face à l'acquittement des dépenses payées en France en 1871 et 1872, au compte du budget de l'Inde ;

4° Crédit de 562 francs pour l'agrandissement du poste des cipahis en construction à Bahour.

Le Conseil colonial approuve à l'unanimité.

M. l'Ordonnateur présente ensuite l'exposé des motifs de la passation des baux à loyers suivants pour les besoins du service :

1° Maison destinée à servir d'annexe aux bureaux de l'Administration du Domaine pour la cacherie du district de Pondichéry à raison de 593 fr. 81 c. par an ;

2° Logement du secrétaire archiviste à raison de 1,039 fr. 20 c.

Le Conseil colonial approuve à l'unanimité.

M. l'Ordonnateur lit également l'exposé des motifs de la proposition relative à la destination à donner au mobilier du Contrôle et fait connaître que le Conseil local, dans sa séance du 14 novembre, a exprimé un avis favorable aux conclusions du rapport.

Le Conseil colonial, à l'unanimité, approuve la vente, aux enchères publiques, des meubles, dont il n'est pas possible de prévoir la prochaine mise en service.

M. l'Ordonnateur donne lecture de l'exposé des motifs de l'échange des terrains compris dans le nouveau chemin de Calapett dont le Gouvernement anglais a entrepris la création, en vue de faciliter le transport du sel nécessaire à la consommation de notre ville. L'étendue des terres cédées par les aldéens de Calapett est de 11 canys 82 coujis 2/16, d'une valeur de 618 roupies 5 fanons 3 caches, passibles d'un impôt de 10 roupies 3 fanons 9 caches; les terrains à livrer en échange présentent une superficie de 41 canys 93 coujis 9/16, d'une valeur de 718 roupies 1 fanon 15 caches. Le Conseil local, consulté sur cette affaire, a émis le vœu que les concessionnaires soient dédommagés par une indemnité en argent, appliquant ainsi le principe qu'il avait posé de ne plus faire d'échanges en nature.

M. le conseiller Hecquet propose de renvoyer à la session prochaine l'examen de cet échange et d'attendre qu'il soit statué sur la question de principe, après étude de la question du pacage.

M. le Chef du service des contributions ne voyant aucun inconvénient à ce renvoi, le Conseil colonial, à l'unanimité, ajourne l'examen de cette affaire.

M. l'Ordonnateur donne ensuite lecture de l'exposé des motifs d'une proposition relative à diverses demandes de concession de terrains domaniaux pour plantations d'arbres de haute futaie et de la délibération du Conseil local se rattachant à cette question (séance du 12 novembre 1873).

M. le Gouverneur dit que si, conformément à l'avis du Conseil local, le Conseil colonial, en réservant pour l'avenir le mode de concession des terres sablonneuses pouvant servir à des plantations, croit devoir faire une exception pour la demande de M. Ch. Poulain, qui a été présentée la première, il n'a aucune objection à élever, attendu qu'il lui paraît important, en effet, de favoriser ici ces sortes d'entreprises; mais alors il estime qu'il ne serait pas juste de se borner à une seule exception et qu'il convient d'étendre la même faveur aux Indiens ou aux autres personnes qui ont fait des demandes semblables avant l'ouverture de la session.

M. le Chef de service de Karikal propose aussi de ne faire aucune exception et d'admettre au même titre les anciennes et les nouvelles demandes ou de les repousser toutes. Il préfèrerait que l'Administration mît en adjudication publique, si souvent recommandée par les Conseils élus, tous les terrains dont il s'agit: la colonie y trouverait, dit-il, une nouvelle source de revenus et les règles administratives établies en France, comme dans la plus grande partie de l'Inde anglaise, seraient ainsi observées.

Après une discussion approfondie sur l'importante question qui lui est soumise, le Conseil décide, à l'unanimité :

1° Que l'Administration étudiera, avant la prochaine session, le mode à suivre et les règles à établir pour la concession des terrains sablonneux destinés aux plantations d'arbres de haute futaie ;

2 Que les terres propres à la culture, utiles au pacage ou situées le long du cours des rivières, seront toutes réservées pour les intérêts publics et ne pourront jamais être concédées ;

3 Que, par exception, il va être immédiatement statué sur les demandes déjà faites et qu'elles seront admises, s'il n'en résulte aucun inconvénient pour la colonie, à la condition que les pétitionnaires en paieront la valeur, sur

le prix d'estimation préalablement établi par le service des Domaines.

Il est ensuite donné lecture par le secrétaire de toutes les demandes dont le Conseil est saisi :

1° La première a été faite par M. Ch. Poulain et remonte au 12 octobre 1872. M. Poulain sollicite la concession de 30 à 60 canys de terre sablonneuse à Virampattnom.

Le Conseil décide qu'il sera fait droit à la demande de M. Ch. Poulain dans les conditions qu'il a proposées si l'étendue de terre qu'il indique est reconnue disponible par le service du Domaine.

3° Les nommés Narayanapadéatchy et Périassamynaïker ont demandé, à la date du 4 décembre 1872, la concession de 30 ou 35 canys de terre sablonneuse située également à Virampattnom.

Le Conseil considérant que la pétition de M. Ch. Poulain est la première en date, décide qu'il ne sera fait droit à la demande des sieurs Narayanapadéatchy et Périsassamynaiken qu'autant qu'il restera des terres disponibles à Virampattnom après concession des 60 canys réclamés par M. Poulain.

3° M. Chatelier, gérant de la filature Albert Chatelier, demande la concession de six canys de terrain situé à l'est de la route de Virampattnom, en offrant de se conformer aux clauses et conditions prescrites par la législation locale.

Adopté sous les réserves qui précèdent, chaque demande devant conserver son droit de priorité d'après sa date.

4° Le nommé Ayassamy demande, à la date du 7 décembre 1872, sept canys de terre sablonneuse à Chinna-Virampatnom.

Le Conseil est d'avis d'accorder la concession.

5° Le nommé V. Sa-Saravanachettydemande, à la date du 7 juillet 1873, la concession d'un terrain promboc situé à Manapett.

Le Conseil repousse cette demande, les terres prombocs ne devant pas être aliénées.

6o Le nommé Savériacoutty demande, à la date du 28 juillet 1873, la concession de soixante-dix canys de terre située à Kirmampacom et Manapett.

Le Conseil est d'avis de ne concéder que soixante canys au maximum au nommé Savériacoutty et sous la condition que sa demande ne concerne que des terres sablonneuses, ce dont le service du Domaine devra s'assurer.

7o M. Horace Burguez demande, à la date du 11 août 1873, dix canys de terre située au bord de la mer, après la léproserie.

Le Conseil décide qu'il sera fait droit à la demande de M. Burguez.

8o Le nommé Torassamy demande, à la date du 13 août 1873, vingt-et-un canys de terre sablonneuse dans l'aldée du district de Bahour.

Le Conseil pense également que la concession peut être faite aux conditions que l'Administration jugera utile de régler.

9o Le nommé A. Ponnoutambymodéliar demande cinquante canys de terre située à Manapett.

Le terrain dont le pétitionnaire sollicite la concession ne paraissant pas rentrer dans la catégorie des terres qui peuvent être aliénées, le Conseil est d'avis de repousser cette requête.

10o Le nommé Sinnianaïker demande, à la date du 17 septembre 1873, quinze canys de terre promboc située à Kirmampacom.

Le Conseil repousse cette pétition, les terres prombocs ne devant pas être concédées.

11o Les nommés Coupoussamynaik et Moïdinebâtcha demandant au Conseil colonial, par une requête du 23 décembre 1873, la concession de vingt canys de terre sablonneuse à Tavalacoupom, à côté de la rivière de Chunambar.

Cette demande ayant été produite trop tardivement et, de plus, le terrain indiqué ne paraissant pas rentrer dans la catégorie de ceux qui peuvent être concédés, le Conseil écarte la pétition no 11.

M. l'Ordonnateur donne lecture de l'exposé des motifs d'une demande de location d'un petit terrain domanial faite par la nommée Ayammé, veuve d'un cantonnier, qui s'engage à vider les lieux, sur simple réquisition du Domaine, si les besoins du service l'exigeaient. Le prix de la location pour ce terrain d'une étendue de 4 3/16 coujis serait de 6 fanons par an.

Le Conseil, à l'unanimité, approuve la location.

M. l'Ordonnateur donne également lecture de l'exposé des motifs de l'échange des terrains compris dans le canal du petit étang de Bahour et dans la route de Tiroupenampacom rétablies de 1860 à 1864 par le service des ponts et chaussées. Les engagements dont il s'agit étant antérieurs au décret de 1872 et ces échanges n'ayant provoqué aucune réclamation, le Conseil local a approuvé les propositions de l'Administration.

Le Conseil colonial adopte à l'unanimité.

M. l'Ordonnateur demande ensuite l'autorisation d'intenter des poursuites contre les anciens détenteurs du chantier aux bois, qui ne veulent pas vider ces terrains que l'Administration a loués à d'autres Indiens, après adjudication publique.

Le Conseil, à l'unanimité, accorde l'autorisation demandée.

M. l'Ordonnateur demande également l'autorisation de renouveler le bail de la maison annexe au couvent des sœurs de Saint-Joseph de Cluny, à Karikal, bail qui a été approuvé par le Conseil local de cette Dépendance.

Le Conseil colonial, à l'unanimité, accorde l'autorisation.

M. l'Ordonnateur expose qu'un crédit de 600 francs destiné à couvrir l'insuffisance de l'allocation votée par le Conseil colonial à la 1re section, chapitre II, Article 5, *Frais de justice* du budget de Karikal, a été accordée par arrêté de M. le Gouverneur, en date du 18 août dernier, et il soumet à la ratification du Conseil ce crédit supplémentaire, aux termes de l'article 20 du décret du 13 juin 1872.

Le Conseil colonial approuve à l'unanimité.

M. l'Ordonnateur donne communication au Conseil d'une lettre de Mad. veuve Davia demandant un subside pour assurer l'éducation de son fils à Chandernagor.

Le Conseil ayant déjà statué sur ce point dans sa séance du 6 janvier, s'en réfère à sa décision.

La parole est donnée à M. Cornet pour le rapport des pétitions.

M. le conseiller Hecquet exprime l'avis qu'il conviendrait, au préalable, d'examiner les vœux émis par les Conseils locaux.

M. le Gouverneur répond que, d'après les articles 21 et 23 combinés du décret du 13 juin 1872, il lui appartient de statuer sur les vœux émis par les divers Conseils locaux et qu'il pense, en conséquence, qu'il n'y a pas lieu, quant à présent, de les soumettre aux délibérations du Conseil colonial.

M. le conseiller Hecquet fait remarquer que les vœux dont il s'agit ont été examinés à la dernière session. Il est persuadé que cet examen rentre dans les attributions du Conseil, qui a le droit de délibérer à leur sujet, en laissant à M. le Gouverneur le soin de statuer souverainement.

M. le Gouverneur ne partage pas l'opinion de M. Hecquet. Un précédent ne fait pas loi et si, au début de l'application de la nouvelle constitution, une erreur a été commise, ce n'est pas une raison pour la renouveler. Le principal motif qui a été invoqué pour rapporter l'incompatibilité d'abord prononcée entre les deux mandats de conseiller local et de conseiller colonial, c'est que le décret de 1872 ne le disait pas. Le décret ne dit pas non plus que les vœux des Conseils locaux seront examinés par le Conseil colonial et qu'ils le seront de suite, sans aucune étude préalable. Or, ce qui a été vrai dans un cas, l'est aussi dans l'autre. Il faut rester dans les termes de la constitution et le Chef de la colonie a pour devoir d'y tenir la main, aussi bien pour les droits du Conseil que pour ceux de l'autorité. Ces vœux peuvent être considérables, porter sur tous les services et engager les questions les plus complexes. Pourquoi donc les soumettre à un examen préalable et superficiel qui pourrait avoir de graves inconvénients et prolonger indéfiniment la session sans aucune utilité? Ne vaut-il pas mieux laisser au moins à l'Administration, non seulement le temps de les étudier et de se préparer à la discussion, mais aussi la faculté de faire une distinction entre ceux qui sont de la compétence du Conseil colonial et ceux qui ne réclament pas son intervention? Je persiste dans ma manière de voir, ajoute M. le Gouverneur, et je rendrai compte au Ministre qui, s'il le juge convenable, pourra modifier ma décision; mais puisqu'il y a un précédent, je ne refuse pas de prendre l'avis du Conseil sur la proposition de M. Hecquet.

MM. Hecquet, Ponnoutambypoullé, Covindassamynaïker et Bandésaëb votent pour.

MM. le Gouverneur, l'Ordonnateur, le Procureur général, le Chef de service de Karikal et M. le conseiller Cornet votent contre.

Les votes étant également partagés, **M. le Gouverneur** dont la voix est prépondérante, décide qu'il sera passé outre. Il clôt l'incident en déclarant qu'il n'est jamais entré dans sa pensée de répondre par une fin de non recevoir aux vœux des Conseils locaux; qu'il les étudiera, au contraire, avec soin, et qu'il fera connaître à ces assemblées, dans leur session suivante, la suite qu'il aura cru devoir leur donner, en prenant alors l'avis du Conseil colonial, à l'égard de ceux sur lesquels il aurait à statuer ou à délibérer.

La séance est levée à 6 heures du soir et renvoyée au lendemain 10 janvier, à 2 heures de l'après-midi.

Le Secrétaire,
H. LIAUTAUD

Vu : *Le Gouverneur,*
Président,
FARON.

Séance du 10 janvier 1874.

L'an mil huit cent soixante-quatorze, le dix janvier, à deux heures de l'après-midi, le Conseil colonial s'est réuni au lieu ordinaire de ses délibérations.

Etaient présents :

MM. Faron, Commissaire général de la marine, Gouverneur ; Delrieu, Commissaire de la marine, Ordonnateur ; Champestève, procureur général, *p. i* ; Liautaud, commissaire adjoint de la marine, Chef de service de Karikal, *p. i.* ;

G. Cornet, négociant ;
E. Hecquet, négociant ;
Ponnoutambypoullé, conseil agréé ;
Tambypoullé, conseil agréé, } conseillers élus.

MM. Covindassamynaïker, Chanemougavélayoudamodéliar et Bandésaëb se sont excusés par écrit, de ne pouvoir assister à la réunion.

M. le Gouverneur dépose sur le bureau de l'assemblée deux pétitions adressées au Conseil, l'une par les habitants de Sinnacalapett (n° 38) et l'autre par un cipaye congédié du corps pour cause d'indiscipline (n° 39) La première est renvoyée à l'examen de la commission des pétitions. La seconde n'étant pas de la compétence du Conseil colonial, est écartée à l'unanimité.

Ensuite et sur l'invitation de M. le Gouverneur, **M. le conseiller Cornet**, rapporteur de la commission des pétitions, donne lecture du rapport ci-après.

RAPPORT AU CONSEIL COLONIAL.

« Pondichéry, le 10 janvier 1874.

« Messieurs,

« La commission que vous avez nommée a l'honneur de « vous rendre compte de ses appréciations sur les pétitions « adressées au Conseil colonial. »

Pétition n° 1.— Le sieur Rassou demande la suppression des cultures actuellement permises par le service des contributions sur des terres incultes de l'Etat dans les aldées de Manapett et d'Ouchimodou.

« Votre commission n'a pu se prononcer sur cette pétition, « faute de renseignements, et vous propose de la discuter en « Conseil, en présence du Chef du service du Domaine. »

M. le Chef de service des contributions expose que le Domaine n'a jamais autorisé la culture des terres dont parle le pétitionnaire Rassou et qu'il avait lui-même demandées à titre de concession. Il arrive parfois que des cultivateurs empiètent sur ces terrains ; mais dès que ces contraventions sont signalées, les thasildars des districts s'empressent d'imposer les amendes réglementaires. M. le Chef du service des contributions ne croit pas toutefois que les pénalités prévues par la législation actuelle soient de nature à prévenir tout abus et il serait d'avis d'édicter des peines plus rigoureuses.

M. Ponnoutambypoullé dit qu'il s'agit ici de cultures faites dans l'intérieur des étangs à titre de location et il demande à M. le Chef du service des contributions s'il y a encore des terres placées dans cette catégorie.

M. Sicé répond que, depuis la promulgation de la nouvelle constitution, il n'y a plus eu de location de terre, à quelque titre que ce soit, et que si le contraire avait existé, l'Administration aurait soumis les baux intervenus à la sanction du Conseil, aux termes de l'article 40 § 4 du décret du 13 juin 1872.

Le Conseil est d'avis qu'aucune location de terre appartenant au Domaine colonial, ne soit consentie, à l'avenir, que des mesures énergiques soient prises pour empêcher les empiètements et que la législation actuelle soit revisée, si elle est insuffisante.

M. le Gouverneur recommande à M. le Chef du service du Domaine de donner à ses agents, dans les aldées, des instructions très sévères pour que tout cultivateur empiètant sur les terres de la colonie, soit poursuivi rigoureusement ; il l'invite, en outre, à étudier et à proposer à l'Administration supérieure, les modifications qu'il serait utile d'apporter aux arrêtés en vigueur, pour prévenir désormais ces contraventions.

N° 2. — Présentée par le sieur Arnassalamodéliar, tisserand, demeurant à Lawspett, au sujet de la création d'une route conduisant aux aldées de Lawspett, de Petouchettypett, Sellaperoumalpoullépett, Cmankinpett et Soucramaniapoullépett.

« La commission vous propose de rejeter cette pétition, la « signature étant en malabar et le rédacteur n'ayant pas apposé « son nom sur la requête. »

Le Conseil adopte, à l'unanimité, ces conclusions.

N° 3. — Le nommé Mounissaminaiker, sous-chef pion du

greffe du Tribunal de première instance de Pondichéry, demande, en récompense de ses services, une concession de dix canys de terre à menus grains appartenant à l'Etat.

« La commission est d'avis de refuser la concession et vous « propose de passer à l'ordre du jour. »

Adopté à l'unanimité.

N° 4. — Le sieur Savérinadapoullé, demande la régularisation de l'avancement pour les huissiers porteurs de contraintes attachés au Domaine.

« La commission vous propose de passer à l'ordre du jour. « La demande du pétitionnaire pourra être prise en considé- « ration lors de la réorganisation du service des contributions. »

L'ordre du jour est adopté.

M. le gouverneur dit, à cette occasion, que les employés peuvent s'adresser directement au Conseil lorsqu'ils ont un intérêt privé à défendre; mais qu'il ne leur est pas permis de le faire, comme cela leur est arrivé parfois, pour demander, à tout instant, la révision des arrêtés ou des règlements en vigueur, pour réclamer de l'avancement ou pour se plaindre de leurs chefs. Une telle pratique conduirait bientôt à la désorganisation du service et le Chef de la colonie se propose, pour l'avenir, de prendre des mesures sévères à l'égard de ceux qui s'écarteront ainsi de leur devoir.

N° 5. — La nommée Ponnammalle, mère et tutrice naturelle d'Aroumbatté-Vinayagom, demande une augmentation de la prestation qu'elle reçoit chaque année du Gouvernement français.

« La commission vous propose de passer à l'ordre du jour. »

Adopté.

N° 6. — Le nommé Badourdine-Saïb demande la confirmation d'un vœu émis par le Conseil local pour la concession d'un secours annuel et temporaire de 800 fr.

« Il a été déjà donné satisfaction au pétitionnaire par un vote « précédent du Conseil. »

N° 7. — Les nommés Kichenapacavoundin, Rangassamy-naïken, etc., etc., habitants du village de Solétandavacoupam, exposent que le chemin vicinal qui conduit à la pagode Angalamen a été considérablement rétréci par les cultivateurs et demandent le rétablissement de ce chemin.

« La commission vous propose de renvoyer à l'examen de « l'Administration ; il serait, en effet, urgent de faire rétablir « le chemin, si réellement il y a eu des empiètements qui en « diminuent la largeur. »

Le renvoi est adopté.

Nº 8. — Les principaux habitants de Tingatittou demandent qu'il ne soit pas donné suite au projet de transporter aux abords de la tope d'Iloupés le bûcher qui se trouve actuellement à Modéliarpett.

« La commission vous propose de rejeter cette pétition, les « signatures étant en tamoul et le rédacteur n'ayant pas apposé « son nom sur la requête. »

Le Conseil passe à l'ordre du jour.

Nº 9. — Le nommé Vingadassamychetty, chef de caste des tisserands, demeurant à Desbassyaspourom, demande pour lui et les habitants de ce village dont la population s'est beaucoup accrue, des terrains et une prime proportionnée à chaque famille pour les encourager dans le commerce.

« La commission vous propose de passer à l'ordre du jour. »

Adopté à l'unanimité.

Nº 10. — M. Montclar, en procès avec l'Administration, au sujet du bail à ferme de l'ancienne magnanerie, demande à transiger, avant que la Cour ne statue sur l'appel qu'il a interjeté du jugement rendu contre lui par le Tribunal de première instance. Il déclare s'en remettre entièrement aux appréciations du Conseil colonial.

« La commission vous propose de renvoyer cette pétition à l'Administration, pour la suite qu'elle croira devoir y donner. »

M. le Gouverneur, après avoir donné connaissance au Conseil d'une dépêche ministérielle du 12 septembre 1873 et d'une lettre du sieur Montclar, en date du 23 octobre dernier, afin de l'éclairer complètement sur l'état des choses, déclare qu'il ne peut accepter le renvoi pur et simple de la pétition de cet industriel. Il demande que l'action judiciaire suive son cours ou que, tout au moins le Conseil indique, de suite, dans le cas où une transaction serait reconnue possible par l'Administration, les bases précises sur lesquelles elle devrait être établie, dans l'opinion de l'assemblée.

M. le Procureur général pense que, bien qu'en vertu des dispositions du paragraphe 5 de l'art. 40 du décret du 13 juin 1872, le Conseil colonial doive être appelé à statuer sur les transactions qui concernent les droits de la colonie, il ne saurait donner un avis quelconque sur la pétition du sieur Montclar relative au procès qu'il a présentement avec l'Administration, procès qu'il a perdu sur tous les points en première instance.

On ne transige que sur les affaires contestées et douteuses; si, dans l'espèce, c'est-à-dire, en dehors de toute proposition faite par l'Administration, le Conseil émettait un avis favorable et que la transaction n'aboutit pas ensuite, la situation de M. l'Ordonnateur serait amoindrie devant la juridiction supérieure saisie en ce moment de l'affaire, sur l'appel du sieur Montclar; l'Administration paraîtrait n'être pas parfaitement assurée du bon droit de sa cause, malgré la décision déjà rendue en sa faveur et les intérêts de la colonie pourraient être compromis.

Que M. Montclar, s'il veut transiger réellement, et il a tout le temps nécessaire pour cela, s'adresse directement à l'Administration qui, en l'assignant devant les tribunaux, ne l'a fait que contrainte, forcée, et dans le but unique de sauvegarder les droits de la colonie confiés à sa direction; qu'il lui fasse ses propositions d'arrangement et si ces propositions paraissent acceptables, si la colonie ne doit en éprouver qu'un préjudice insignifiant, l'Administration, aussi désireuse que M. Montclar d'arriver à une solution définitive, formulera un projet de transaction qui sera ultérieurement soumis à l'approbation du Conseil colonial.

M. le Gouverneur, tout en appréciant la valeur de l'opinion émise par M. le Procureur général, fait remarquer que, si une transaction doit avoir lieu (et M. le Procureur général semble lui-même en reconnaître la possibilité), il serait sage d'en poser immédiatement les bases, au lieu d'entrer avec le sieur Montclar dans des pourparlers qui pourraient ne jamais aboutir et de renvoyer ainsi à l'année prochaine la solution de cette affaire, dans le cas où l'action judiciaire serait abandonnée. Le droit du Conseil d'émettre un avis sur ce point ne saurait être contesté et l'Administration, en déférant à cet avis, s'il lui est permis de le faire sans sacrifier les intérêts de la colonie, ne s'exposerait, selon lui, ni à paraître douter de la bonté de sa cause, ni à amoindrir la position de l'Ordonnateur devant la haute juridiction de la Cour.

Quelques nouvelles observations ayant été échangées, **M. le conseiller Hecquet** propose de renvoyer la pétition de M. Montclar à l'Administration; mais en laissant à celle-ci toute latitude, soit pour continuer l'action judiciaire, soit pour transiger, si elle le juge convenable.

Il propose, en outre, de décider que, dans cette dernière hypothèse, la transaction ne pourrait avoir lieu que sous les conditions suivantes :

1° M. Montclar payera immédiatement les loyers qu'il a refusé d'acquitter jusqu'au 1er janvier 1873;

2° Il supportera tous les dépens du procès dans lequel il a succombé en première instance;

3° Aucune indemnité ne lui sera accordée ni pour sa bananerie, ni pour son matériel, ni pour quelqu'autre cause que ce soit;

4° Le bail sera résilié et la colonie rentrera, sans aucun retard, dans la pleine et entière possession de son immeuble.

M. le Gouverneur, met aux voix cette proposition, qui est adoptée par MM. Cornet, Hecquet, Ponnoutambypoullé et Tambypoullé.

MM. l'Ordonnateur et le Procureur général s'abstiennent de voter, le premier, parce qu'il n'a pu encore prendre connaissance du dossier de l'affaire et veut réserver les propositions qu'il aura à soumettre à M. le Gouverneur; le second, parce que les fonctions de Président de la Cour, qu'il reprendra bientôt, lui commandent de réserver aussi son opinion.

MM. le Gouverneur et le Chef de service de Karikal votent pour la continuation de l'action judiciaire.

En conséquence, à la majorité de 4 voix contre 2, le renvoi de la pétition de M. Montclar à l'Administration est décidé dans les termes indiqués par M. Hecquet.

M. le Gouverneur déclare qu'il accepte le renvoi dans ces termes, puisque l'action administrative et sa décision se trouvent ainsi réservées.

N° 11. — Le nommé Balakichenane demande que l'excédant sur la vente du sel, serve à exonérer le droit d'exploitation et l'introduction du bétel sur le territoire français.

« La commission vous propose de passer à l'ordre du jour, « le Conseil ayant déjà statué sur l'emploi de l'excédant sur la « vente du sel. »

Le Conseil passe à l'ordre du jour.

N° 12. — La nommée Moïdinebiby, veuve de Caderkan, ex-pion du greffe de la Cour, mort le 10 octobre 1870, après 16 ans de service, demande une pension.

« La commission vous propose de renvoyer la pétition à « l'Administration pour qu'elle voit, s'il y a lieu d'accorder « un secours. »

Adopté.

N° 13. — Le nommé Soundiranadin appelle l'attention du Conseil colonial sur le service de la voirie en ce qui concerne l'entretien de la place d'Odiansallay.

« La commission vous propose de renvoyer la pétition à « l'Administration. »

Adopté.

N° 14. — M. de Souza demande que le lieu actuel de la fourrière des chiens soit changé.

« La commission vous propose de passer à l'ordre du jour, « le Conseil ayant déjà tranché cette question. »

Adopté.

N° 15. — Le nommé John William de Colize demande à exporter quelques balles de riz pour Chandernagor, où se trouve sa famille.

« La commission vous propose de passer à l'ordre du jour, « en présence de l'arrêté qui prohibe l'exportation des grains ; « mais elle croit devoir rappeler que M. le Gouverneur a promis, « dans la séance du Conseil colonial du 7 janvier 1873, de faire « étudier la question dans les conditions votées à l'unanimité « par l'assemblée.

M. le Gouverneur répond que l'Administration ne peut pas tout faire à la fois et que M. l'Ordonnateur Michaux n'a pas eu le temps d'étudier, l'an dernier, la question de l'exportation des grains par mer, à laquelle ses prédécesseurs ont dû renoncer après l'avoir tentée sans succès. L'Ordonnateur qui arrive ne connaît pas encore les affaires et les besoins du pays; mais le Gouverneur espère qu'il s'occupera de cette question dès qu'il le pourra et il le lui recommande.

M. le conseiller Hecquet, en présence de la déclaration faite par le Chef de la colonie et sans vouloir discuter la question de l'exportation des grains, croit utile, dans l'intérêt de la colonie, de porter à la connaissance du Conseil qu'en 1873, 40,000 balles de riz ont été traitées par le commerce français de Pondichéry et exportées de Goudelour et que, cette année, plus de 60,000 balles ont été également traitées par le commerce français et seront exportées du port anglais voisin, vu l'impossibilité où se trouvent les négociants de les faire passer par Pondichéry. M. Hecquet signale, en outre, que toute balle de riz embarquée laisse aux ouvriers du port de chargement un profit de douze annas par balle.

M. le Gouverneur expose qu'il n'entend pas examiner, quant à présent, la valeur des faits avancés par M. Hecquet, afin de ne pas entrer, sans une étude préalable, dans la discussion d'une question aussi importante. Il ajoute que, du reste, ce sujet est très-complexe et qu'il n'engage pas seulement les intérêts commerciaux, mais aussi la subsistance de la population, que la législation actuelle a eu surtout pour but d'assurer.

Le Conseil, à l'unanimité, vote l'ordre du jour sur la pétition du sieur William de Colize. M. Hecquet s'abstient de voter.

N° 16. — Les nommés Ellapanaïker, Manjininaïker, Virapin, etc., demandent que le bûcher actuellement situé près du pont dit Marépalom et de la route conduisant à Ariancoupom, ne soit pas transporté à l'ouest de la tope d'Iloupés, ainsi que désire le faire l'Administration locale.

« Le Conseil ayant déjà statué sur cette question dans une « séance précédente, la commission vous propose de passer à « l'ordre du jour. »

Adopté.

N° 17. — Les nommés Airou, Annaya, Douressamy et S. A. Samy demandent que la place d'Odiansalé soit entretenue dans un état de propreté et plantée d'arbres.

« La commission vous propose de renvoyer cette pétition à « l'Administration. »

Adopté.

N° 20. — Le nommé Latchoumanacavoundin, cultivateur à Bahour, demande la concession de 80 coujis de terre situés à Bahour et que le service du Domaine lui a indiqués, il y a quatre mois, ainsi qu'aux nommés Vingacavoundin, son beau-père et Sinivassacavoundin son beau-frère, en échange des terrains à eux appartenant et pris par l'Administration, il y a 14 ans, pour la réparation et le creusement d'un canal appelé Chitteryvaikal à Bahour.

« Votre commission vous propose de renvoyer à l'Adminis-« tration pour la suite à donner. »

Adopté.

N° 21. — Les nommés Coupoussamy et Moïdinebacha demandent que l'Administration concède, à titre de propriété, 20 kanys de terre sablonneuse situés à Tavalacoupom, leur intention étant de faire des plantations de filaos.

« Le Conseil ayant déjà statué sur cette question, la com-« mission vous propose de passer à l'ordre du jour. »

Adopté.

N° 22. — Le nommé Balakichenin, demande que l'Administration prescrive que de vastes pépinières de filaos et d'autres espèces d'arbres soient établies dans les jardins coloniaux et livrées au public à un prix déterminé.

Il demande, en outre, qu'il soit formé dans les jardins publics dont la direction est confiée à des personnes du métier, des jardiniers horticoles et agricoles qui seront mis à la disposition du public.

« La commission vous propose de renvoyer à l'Administra-« tion pour la première partie de la demande de cette pétition « et de passer à l'ordre du jour sur la seconde. »

Adopté.

N° 23. — Les nommés Balakichena et Agnissamy demandent qu'une seconde place de commissaire-priseur soit créée et qu'elle soit donnée à un indigène.

« La commission vous propose, à la majorité, de passer à « l'ordre du jour. »

Sur la demande de M. le conseiller Ponnoutambypoullé, lecture est donnée de cette pétition.

M. Ponnoutambypoullé appuie la pétition et propose de la renvoyer à l'Administration avec un avis favorable. Il expose que la création d'un commissaire-priseur indigène se fait vivement sentir ; que dans les inventaires des biens laissés par des Indiens, il est très-difficile pour un Européen de priser à leur juste valeur ces objets et qu'il en résulte parfois pour les héritiers un grave préjudice.

M. le Procureur général fait observer que M. Virieux, actuellement commissaire-priseur, dont les revenus ne s'élèvent pas annuellement à plus de 6,000 fr. a été obligé de payer sa charge 4,400 fr. et qu'il a déposé, en outre, un cautionnement de 4,005 fr. Il ne se serait pas certainement rendu acquéreur de cette charge s'il avait pu prévoir la création d'un commissaire-priseur indigène. Aussi, l'Administration serait-elle obligée de l'indemniser.

M. le Gouverneur, en présence des observations faites par M. le Procureur général, pense aussi qu'il serait difficile de réduire les revenus du commissaire-priseur européen et de donner suite à la pétition. Toutefois, il ne croit pas devoir s'opposer à son renvoi à l'Administration pour étude, si le Conseil le juge convenable.

MM. l'Ordonnateur, le Procureur général, le Chef de service de Karikal, Cornet et Hecquet proposent de passer à l'ordre du jour.

MM. Tambypoullé, et Ponnoutambypoullé appuient la pétition.

L'ordre du jour pur et simple est prononcé à la majorité.

N. 24. Les nommés Issoupousaëb et Souprayacavoundin, cultivateurs, demeurant à Kattéricoupom, damandent que l'Administration entame des négociations avec le Gouvernement anglais pour qu'un canal d'irrigation partant de la rivière Vidouvar, situé sur le territoire anglais, à 5 milles des aldées de Souttoukény et Tettampacom, soit fait, ce qui permettrait, de changer en terre à nellys les trois quarts des terres actuellement consacrées aux menus grains, par suite du manque d'eau et éviterait à l'Administration des dégrèvements fréquents.

« La commission vous propose le renvoi de cette pétition à

« l'Administration, le but proposé lui paraissant mériter toute « sa bienveillante attention. »

Adopté.

N° 25. Le nommé Ponnoussamy demande qu'au lieu de ne laisser vendre sur le marché de Moutalpeth que 5 charrettes de nelly par jour, l'Administration accorde la faculté d'en vendre au moins 15.

« La commission vous propose le renvoi de cette pétition à « l'Administration. »

Adopté.

N° 26. — Le nommé Coupoussamypoullé se plaint de l'état de malpropreté dans lequel se trouve la rue des Vellajars et celle du Quartier-neuf.

« La commission propose le renvoi à l'Administration pour « que les mesures nécessaires soient prises, le plus tôt possible, « afin de faire cesser l'état des choses signalé, si réellement il « existe. »

Adopté.

N° 27. — Les nommés Amourdapayen, Pitchouvayen, Souparayen et Vinguittoramayen, de Karikal, demandent que l'arrêté sur la fourrière pour les bœufs soit rapporté et motivent leur demande sur le préjudice que leur causent les capteurs.

« La commission propose le renvoi à l'Administration pour « faire cesser les abus, s'il y en a. »

Adopté.

N° 28. — Les nommés Appavouchetty, Annamaléchettiar, Ramalingapatin et Souprayen, de Karikal, font la même réclamation que les pétitionnaires précédents et demandent subsidiairement de réduire l'amende à un fanon payable, non sur le nombre d'animaux capturés, mais bien sur le nombre d'animaux appartenant à un propriétaire unique; de supprimer la part afférente aux capteurs et de ne faire payer les frais de nourriture que pour les animaux qui auraient été maintenus dans la fourrière toute une journée.

« La commission vous propose de passer à l'ordre du jour. »

Adopté.

N° 29. Le nommé John William de Colize renouvelle se demande d'envoyer des riz à Chandernagor.

«La commission ne peut que se référer à ses propositions à «l'occasion de la pétition n° 15 émanant du même individu et «ayant en vue le même objet.»

L'ordre du jour est prononcé.

N° 30. — Le nommé Séchassalanaïk, demeurant à Olgaret, demande qu'un deuxième ponceau soit construit sur le canal qui traverse la rue Salétérouvou à Olgaret.

N° 31. — Les nommés Parassouramanaïk et consorts, demeurant à Ariancoupom, demandent qu'un barrage soit établi entre le boulevard d'Odiampett, la pagode de Cassinsounada Souriacoupom et les terres incultes du voisinage.

« La commission vous propose le renvoi de ces deux pétitions à l'Administration. »

Adopté.

N° 32. — Le nommé Vingadabadiretty, de Peroungalor, district de Villenour, demande, en son nom et au nom des habitants de son aldée, le maintien de l'arrêté actuellement en vigueur sur les échanges de terrains, contrairement au vœu émis par le Conseil local.

N° 33. — Les nommés Narayanaïk et consorts, demeurant à Pondichéry, font la même demande.

« La commission vous propose d'émettre le vœu que l'arrêté « concernant ces échanges soit rapporté et qu'il soit établi que, « lorsque l'Administration aura besoin de terrains, elle fasse « déclarer d'utilité publique pour que l'expropriation ait lieu « conformément à la législation en vigueur. »

M. le Gouverneur dit que l'Administration ne peut que prendre acte de ce vœu pour en faire l'étude. C'est, d'ailleurs, ce qui a été précédemment décidé par le Conseil, la question de principe ayant été réservée.

N° 34. — Arounassalammodéliar, demeurant à Lawspeth, demande que le chemin projeté depuis lontemps pour son aldée et les aldées environnantes, soit mis à exécution; il demande aussi qu'un marché de grains soit établi dans le centre le plus important de ces aldées.

« La commission vous propose le renvoi de cette question à « l'Administration. »

Adopté.

N° 35. — Madame Bulliard demande un secours sur la caisse locale pour Madame Weiss, actuellement en France.

« La commission vous propose le renvoi à l'Administration. »

M. le Gouverneur tout en acceptant le renvoi, fait remarquer que, l'année dernière, le Conseil a décidé qu'il ne serait plus accordé de secours aux personnes qui ont quitté la colonie ; quoiqu'il en soit, il examinera s'il est possible de faire quelque chose pour Madame Weiss.

N° 36. — M. Blin demande que le bûcher, actuellement à Modéliarpett, ne soit pas transféré dans une tope d'iloupés située à l'est de sa maison de campagne et que l'Administration assigne un autre emplacement.

« Le Conseil ayant déjà statué sur cette question, la commis-
« sion vous propose de passer à l'ordre du jour. »

Adopté.

N° 37. — Les sieurs de Montplanqua et Fribour proposent de se charger de l'arrosage des rues de la ville Blanche et du cours Chabrol, pendant six mois de l'année, moyennant la somme de 9,000 fr.

« La commission émet l'avis de passer à l'ordre du jour, la
« somme demandée lui paraissant exagérée. »

Adopté.

N° 38. — Les nommés Latchoumanacavoundin et Coullapacavoundin, habitants de Sinnacalapett, demandent, au nom des habitants de cette aldée, qui est décimée par les fièvres, que l'Administration fasse construire des paillottes aux frais de la colonie sur des terrains qu'ils indiquent afin qu'ils puissent aller y loger.

« La commission propose le renvoi de cette pétition à l'Ad-
« ministration. »

M. le Gouverneur dit qu'il a déjà donné des preuves de son vif intérêt pour les habitants de Calapeth et qu'il ne s'oppose pas au renvoi de leur pétition pour examen ; mais qu'il ne dépend point de l'Administration de mettre à la charge de la colonie le déplacement de toute une aldée. Le Conseil seul pourrait en voter la dépense.

M. Hecquet ayant demandé et obtenu la parole, prie M. le Gouverneur de vouloir bien transmettre au Ministre de la marine, conformément à l'article 50 du décret du 13 juin 1872, une pétition par laquelle les membres élus demandent que le Conseil colonial soit investi du droit de délibérer sur les dépenses de l'instruction publique, ainsi que sur la subvention au bureau de bienfaisance de Pondichéry et que deux des membres de cette assemblée, désignés par elle, soient appelés à prendre part aux travaux du Conseil d'administration, dans les cas prévus par l'article 112 de l'ordonnance administrative du 23 juillet 1840.

M. le Gouverneur répond qu'il ignore jusqu'à quel point, sous forme de pétition collective, signée en leur qualité de conseillers, les membres élus peuvent émettre des vœux politiques, lesquels sont interdits par l'article 42 de la constitution. Il doute que telle soit l'interprétation à donner à l'article 50 du décret du 13 juin 1872, mais il croit devoir réserver la solution de cette question au Gouvernement de la Métropole. En attendant, puisqu'il ne s'agit pas de discuter la pétition en séance, le Chef de la colonie consent à la transmettre au Ministre, qui l'appréciera.

M. Hecquet demande alors aux membres de droit s'ils veulent s'associer à la démarche des membres élus et signer aussi la pétition.

MM. le Gouverneur, l'Ordonnateur, le Procureur général, le Chef de service de Karikal font observer qu'ils n'ont pas à se prononcer sur les modifications à apporter à la constitution et qu'ils ne sauraient, par conséquent, répondre à la question de M. Hecquet.

Le temps manquant pour l'examen du projet de règlement intérieur de l'assemblée, il est ensuite décidé que ce projet sera discuté au début de la première session ordinaire.

Il est également décidé que M. le Gouverneur réunira le Conseil, à bref délai, pour entendre la lecture des quatre derniers procès-verbaux qui n'ont pu encore lui être soumis.

M. le conseiller Cornet propose de voter, avant de se séparer, des remercîments à M. le Chef de service de Karikal, pour le concours qu'il a prêté à l'assemblée, comme secrétaire.

La motion qui précède est accueillie, à l'unanimité, par le Conseil et **M. le Gouverneur** décide qu'il en sera fait mention au procès-verbal.

Rien ne restant en délibération, **M. le Gouverneur** déclare close la deuxième session ordinaire du Conseil colonial et lève la séance à cinq heures et demie du soir.

Le Secrétaire,
H. LIAUTAUD.

Vu : *Le Gouverneur Président,*
FARON.

www.ingramcontent.com/pod-product-compliance
Ingram Content Group UK Ltd.
Pitfield, Milton Keynes, MK11 3LW, UK
UKHW020114200726
13856UKWH00002B/537

9 782013 37703